万 物 皆 系 统

走向数字文明

企业系统工程

赋能工业企业数字化转型

冯斐 著

机械工业出版社
CHINA MACHINE PRESS

《企业系统工程：赋能工业企业数字化转型》是一本解析工业企业数字化转型升级、加快形成新质生产力的工具书。

企业系统工程是系统工程与现代企业管理融合的产物。本书分为上下两篇。上篇侧重于理论与原理，简要介绍了系统工程理论体系，并用系统理论分析了数字化技术的实质，分析了企业数字化转型的难点，提出了数字时代企业系统工程总模型。下篇侧重于模型与实践，具体展示如何用企业系统工程为数字化转型赋能，大体上采用"业务建模—模型数字化—数字化实战"三步走策略。本书以企业系统工程理论为基础，运用系统工程思维和方法，为读者展现与众不同的企业数字化转型视角与逻辑，为企业数字化转型开启一个新的、系统的视野。

图书在版编目（CIP）数据

企业系统工程：赋能工业企业数字化转型 / 冯斐著.
北京：机械工业出版社，2024.6. -- （走向数字文明）.
ISBN 978-7-111-75965-2

Ⅰ. F406-39

中国国家版本馆 CIP 数据核字第 2024QB0840 号

机械工业出版社（北京市百万庄大街 22 号　邮政编码 100037）
策划编辑：李　浩　　　　　　　　　责任编辑：李　浩　陈　洁
责任校对：李可意　张雨霏　景　飞　　责任印制：张　博
北京联兴盛业印刷股份有限公司印刷
2024 年 9 月第 1 版第 1 次印刷
170mm×230mm · 18.5 印张 · 1 插页 · 276 千字
标准书号：ISBN 978-7-111-75965-2
定价：88.00 元

电话服务　　　　　　　　　　　网络服务
客服电话：010-88361066　　　　机　工　官　网：www.cmpbook.com
　　　　　010-88379833　　　　机　工　官　博：weibo.com/cmp1952
　　　　　010-68326294　　　　金　书　网：www.golden-book.com
封底无防伪标均为盗版　　　　机工教育服务网：www.cmpedu.com

目前，研究企业管理的人多，但用系统工程研究企业管理的人少；研究系统工程的人多，但将系统工程用在数字化上的人少；研究数字化转型的人多，但将企业系统工程用于数字化转型的人少。本书用企业系统工程方法，建立数字时代企业系统模型，分享工业企业管理与数字化转型实践落地的经验与要点。

企业系统工程（Enterprise Systems Engineering，ESE）就是将企业视为一个整体系统，应用系统工程的思想和方法，对企业生产经营活动进行建模、组织与管理的技术。

企业系统工程是系统工程与现代企业管理融合的产物。

系统工程于 1940 年首次被提出，在一般系统论、信息论、控制论、运筹学等跨学科理论的基础上，通过战争催化的"北极星导弹计划"等实践活动，于 20 世纪 50 年代正式成形，再发展出耗散结构论、协同论、突变论等学科理论。目前的发展热点是复杂巨系统、人工智能与生命科学、基于模型的系统工程（MBSE）等。系统工程在诞生初期，主要用于复杂产品研制及复杂工程建设的管理。

现代企业管理起源于 20 世纪初。随着工业化进程的不断加速，企业生产经营活动越来越讲究经济效果，企业内部的分工越来越细，相互配合和协调的要求越来越高，影响生产经营和组织管理的因素越来越多，整体经营管理越来越复杂。为确保企业能对各类信息做出及时反馈和正确决策，系统工程的基本原理被逐步引入到企业管理中。从第二次世界大战至 20 世纪 70 年代，逐步形成了以"企业管理方法最优化""管理工具现代化""管理结构合理化"为主要内容的企业系统工程。

在中国，系统工程由钱学森首先导入航天事业，在"两弹一星"及国防工业中运用和发展，逐步形成了一套具有中国特色的系统工程方法。从 20 世纪 70 年代起，在钱学森的倡导下，系统工程逐步从国防工业领域进入生态治理、经济转型、人口管理等社会领域，包括企业管理领域，并发展成了一门由"系统论—系统学—系统工程"构成的"哲学—理论—技术"学科体系。企业系统工程与环境系统工程、农业系统工程、装备系统工程等并列，都是系统工程学科的分支。

进入 21 世纪以来，全人类已步入数字时代，计算机与网络等信息技术已渗透至人类生活的各个领域。用 0 和 1 两位数字编码来表达和传输一切信息成为全球信息技术革命的主线，数字经济逐渐成为全球经济的主流经济形态。与自动化技术曾经扩展、延伸了人类的体力边界相类似，信息技术正在延展人类的脑力边界。通过人机结合、人网结合，人类正在发展成为新人类，新人类正在组成新社会，社会的政治、经济、文化环境都在发生巨大的变化。

企业作为社会经济发展的主要载体之一，对新社会、新人类的变化非常敏感。新社会从外部、新人类从内部对企业既有的经营管理模式形成冲击。企业不得不适应这些变化以谋求生存和发展。进一步，企业更应当主动出击，主动掌握新社会、新人类的特点，主动将现代信息技术应用于经营管理的各个领域，改变企业为客户创造价值的方式，这就是企业的数字化转型。

随着全社会的数字化进程，围绕企业的数字化转型，企业界、管理学界、信息技术产业界不断努力，创造出了层出不穷的新概念。譬如，"大智物移云"这样的新技术，"人工智能+""数据要素×""智慧××""数字××"这样的新词汇，"企业架构""数据治理""DevOps"这样的新方法。这些新概念，一方面似乎为企业的转型指出了方向；另一方面，又给企业造成了很大的困扰。

作者所在团队长期工作在企业管理与数字化咨询一线，运用企业系统工程方法提升组织效能。我注意到，这些新概念其实有着相同的本质，归根到底还是信息技术在企业业务中的应用；只是各个概念下的内容有所差异，各种信息技术在不同行业、不同组织的不同业务范围有着不同的应用形式。

信息技术在企业中的应用具备一定程度的共性，所以从逻辑上说，应该可以找到一种共性的方法论，用以指导企业的数字化转型实践。同时，"架构"概念越来越被重视，这说明业界在一定程度上已感知到了"还原论"在企业管理以及信息技术深度应用的局限。而"架构"概念本质上是回归"系统"

的一种尝试和努力，这种方向与企业系统工程思想一致。

为此，本书扩展了经典的企业系统工程，开发了数字时代的企业系统工程，建立了数字时代企业系统模型。与经典模型相比，数字时代企业系统模型呈现为"2模2底2件2保"，在横向上增加了"数字底盘"和"软硬件"层次，在纵向上增加了信息技术管理体系，并根据每个业务板块的管理模型设计了数字化转型的方法与路径。

本书分为上下两篇。

上篇侧重于理论与原理，简单地介绍了系统工程理论体系，并用系统理论分析了数字化技术的实质，分析了企业数字化转型的难点，提出了数字时代企业系统工程总模型。

下篇侧重于模型与实践，具体展示如何用企业系统工程为数字化转型赋能，大体上采用"业务建模—模型数字化—数字化实战"三步走策略。

第一步，整合经典企业模型。这些模型大多来自经典企业系统工程或现代企业管理学，我根据实践经验对其做了一些整合。

第二步，"企业模型+数字化"。遵循系统工程思想，以提高业务效能为目标，以信息技术为工具，改造传统业务模型，实现数字化升级。

第三步，从数字化模型到实战落地。以数字化模型为指导，实战落地企业数字化转型：用战略模型指导数字化规划，用研发、生产、营销等业务模型指导各领域的数字化方案，重点突出"流程"与"数据"数字底盘建设中的难点与策略，主动策划数字化文化、数字化人才的保障。这个过程中的大量要点来自我在企业管理与数字化转型的实践经验。

上述过程有助于企业把握数字化转型的脉络与本质，形成适配自身转型的方法论，掌握"即插即用"的模型与工具，进而帮助企业更加有序地推进数字化转型，更加高效地解决数字化转型中的问题与困难。

本书的特点是以企业系统工程理论为基础，运用系统工程思维和方法，为读者展现与众不同的企业数字化转型视角与逻辑，为企业数字化转型开启一个新的、系统的视野。

由于企业经营管理的特点是追求实效而非一味地追求"先进"，所以我也力求使本书更接地气、更重实效。在理论和战略部分，本书回归数字化和企业经营的本质，从更底层的一般性原理来解析企业的数字化转型，减少语言的泛化与滥用，不追求概念的高大上和学术细节的探究，力求让企业管理者看得懂。在实践和战术部分，针对企业在实际工作中的常见难点，本书力求提出的实战措施尽量简捷有效，能够帮助企业更容易地执行和落地。

最后，感谢于景元老师对本书写作的指导，感谢王俊、毛喜道、何舟、李增荣、李绍书、易真、潘富斌对本书提出宝贵建议，感谢南山老师、潘俊安先生在本书写作过程中做了大量工作。

目录

下 篇

**工业企业数字
化转型之路**

系统工程与
数字化转型

CHAPTER 1

第一章

数字时代的企业转型之困

"未来已来",可什么是未来?

人们为数字时代发明了各种新词,然而新词越多,企业越困惑。

在全球数字经济的大浪潮下，"开展数字化转型，适应数字经济，谋求生存发展"已成为企业的必然选择，数字浪潮下的新词汇、新概念、高频热词等让人看得眼花缭乱。与此同时，各种成功案例被放大宣传，失败案例也不胫而走，让企业决策者焦虑并困惑着，如临深渊、如履薄冰。因此，我们先来厘清各种热点词语的本质，认清企业普遍面临的焦虑和困惑，识别误区及其背后的共性原因。

第一节》 数字浪潮

自中国进入信息时代以来，数字浪潮是一波接一波，而每一波浪潮都伴随着层出不穷的高频热词，让企业管理者在目不暇接的同时又心慌焦虑，害怕被哪一波浪潮卷落，或是被"后浪"拍在沙滩上。我们先来回顾一下曾经出现过的热词。

第一波是 2000 年以后开始的各种"信息化"潮。譬如，"办公信息化""财务信息化""项目管理信息化""生产管理信息化""供应链管理信息化"等。这波浪潮的特征是基于某一种管理软件，利用网络技术实现某一领域管理信息的组织与传递。

第二波是 2012 年以后开始的"互联网+"潮，后又修正为"+互联网"。这波浪潮的特征是利用大数据、云计算、物联网等新一代信息技术实现更为广泛的互联互通。

第三波是 2018 年以后在各类公共组织中最为普及的一系列"智慧"潮。譬如，在政府机构中流行的"智慧城市""智慧交通""智慧能源""智慧教育"等，以及在企业组织中流行的"智慧企业""智慧院所""智慧医疗""智慧家庭"等，热度尤其高的是在制造型企业中一直持续的"智能制造"。

最新的一波是各种"数字"潮。譬如，"数字企业""数字政府""数字社会""数字中国"等。仅从字面上来理解，这一次的"数字化"范围更加广阔，将更加彻底地覆盖每一个角落，无处不在。"人工智能+"潮已经在路上。

在我看来，无论这些热词怎样更替，其本质都是一样的，那就是充分利用现代信息技术实现业务变革。它们的内核始终维持着信息技术演进这条连续的主线，它们的差别仅在于信息技术的应用对象不同、利用深度不同、表现形式不同。

第二节 企业转型的焦虑

焦虑来源于恐惧，恐惧来源于未知。不确定性的恐惧是数字化转型焦虑的源头。让我们一起来看看谁在焦虑，他们焦虑什么，焦虑背后的因素有哪些。看清楚了，大家也就没那么害怕了，就能在此基础上寻找解决办法。

一、不同类型企业的焦虑程度

在数字时代如何进行转型是所有企业都要面临的问题，但不同类型企业的焦虑程度不同。根据我的实践与观察，本书将企业在数字化转型维度上大致分为三类，如图1-1所示。

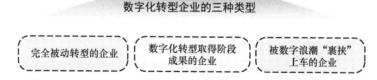

图1-1 数字化转型企业的类型

第一类是完全被动转型的企业。这类企业大多属于价值创造方式单一、业务数字化转型简单，依靠接受外部变化即可生存的中小微企业。譬如，小型贸易企业利用各种网络平台采购、售卖产品。它们对数字化转型采取"既受之则安之"的态度，它们主要租用大IT厂商提供的云服务平台或采购标准化产品。这样做的好处是实施相对简单、决策相对容易，因此它们的焦虑不会持续太久。

第二类是数字化转型取得阶段成果的企业。这类企业比较少，即使取得了一定的成绩，也只是阶段性的。因为从总体上来看，现今人类已发明的信息技术还处于发展阶段，企业能走的数字化之路还长。不过，这类企业在取得阶段性成功的同时已经积累了对数字化转型的认识，具备了数字化转型队伍和机制，并且往往对下一步要干什么有一定的规划。因此，它们对数字化转型不太有情绪上的焦虑，而是有战术上怎么迭代的问题。

第三类是被数字浪潮"裹挟"上车的企业。这类企业往往具备一定的规模，无法简单采用云服务平台或标准化产品，必须有符合企业自身特点的定制化转型方案。它们在上级或外部的压力推动下，或多或少地做了一些数字化转型的动作，如已经改造了一个智能车间或建设了一个数字中心。

但是，它们并不清楚自己做到了什么程度，也不知道接下来该怎么走。再加上在当今信息爆炸的年代，大量关于企业数字化转型的公众号和专家一遍又一遍地喊着"风来了""颠覆者来了"，各种零碎、纷杂又充斥情绪的信息不断冲击企业决策者的神经，导致企业决策者一边担心转慢被时代潮流抛在身后，一边又担心转错造成资源浪费，从而陷入焦虑。

二、焦虑的三个原因

大多数企业群体并非完全不了解数字化转型，那为什么大家还会焦虑于此呢？大概有三个方面的原因，如图1-2所示。

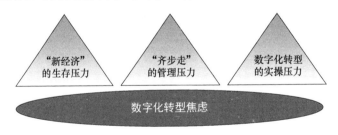

图1-2　数字化转型焦虑的原因

第一个原因是"新经济"颠覆与被颠覆的生存压力。近年来，新信息技术的发展与应用速度确实太快，由新信息技术的应用带动的各方面变化对企业的方方面面形成很大的冲击，"颠覆""破坏"已经切实出现，甚至直接影响企业的生死存亡，是企业数字化转型的首要焦虑源头。

第二个原因是国企特色"齐步走"的管理压力。中国经济总量有六成以上是国有经济，在中国推动企业数字化转型就具有中国特色的不利因素和有利因素。不利因素是行政管理色彩很浓，行政化导致业务、流程和数据的割裂程度很高。有利因素是大型活动的组织动员能力很强。目前，对国企数字化转型的要求，已经从国家层面开始层层传递到各级政府、企业，数字化转型自上而下是势在必行、不得不做，这成了一种政治正确，这种国企特色"齐步走"的管理压力在体制内甚至超过经营压力。

第三个原因是数字化转型复杂性的实操压力。数字化转型既需要打破企业旧有的价值创造方式，又需要同时保障企业的正常经营，其本身就不是一件简单的事情，需要统筹考虑企业所有方面的因素，而盲目转型可能带来严重后果，实操难度很大。数字化转型影响和涉及企业的所有方面：从外部环境到内部状态，从战略到业务，从业务到管理，从管理到技术，从组织到人员，从人员到文化。

这些影响和涉及内容之间的关系并非简单的线性关联，而是一种交错往复的复杂循环。而更为麻烦的是，企业处在一个快速变化的、充满不确定性的、新事物层出不穷的环境当中，要想一边保持自身的正常运转，一边进行数字化转型，就需要"在动态中找到平衡"，需要"空中加油"甚至"空中变形"，其复杂性往往会导致企业无从下手。这种必须要做但又不知道做什么和怎么做的状态，是多数企业产生焦虑的直接原因。

三、数字化不是全新事物

为了缓解对数字化转型的焦虑，我先分享一个观点——数字化不是全新事物。从本质上来看，数字化不过是人类对信息的使用达到了一个新的阶段。在这个新阶段，人类获取、传输和利用信息的方式与以前相比更高、更快、更强了，由此造成的影响更大了。形式是新的，内容是新的，速度更快了，幅度更大了，但技术规律却不是全新的。

人类与世界打交道，认识世界、改造世界，主要是围绕三个东西：物质、能量、信息。从人类历史有记载以来，获取、传输、利用信息的水平一直是影响人类科技与社会进步的关键要素之一。在信息时代之前，物质、能量对人类的影响更加直接，所以更容易被大家感受到。而信息对人类的影响，虽然也非常大，但相对间接，需要拐个弯才能想到。进入 20 世纪以后，人类在使用物质、能量的水平方面遇到瓶颈，而电子计算机出现了，并以摩尔定律的速度飞速发展，于是我们进入了"信息时代"，信息对人类发展的巨大推动作用开始凸显。

数字化是人类为了利用计算机来提高信息处理的效率，将信息用 0 和 1 的数字编码来表达和传输的一种方式。在计算机技术成熟之前，人类为了利用已有的物质、能量条件来承载信息，也曾采用不同的语言和编码技术，如结绳记事和摩斯电码。进入信息时代后，随着信息技术的发展与应用，人类能将信息数字化的领域越来越广，从文字到图形、从平面到立体、从静态到动态、从模拟到仿真……至今，数字化已成为人类生产生活中随处可见的事物。

理解了数字化后，把"数字"作为信息编码形式，把"化"作为技术承载手段，按照信息论的指引，我们就会发现，对于企业来说，**数字化是信息化规律的延续**。回想一下，自进入信息时代以来，企业利用计算机记录、处理信息的电子化阶段，利用网络传递内部本地信息的网络化阶段，利用互联网获取、处理外部信息或内部异地信息的"互联网+"阶段，都是企业在涉足数字化的表现，只不过那时候人们称之为"信息化"，还有"电算化""无纸化"这些相似的叫法。

所以，我们才说"数字化"不是全新事物。一个高明的企业决策者也许对信息技术发展与应用并不一清二楚，但至少清楚企业发展需要不断进步，而企业在某个方面成功应用信息技术也是企业进步的一种表现，那么"数字化"这面旗帜就能成为当期推动企业进步的一个好用的驱动力。

第三节 企业转型的困惑

对于现今大多数企业，特别是大型企业来说，焦虑归焦虑，企业必须要生存和发展，既然不能改变环境，那么就只有转变自身来适应环境。所以，很多企业早就下定决心开始数字化转型，但实际状况却是数字化转型进程缓慢，迟迟不见成效。究其原因，在数字化转型的过程中，企业面临的诸多困惑制约了转型前进的步伐。

对于这些困惑，大致可以归纳为两类：一类是对数字化转型内容的困惑。转什么？从哪里入手？最终企业要转型成什么样子？另一类是对数字化转型方法的困惑。怎么转？用什么方法转？怎么做才正确？下面让我们从企业的角度来看看这些困惑具体都是什么。

一、转型内容的困惑

每个企业都有一套适合自身生存和发展且较为成熟的业务模式和价值链。那么，企业在准备开始数字化转型时，首先需要思考的是：要把自己的业务转成什么样才算是实现了数字化转型？这对企业来说也是产生相关困惑最多的地方。

为便于理解，本书将大部分工业企业共性的主价值链分为研发、生产、营销三个环节。这三个环节既可以单独作为主业，又可以组合构成企业主价值链，虽然不能涵盖所有类型的企业，但可作为最常用的典型场景。下面我们来具体看看企业在这三个环节都有哪些困惑。

（一）关于研发数字化的困惑

通过研发满足客户个性化需求的产品是企业创造价值的主要方式。企业的研发业务往往具有不错的信息化基础，因为研发工作的主要成果就是要创造信息，然后传递给下游使用。甚至有企业将研发作为自身主业，如建筑设计所、工业设计公司、工程研究设计公司等，但"昨天"的领先成了今天的"困惑"。

譬如，设计人员使用的多种设计软件工具要不要统型？倘若工具不统型，不同格式的设计数据如何实现共享交换？形成的设计成果要不要数字化？数字化交付做到什么程度才是下游或客户需要的？关键是要怎样做，下游才会满意，客户才会为之单独付费？更麻烦的是，设计人员的自我个性极强，其擅长和偏好各有不同，形成抵触怎么办？综合来看，企业有没有能力和时间来承受短期的效率下降、质量不可控、人才梯队混乱等转型过程的阵痛？

（二）关于生产数字化的困惑

生产是将设计成果转变为实物，将原材料转变为产品的一系列过程。企

9

业对生产方面的数字化转型，如智能制造等，依然存在大量困惑。

譬如，多搞一些数字机床、加工中心就是数字化转型了吗？是不是一定得有自动导引车（AGV）和立体仓才算是智能制造？自动化的范围需要搞多大？是否需要重建生产线？物联网层是用数据采集与监视控制（SCADA）系统还是分散控制系统（DCS）？工控网与业务网连接起来以后是否安全？更为关键的是，生产数字化转型的投入巨大，所能带来的收益（如产能增加、成本节约、质量提升等）并非能立竿见影地匹配常规投资收益率，那还要不要数字化？

（三）关于营销数字化的困惑

营销是所有企业都具备的业务。把产品或服务卖出去，是企业实现价值和盈利的主要手段。这事看上去简单，但细思后会发现其涉及的事很多，能进行数字化转型的可能性也多，所产生的困惑也一环扣一环。

譬如，是不是把产品或服务通过互联网去销售就算是转型了？在渠道方面，企业是应该把产品放到平台上，还是应该自己建个网站？是电商平台好，还是微商平台好？选其中一个还是全都要选？现在又流行直播带货了，这和微商有什么不一样？

另外，企业如何处理与现有的渠道商的关系？是维持现状，还是带动其进行数字化改造？在产品方面，由于客户接触不到实物了，企业要如何充分展现产品？是 360 度全景图片好，还是三维立体仿真好？企业又该如何将产品特点传递给客户？是文字好，还是语音好，抑或是都好？更可怕的是，以现有的信息技术和手段，对数字化呈现的东西造假太容易了，并且已经可以做到以假乱真。客户不相信看到的，又该怎么办？

二、转型方法的困惑

在看了前面转型内容的困惑后，你是否已经头晕眼花了？先平复一下思维，并建立这样一个假设前提：我们已经想清楚要"干什么"了，然后让我们继续面对"怎么干"的困惑。

（一）谁来做转型

在确定数字化转型的内容后，企业要做的第一件事就是安排由谁来承担这项工作。即便是小范围、小领域的数字化转型也是需要一个团队的，那么困惑来了：是直接交给 IT 部门，还是成立专项的数字化转型部门？

如果选择直接交给 IT 部门，一方面，IT 部门对业务了解不透，只能依靠相应业务人员的描述。在这种听写模式下，数字化转型大概率会变为业务信息化，最后能不能达到企业数字化转型所要实现的效果？另一方面，IT 部门与业务部门平级，跨部门的协调能力、资源调配能力显然偏弱，能不能按要求有效推动数字化转型的实施？

如果选择成立专项的数字化转型部门，企业又会面临一系列的困惑。是成立临时部门，还是成立常设部门？这个部门的组织架构该如何设置？该赋予该机构哪些职责和权限？人员该如何配置？人选的来源又是什么？该选谁来当该部门的领导者？对企业现有组织、运营造成的冲击又如何化解？

（二）按什么节奏推进转型

事确定了，人也安排好了，企业还需要考虑要按什么节奏来实施数字化转型。前面已经提到数字化转型的复杂性，企业需要在动态中找平衡。所以，对于转型实施节奏的把握，企业需要综合考虑自身状况及承受能力。推进过快，会对正常经营造成过于猛烈的影响，企业承受不起；推进过慢，所应用的信息技术存在落后甚至淘汰的风险，可能导致企业竞争力下降，进而影响生存发展。于是在寻求两者平衡的过程中，困惑出现了。

数字化转型是件复杂的事，需要事前做好规划，但信息技术发展迅猛，计划常常赶不上变化，那么企业还要不要做转型规划呢？是做专项转型规划，还是做整体转型规划？是做短期转型规划，还是做长期转型规划？是企业自己做，还是聘请外部咨询公司做？如果寻求外部力量，企业又需要找什么样的咨询公司？数字化转型这件事是由企业主导，还是由咨询公司主导？

（三）用什么方式实施转型

再接下来，企业需要结合自身实际状况细思具体怎么做。企业一旦实施数字化转型，就会发现具体问题像俄罗斯套娃一样，一个套一个接踵而来。

譬如，多数企业都有一些老的信息系统，有的好用，有的不好用。企业是将这些系统全部推倒重来，还是集成后继续沿用？推倒重来最省心，但费用风险高；集成整合很麻烦但影响相对小，该怎么选？如果选推倒重建，那么积累多年的业务历史数据怎么办？

各种新理念、新技术到底哪些适合自己？大数据平台要不要建？云计算要不要搞？暂时没有人工智能应用会不会显得很落后？采用新理念、新技术的风险有哪些，企业能否承得住？转型带来业务变革后，企业的各类资源该如何重新配置，并且如何才能及时配置到位？

简而言之，由于数字化转型涉及企业的方方面面，而这些因素又交错往复地关联在一起，所以才会牵一发而动全身，并带给企业诸多困惑。面对如此多的困惑，企业到底该怎么办？

三、数字化转型中的误区

当下在业界有个出现频率挺高的词，叫作"未来已来"——"不过它不是均匀分布的"。从提出企业数字化转型以来，转型的企业有先有后，行业各不相同，基础互不相似，所处环境更是千差万别。对于现今大多数企业来说，既然已经被裹挟着上了车，自然也就已经踩出了各自的足迹。一路走来，企业积累了不少的实践经验，有取得一些成果的，也有踩了雷、掉了坑的，这些也算是"已来的未来"。下面，我们不妨先按常规套路看一看，"已来"的"不正确"转型有哪些？前车之覆，后车之鉴。

（一）数字化转型中常见的误区

在数字化转型的道路上，各家企业所犯过的错很多，不太可能一一穷举。我仅就自身所见与经历，总结了最常见的几种误区，供读者借鉴与思考，如图 1-3 所示。

误区 1：盲目跟风，面子工程

"为数字化而数字化"是此类误区的显著特点。现阶段数字化转型被国家倡导、媒体宣传、上级要求，于是企业赶快在内部找一个牵头人，通常是 IT 部门或者分管 IT 的班子成员，然后看看同行业的企业是怎么干的，照样子先干起来再说。类似的情况还出现在智慧院所、智能制造等转型浪潮中，都是一阵阵的流行风，风吹来了，得赶快跟上去，不然就显得自家不与时俱进。

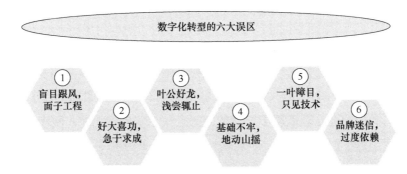

图 1-3　数字化转型的六大误区

这一类误区在国有大型集团中最为常见。由于集团下属企业众多，往往是集团一声令下，各级下属企业就开始百舸争流。虽然各家情况不一，但再怎么不济，也得划划水、刷刷漆，以示参与。这种做法容易造就一批"面子工程""半拉子工程"并造成人力、物力的无谓消耗。

然而，这种做法也有积极的一面，从国家和行业政策层面上看，其有一定的合理性：如果有 100 家企业一起跟风，只要其中一些企业成功了，那么行业就进步了，数字化就发展了。而这么干也体现了企业家"快速行动"的创业精神，总比一直坐而论道要强。

误区 2：好大喜功，急于求成

制定过高或过快的数字化转型目标是该类误区的显著特点，常见于企业的数字化转型规划或者数字化建设目标中："数字孪生""智慧决策""无人工厂"等高大上的目标非常普遍。这些目标看起来激动人心，但也会让理性的人心生疑虑。

"过高或过快"现象背后的驱动力，往往是高层领导急于出成绩，或者是同类企业之间互相攀比的结果。可能有些冷静清醒的企业决策者认为目标定得过高不合理，但同时也觉得没有多大关系，其背后可能有三种考虑。

（1）觉得目标能否完成是未来的事情，至少当下不能输了气势。

（2）觉得既然大家的目标都很高，要失败就一起失败，要糊弄就一起糊弄，反正后果不会很严重。

（3）一些企业决策者相信在管理上不科学却很有市场的"取法其上，得乎其中；取法其中，得乎其下"的观点，觉得反正下属完成目标时都要打折扣，不如制定个很高的目标，打折以后还能有个不错的结果。

误区3：叶公好龙，浅尝辄止

一些企业在刚追逐数字化浪潮时积极热情，然而真正实施不久后便打起退堂鼓，或觉得"差不多可以了"，或觉得"搞不动了"，最终逐渐止步不前。其实，只有少部分企业取得了合适的效果，认为真的够用了；更多的企业其实是遇到了各种各样的困难，不能坚持下去。常见的困难有三种。

（1）资源不足。企业自身的经营情况不太好，或者是企业家"舍不得"投入资源，造成数字化转型资源投入不足。企业在采取了一些浅层次的措施后，就将转型的脚步放慢，甚至停了下来。

（2）变革阻力。数字化转型往深了做就是一种变革，会影响到企业的业务、组织、人员等各个方面，也会不可避免地影响到一部分人的利益，于是形成的反弹阻力造成数字化变革无法深入下去。

（3）阶段性的失败，或者成效不显著。企业数字化转型的道路存在多种可能性：可能是一次成功，也可能是挫折重重，还可能是与预期效果不符。与完全的失败相比，效果不明显是导致企业放弃数字化转型的主要原因。

其实，根据变革曲线理论，变革成效往往是先降后升的。企业在遇到成效不显著或者挫折，又不能区分到底是失败还是变革的规律性下降时，就容易动摇信心，出现反复。

误区4：基础不牢，地动山摇

数字化转型不是空中楼阁，是需要打地基的。企业的数字化转型有两样东西最为基础：一是流程，二是数据。如果这两样基础不到位，企业就急忙推动数字化转型的上层建筑的建设，急着建平台、上系统，非但不能带来持久的效益，反而会导致更大的损失。

在流程与数据基础不扎实的情况下推动数字化转型上层建筑的建设，可能会有两种后果：一种是上层的平台或系统无法有效运转起来；另一种是在强制的压力下勉强运转起来，但是效率低下。如果出现上述情形，企业还想继续推动数字化进程，就不得不面临一个决策：要不要将前期的工作推倒重来？

这不仅是把工作重做一遍，还需要付出额外的"拆迁"成本。此外，工作的反复还会造成员工士气和信心的下降，使"重建"的难度更加高。所以，基础不牢的后果非常严重，虽然渐进式的迭代不可避免，但企业应在每一次大规模推进之前审慎评估自身的基础条件，并在制订数字化转型的实施计划时把"打地基"的时间和资源留够，这样才能"磨刀不误砍柴工"。

误区 5：一叶障目，只见技术

在数字化转型工作中有一种常见误解，认为数字化转型只是信息技术的使用，相应的工作也全是 IT 部门的。这种误解源于对数字化转型概念的认知不足。因为相关人员半懂不懂，所以他们就直观理解，片面地将数字化转型归于 IT 业务领域。这种误解是相当危险的，企业必须在转型早期及时澄清，否则，由此产生的问题将持续不断地给工作团队和企业造成困扰，乃至导致数字化转型失败。

"数字化转型"的汉语结构偏正式，重点在"转型"二字。"转型"就意味着这项工作对企业的影响是巨大而深远的，其涉及的业务与领域不会少，绝不是 IT 部门升级技术就能做好的工作。

误区 6：品牌迷信，过度依赖

财大气粗的企业或有上级拨款的企业，在开展数字化转型时很容易产生的一种思想是："我有钱，要做就做最好的"。什么是最好的呢？"大公司、大品牌、国际化"。然而现实是骨感的，虽然有大公司参与数字化转型，但效果不一定能达到预期；或者是做出了厚厚的"规划"，最后被放在柜子里成了废纸；或者是花了大钱实施数字化项目，最终的反响依然平平。这又是为什么呢？

（1）可能是企业依然不够有钱，没能持续请大公司把数字化转型服务贯穿始终。数字化转型需要长期渐进落地，需要持续地投入与推动。大公司也同样要遵循客观规律。

（2）可能是预期过高造成了心理落差。毕竟"我花了大价钱"，都已经不"省"了，怎么还能不"多、快、好"呢？在更高的预期之下，企业很难保持稳扎稳打的心态。

（3）数字化转型本身就不应该是一个"完全依靠外部供应商"的过程。归根到底，数字化转型是企业自己的考试，外部供应商只是技术和服务提供方，可以是老师、是教辅、是书童，但做不了替考。

（二）误区背后的共性原因

企业数字化转型之所以会出现上述误区，其背后有共性的原因，可以概括为三点，如图1-4所示。

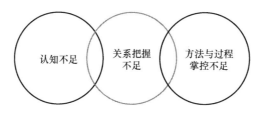

图1-4　数字化转型误区的三大共性原因

原因1：对数字化本质的认知不足

人们对数字化的认识往往从表面现象开始，这本身无可厚非，因为人类对所有的新事物都有一个逐渐认知的过程。数字化有太多的新兴信息技术，"五色令人目盲"，人们想要透过现象看到本质，本就不太容易。

原因2：对企业经营与数字化的关系把握不足

企业在实施数字化转型的时候，不是没有选择，而是选择太多。新技术、新模式交织在一起，更是"乱花渐欲迷人眼"。根据企业的实际情况，到底从哪里切入？制定什么样的目标才是合理的？企业应走什么样的道路？这需要对企业经营与数字化的关系有较为深入的把握。

原因3：对企业数字化转型的方法与过程掌控不足

即使企业选择了合适的方向和目标，也只是解决了战略问题。企业数字化转型实施的过程仍然充满了各种困难与挑战。如何既平稳又快速，同时以较低的数字化投入换回合理的经营效益，是数字化转型的战术问题，需要企业掌握相应的方法。

第四节　企业摆脱焦虑与困惑的良方

通过前面的阐述，大家知道了"原来不是只有我在焦虑"，想必心情会宽慰一点。学史明理，以史鉴今。既然数字化转型是当前企业生存和发展的必然趋势，汲取前人的经验和教训，能让我们更为从容地面对未来的诸多挑战。那么有没有一种方法或者体系，能够全面和系统地避免或解决这些问题呢？

根据多年的企业管理实践与转型咨询经验，我认为企业系统工程便是避免或解决这些问题的系统。

从系统工程的视角来看，**企业是一个复杂系统**。企业的数字化转型是因为企业系统所处的环境变了，当前主要面临的是数字时代环境变化的挑战，所以需要企业把内部结构也变一变，升级到另一种结构，从而能更好地适应数字经济环境，使企业能更好地生存和发展。

同时，复杂系统结构的变化必然会引发一系列的连锁反应，企业既不能大而化之，也不能钻进细节出不来。为了避免"按下葫芦浮起瓢""拆东墙补西墙"的局面，企业必须厘清结构、能力和环境之间的关系，必须按照"先整体、再局部、进而回到系统"的系统方法解决问题。为此，企业需要建立一个可视化的**企业系统模型**来更好地把握转型过程。

上面这段初读起来可能有点吃力，那是因为大家还不太熟悉系统工程的语言。接下来，让我们一起进入系统工程的世界吧。

第二章

系统与系统工程

万物皆系统，生而为一，辨而分二，动而合三。

系统工程将万事万物纳入"环境—功能—结构"三要素的动态耦合框架，以"模型"为工具，认识世界、改造世界。

"数字"，是定量；"数字模型"，是把人的认知与计算机世界互为映射，以借其感、存、传、算之力；定性与定量结合、人与机结合，是数字时代复杂巨系统分析与改造的先进方法。

我们在运用系统工程思想和方法开展企业数字化转型之旅前，有必要先对系统工程有一个初步了解——同频方能共鸣。

第一节 万物皆系统

一、系统的概念

"系统"这个词在现今生活中已随处可闻，其代表的内涵也多种多样。譬如，它可意指某个功能强大的计算机软件——"××操作系统""××应用系统"；意指某项庞大而复杂的工作——"建设和谐社区系统""构建产品质量管理系统"；还有当形容词用的，意指有条理、有秩序或者清晰、全面——"系统的学习""系统的思考"等。

那么，"系统"到底是什么意思呢？

"系统"一词来源于英文 system 的翻译，意为部分组成的整体。system 最早的起源是古希腊语的"syn-histanai"，其词干"syn-"有"在一起"的意思，词根"sta-"有"站立"的意思，组合在一起后为"放置在一起，按顺序形成"的意思。

在《辞海》第七版中，"系统"的解释是：①自成体系的组织；相同或相类的事物按一定的秩序和内部联系组合而成具有某种特性或功能的整体。②始终一贯的条理；有条不紊的顺序。

ISO15288 及国际系统工程协会（INCOSE）也对"系统"做了定义：是人造的，被创造并使用于定义明确的环境中提供产品或服务，使用户及其他利益攸关者受益。其关注的只是人造系统，而非广义的系统。

本书对"系统"的定义为：系统是由相互联系、相互制约的若干组成部分结合而成的、具有特定功能的有机整体。为进一步加深读者对系统概念的理解，下面让我们来看图 2-1 所示的简单抽水系统。

这个抽水系统由圆筒、活塞、阀门 A/B、活塞杆、手柄、进水管、出水管构成。实现抽水功能的过程，本书就不再赘述。通过抽水系统样例，我们可以对系统的概念做出如下理解。

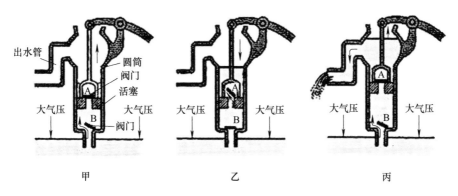

图 2-1 "抽水系统"：活塞式抽水机的工作示意图

（1）系统由若干部分组成。这些部分可以是一些个体、元件、零件，也可以是一个更小的系统（或称之为子系统）。譬如，圆筒、活塞、单向阀门 A/B 等。我们有时简称这些组成部分为"组分"或"部分"。

（2）系统具有一定的**结构**。组成系统的各部分之间存在相互联系、相互制约的关联，并共同构成一个整体或集合。譬如，将圆筒、活塞、单向阀门 A/B 等按特定方式进行连接和组装就构成了一个"抽水系统"——活塞式抽水机。

（3）系统具有一定的**功能**。系统需要与外部环境相互联系和相互作用，并表现出其能力和功效。譬如，抽水系统将低处的水抽取到高处。

（4）系统的整体功效大于各部件功效简单相加之和，即常说的 1+1＞2。譬如，抽水系统具备将低处的水抽取到高处的功效，而组成抽水系统的各个部件自身功效之和不能实现抽水系统的功效。

（5）系统的状态可以转换和控制。譬如，第一次压下手柄时，系统处于取水状态；而第二次压下手柄时，系统同时处于取水和提水状态。同时，压下手柄的高低可控制取水和提水的水量；压下手柄的快慢可控制取水和提水的速度。

（6）系统在特定**环境**中具有相对的稳态。譬如，抽水机在自然环境下可以长期存在，并保持结构稳定、功效稳定。但在高温、高压环境下，抽水机很快就会被毁损。又譬如，在正常使用环境下，抽水机可以保持结构稳定、功效稳定。但当压下手柄的力超出抽水机所能承受的范围时，抽水机稳定的结构就可能被毁损。当抽水机结构被毁损时，这个抽水系统也就不复存在了。

二、系统的尺度

在理解系统的概念后，我们将眼光放得更宏大些，原来在我们所能认知的这个世界里，任何事物都具备系统的性质，这是因为任何事物都可以由更小的部分组成。

从古希腊时期开始，人类就一直在猜想和寻找构成这个世界的"不可再分"的最微小的事物，然而直到现在，人类还没能找见。"哲学史第一人"泰勒斯最早提出"万物的本源是水"的猜想，古希腊哲学家德谟克利特建立起"原子论"的学说猜想，直到近代道尔顿原子理论揭示了物质由微小粒子组成，并用原子命名。

可紧接着，科学家们又发现原子竟然也不是构成这个世界最小的组分，还有更小的质子和电子，还有比质子和电子更小的夸克，那么还有没有再小的组分？量子力学已经提出了"超弦"的猜想，虽然目前科学尚未验证，但我们通过逻辑思考似乎可以推断出这样一个结论：没有最小，只有更小。

我国著名科学家钱学森提出的对物质世界层级的补充划分，或许能帮助我们更好地理解这一结论。钱老将物质世界层级划分为"胀观""宇观""宏观""微观""渺观"五个层级。目前，人类能观测到的宇宙大小已达约930亿光年，那么在宇宙膨胀之前呢？膨胀理论告诉我们可能还存在多个宇宙，其物质大小可能要以百亿光年为单位，在这个层级之上称为"胀观世界"。

在胀观世界之下是"宇观世界"。宇观世界是以星系为研究对象的，大小是以10万光年为单位的，譬如，银河星系、麦哲伦星系等。要研究星系，牛顿力学无能为力，我们需要用到广义相对论。宇观世界之下是我们常说的肉眼可见的世界（包括借助工具可见）——"宏观世界"。牛顿力学适用于宏观世界，但当到分子以下后（分子直径的数量级为10^{-10}厘米），牛顿力学就无能为力了，这时就进入了"微观世界"。

微观世界研究的是原子、电子、中子等，需要运用量子力学。之后，"希格斯场"被发现，这个场极细小，远远比粒子小，其大小为10^{-34}厘米，这时量子力学又不行了，需要新的理论来支持人类继续研究。这就是微观世界之下的另一个层次，被称为"渺观世界"。于景元老师在《系统科学和系统工程

的发展与应用》中，对上述物质世界划分层次与时空范围的关系也进行过论述，如图 2-2 所示

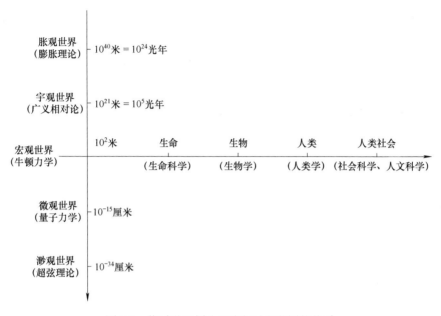

图 2-2　物质世界划分层次与时空范围的关系

未来，等到超弦理论被验证时，抑或又有某种超过量子力学的新理论被提出时，新理论中可能还会涉及更小的物质……既然任何事物都可以由更小的部分组成，那么"由相关关联或作用的部分所构成的具有特定功能的整体"这一系统概念就普遍适用于我们目前所能认知的所有事物。所以，**万物皆系统**。

三、系统的层级

前面我们说了，万物皆系统。那么，是不是任何事物又都一定能构成系统呢？答案是否定的。

从系统论的观点看，世界是有层次的。任何系统都具备自上而下层层分解的结构，分解出的事物作为"子系统"从属于紧接它之上的那个"母系统"。任何系统都可以分解成若干个子系统，但并非任意子系统又可以组合构成新的系统。任意事物构成的集合不一定是系统，能组成系统的事物之间必须有

强关联。不要忘记，系统是由"相互关联、相互制约"的若干组成部分结合而成的。

四、系统三公理

通过对系统的概念和内涵的介绍，我将系统客观存在的一些普遍规律总结为以下三项定律。或许并不全面，但也是一种尝试。

公理 1：系统的三要素包括结构、功能和环境

所有系统都包括且仅包括"结构、功能和环境"这三个要素。我们可以用一个简单的公式来表达这句话：**系统=结构+功能+环境**。

多个事物相互关联的状态就形成了"结构"，相互关联后所涌现的作用或目的就是"功能"，这些事物及其功能和结构只能存在于特定的"环境"中。万物归于"物质、能量、信息、生物、时间、空间"这六种元素，这些元素按照"环境、功能、结构"这三类要素构成各种各样的系统。

公理 2：系统层层嵌套

系统的"结构"由组分和关系构成，即**"结构=组分+关系"**。而每个组成部分又可被视为一个子系统（万物皆系统），于是我们又可以用"系统=结构+功能+环境"来表示这个子系统，如此层层嵌套。

如图 2-3 所示，系统通过结构的组合，向上可以层层叠加，形成更为宏大的母系统，如宇观类系统、胀观类系统。系统通过结构的拆分，向下可以层层分解，形成更为细小的子系统，如微观类系统、渺观类系统。

公理 3：系统稳态耦合、失稳解体

系统内部的组分互相作用，并与外部环境互相作用，进而涌现出了系统的功能。当系统的内部之间、内外之间的互相作用处于稳定状态时，我们说系统进入了稳态耦合，系统就正式形成了。世界上大部分可被观测、可被分析的系统都是稳态耦合的。需要注意，当我们在观测一个系统时，"观测"与"对象系统"本身又构成了一个"观测系统"。

但是，系统的稳态耦合又是相对的，因为外部、内部的影响都可能使系统失去稳态而解体。最显而易见的是，物质在不同环境下所展现的状态或特性会有所不同。譬如，铁在常温下为固态，坚硬不易变形；当温度超过 1538℃

时，铁会转变成液态；当温度低于−200℃时，铁会像虾片一样脆弱。而物质状态或特性的不同又会对其承载的系统结构产生影响，严重时会导致系统结构崩溃。构成系统的结构变了，系统也就会改变。

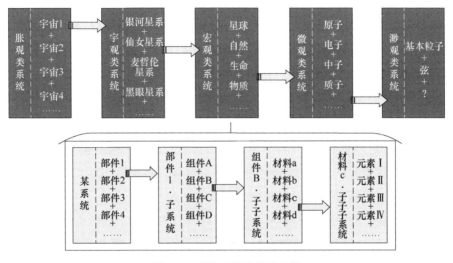

图 2-3　系统无限嵌套示意图

进一步思考，系统与其所处的环境保持着互动和相互影响，通过自身的反馈回路调整其内部组分的状态，从而维持系统整体状态的稳定，这种稳定其实不是静止不动的"静态"，而是在一定范围内震荡着的"动态平衡"，就像是骑自行车的状态或电子运行的轨迹。我们借用生物学中的概念，称之为"稳态"。

同样站在生物学的视角看，所有的生命有生就有死，所有的系统"稳态"也都有结束的时候。失稳的原因不外乎内、外两种：或者是受外力的影响，环境变得超出系统承受的极限了；或者是因内部的损耗，生物会老去，产品会老化，有益的功能在衰减，有害的功能在累积，最终系统无法获得足够的能量用于维持结构，于是解体。

万物皆系统，生而有一个本体，是谓**"生而为一"**；想要分别、辨识事物，需要从正反、先后、动静、阴阳的"二分法"辩证视角去看，是谓**"辨而分二"**；而万物一旦动起来，都得在特定的"环境"中，为了存续"功能"，而维持自身"结构"，三要素稳态耦合，是谓**"动而合三"**。这便是系统论的哲学基础。

第二节 系统思维

在理解了什么是系统之后，我们还需要理解什么是系统思维。这是所有人在工作、学习和生活中都能用到的思维方法，也是理解和应用企业系统工程的基础。

一、系统思维的底层逻辑

"思维"是人类所特有的一种高级认知活动，是人在认识世界的过程中，利用头脑对各类信息、经验进行复杂操作的过程。人之所以为"人"，就是人"生而思之"，人从诞生那天起就处在不断的认知与思考之中，直至死亡。从哲学的观点看，思维的主体是人，思维的客体是人研究、分析和思考的对象，也包括人自身。按照"万物皆系统"的观点，所有的思维"对象"都可被视为"系统"。

既然思维是人类大脑活动的内在程式，而不同的人由于其所具备的知识、经验不同，看待事物的角度、方式和方法也会不同，进而形成各种不同的思维方式。譬如，思维按形式可分为感性具象思维、理性具象思维、抽象逻辑思维，按方法可分为线性思维、非线性思维，按技巧可分为发散思维、收敛思维、因果思维、辩证思维、归纳思维等。那么，系统思维是什么样的呢？

系统思维最早出现在1912年建立的格式塔心理学，是一种抽象逻辑思维。系统思维以系统论为基础，运用系统观点，把认识的对象作为一个系统，从系统三要素间的相互联系、相互作用中综合地认识对象。简单来说，系统思维就是全面思考、动态思考、关联思考，而不只是就事论事。

举个例子：有一天你感觉很疲倦，于是你冲了杯咖啡提神，效果很好。下一次你再疲倦时，依旧会冲杯咖啡来提神。但随着时间的推移，喝咖啡提神的效果会越来越差，你需要喝两杯、三杯甚至更多杯咖啡。同时，喝多了咖啡可能导致晚上睡不好，进而使你的健康状况出问题，这会让你更容易疲倦。用咖啡提神来解决身体的疲倦问题，从短期看是有效的，但从长期看却让身体进入了一个恶性循环，其结果只会越来越糟。

其实，疲倦只是身体出现问题所反馈的一个表象，用系统思维来看待这个问题时，你会将身体视为一个大的平衡系统，而造成疲倦这一问题的原因可能多种多样，也许是缺乏休息、也许是饮食不健康、也许是情绪焦躁的后遗症……任何单一的解决方案都无法彻底地解决问题，甚至还会带来一连串其他问题。

这时，我们就需要全面地对造成身体疲倦的各项原因以及原因之间的关联进行综合考虑，在解决已有问题的同时尽量避免产生新的问题，或者说即便是产生新的问题也是在预料之中，并且有应对方案。这样，我们才能从根本上彻底解决身体疲倦这一表象问题。

从系统的观点来看，我们所能认知的事物是多方面相互联系、发展变化的有机整体。系统思维就是我们无论看什么事物都要具有全局观，立足整体，注重整体效益和整体结果，充分认识整体与部分、整体与环境、部分与部分、部分与环境的相互关系与动态演化，从而达到认识整体、把握整体的目的。企业领导者在思考和处理问题时，也必须从整体出发，把着眼点放在全局上，权衡整体的、全局的利益，利用多种方法、从多种切入点处理问题。

二、系统思维的特点

系统思维的依据是以"系统"方式存在的万事万物，乃至其存在的普遍方式和属性。思维的系统性与事物的系统性是一致的。所以，系统思维的特征以整体性、结构性、立体性、动态性、综合性见长。

（一）整体性

系统思维的整体性是指要把研究对象作为一个整体来认识，整体既是认识的出发点，也是归宿。这种整体性由事物的整体性所决定，是系统思维的基本特征，建立在整体与部分的辩证关系上。整体与部分密不可分，整体的属性和功能是部分按一定方式相互作用、相互联系所形成的，而整体也正是依据这种相互联系、相互作用的方式实现对部分的支配。譬如，解决城市交通问题时，我们不仅要考虑构成城市交通系统的车辆、道路、客流量、交通管制规则等，还要考虑城市交通系统所处的城市市政建设环境。

（二）结构性

系统思维的结构性强调从系统的结构去认识系统的功能，寻找系统最优结构，进而获得最佳系统功能。系统的结构与功能紧密相连，系统的结构决定系统的功能。在系统所处环境不变的前提下，也许系统结构的各部分并非最优，但通过改善部分之间的关系也能获得系统整体功能的最优。譬如，米格-25 战斗机的部件按构成来说并不是当时世界上最先进的，但由于结构优化，其功能在当时是世界一流的。

（三）立体性

系统思维的立体性是指在思维的过程中，要有多维视角，就像一个多维坐标系，要把思维对象置于纵横交错的交叉点上，既注重纵向比较，又注重横向比较，从而全面准确地把握思维对象的规律与特性。譬如，对于时间、空间的立体思考，我们要在研究系统状态的空间位置时考虑其时间关系，要在研究系统状态的时间关系时考虑其空间位置。

（四）动态性

系统思维的动态性是指在思维过程中要充分考虑"系统稳态耦合"这一特征，将思维方式从静态转变为动态，正确认识和对待思维对象的动态变化，以便利于我们更为准确地把握思维客体的实际情况。

系统思维方式的动态性是系统演化的反映。一方面，系统结构及组成部分的位置和关系会随时间变化而变化；另一方面，系统与所处环境之间始终存在交互活动，这种活动对系统来说同样是变化。所以，思维方式也应遵循这种规律，把系统演化的各种可能性理解为多种可选择方向，即要把思维客体放在多种可能、多种方法、多种途径的选择上，而非只考虑某一种可能、方法和途径。譬如，我们在研制某种产品时，会对产品全生命周期的环境、状态做多种假设、推演和验证，一直考虑到产品的报废与处置。

（五）综合性

系统思维的综合性是指思维过程中包含着综合的因素。也就是说，思维逻辑的起点是综合，分析过程中要时刻综合反馈，思维逻辑的终点是综合。这与传统的分析思维有所不同。

传统的分析思维是"分析→综合"，思考事物时先从某一点出发，按单向线性思维分析出结果，然后再从另一点出发进行分析，最后将所有结果综合后再进行判断。而系统思维的综合程式是"**综合→分析→综合**"，思考事物时是在综合的统筹下对各点进行分析，并且各点的每一步分析结论要被综合起来，顾及综合的整体性，从而确保事物整体处于最优状态。用系统工程的术语来说，就是"**还原论+整体论**"。

综上可见，系统思维从逻辑上看是从线性思考到非线性思考，从哲学上看是从"部分相加等于整体"升华到"整体大于部分相加之和"。所以，它对于分析多因素、多变量、多输入、多输出的复杂系统非常有效，对于管理企业这种复杂系统也非常有效。

第三节　系统工程

近年来"系统工程"一词也非常流行，频率出现于各种宣传、报告、文章中。常见的有"××系统工程""××是一项系统工程"，如城乡建设系统工程、智慧停车系统工程、交通治堵是一项系统工程、教育改革是一项系统工程等。从这些表述上我们能看出，大多数人甚至是使用这个词的人，认为"系统工程"是指一件复杂而庞大的事或工作。这种看法不够准确。下面，让我们一起来了解什么是"系统工程"。

一、系统工程的定义和方法论

我们先来看看钱学森、国际系统工程协会、科学百科、MBA 智库分别是如何定义"系统工程"的。

1. 钱学森在《论系统工程》中对"系统工程"的定义

系统工程是组织管理"系统的规划、研究、设计、制造、试验和使用"的科学方法，是一种对所有系统都具有普遍意义的科学方法。

2. 国际系统工程协会在 2019 年发布的《系统工程和系统定义》中对"系统工程"的定义

系统工程为一种跨学科和综合的方法，利用系统的原理和概念以及科学、技术和管理方法使"工程系统"能够成功地实现、使用和退出（淘汰）。

> "工程系统"指为设计或调整用于预期操作环境进行交互，以实现一个或多个预期目的，并同时遵守适用约束的系统。该系统是人员、产品、服务、信息和流程，以及可能的自然界元素的组合，并提供满足指定客户的功能需要或目标。

3. 科学百科对"系统工程"的定义

系统工程是为了最好地实现系统的目的，对系统的组成要素、组织结构、信息流、控制机构等进行分析研究的科学方法。它运用各种组织管理技术，使系统的整体与局部之间的关系协调和相互配合，实现总体的最优运行。

4. MBA智库对"系统工程"的四种定义

（1）系统工程是一个用于实现产品的跨学科方法。通过它，企业能够把每个产品作为一个整体来理解，以便更好地构建产品的规划、开发、制造和维护过程。

（2）系统工程是关于生产、建设、交通、储运、通信、商业、科学研究以及人类其他活动的规划、组织、协调和控制的科学方法。

（3）系统工程是运用系统思维直接改造客观世界的一大类工程技术的总称，是一种能有效地组织和管理复杂系统的规划、研究、设计、制造、试验和使用的技术。

（4）系统工程是以研究大规模复杂系统为对象的新兴边缘科学，是处理系统的一门工程技术。对新系统的建立或对已建立系统的经营管理，采用定量分析法（包括模型方法、仿真实验方法或优化方法）或定量分析和定性分析相结合的方法，进行系统分析和系统设计，使系统整个达成预定的目标。

从这些定义中，我们可以清楚地认识到，系统工程是一种科学方法、一门工程技术，而不只是一件复杂而庞大的事或工作。这种方法以系统为研究对象，从系统整体功效出发，研究、设计、分析系统的各个组成部分以及各种因素之间的关联关系，运用各种相关知识与方法，寻求系统的最佳方案或使系统整体功效达到最佳。

系统工程提供了多种解决问题的方法，如硬系统方法论、软系统方法论、MBSE 等。在本书中，我们按常规，先初步了解最基础的霍尔的硬系统方法论（Hard System Methodology，HSM）与切克兰德的软系统方法论（Soft Systems Methodology，SSM）。

（一）硬系统方法论（HSM）

美国系统工程专家霍尔为解决大型复杂工程的规划、组织、管理问题，于 1969 年提出了一种系统工程方法论。它将工程项目的整个活动过程分为前后紧密衔接的七个阶段和七个步骤，同时还考虑了为完成这些阶段和步骤所需要的各种专业知识和技能。这样就形成了由时间维、逻辑维和知识维所组成的三维空间结构，即霍尔三维结构，如图 2-4 所示。

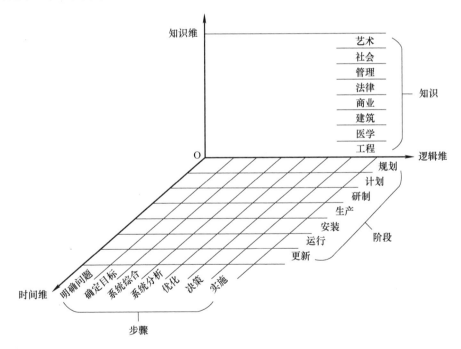

图 2-4 霍尔三维结构

霍尔三维结构体系形象地描述了开展大型工程项目研究要用到的方法框架。其中任一阶段和每一个步骤又可按该三维结构进一步具体展开，形成一个分层次的树状体系。这个体系的初衷是希望能最终呈现大型工程项目的完整方案。

霍尔的方法论集中体现了系统工程方法的系统化、综合化、最优化、程序化和标准化等特点，这些都是系统工程方法论的重要基础内容。由于霍尔的方法在实际应用中更偏重于定量分析和比较，因此该方法更适合于产品研制、工程建设等"硬"系统问题的研究。

（二）软系统方法论（SSM）

霍尔的硬系统方法论在研究、解决复杂系统的"技术"问题时具有很好的指导作用，但在研究、解决复杂系统的"非技术"问题时却不太适用。譬如，研究社会、政治、组织管理等包含大量人为活动因素以及环境制约因素的问题。这些"非技术"问题本身是非结构化的，甚至问题本身还可能是模糊的、凌乱的。

同时，这些问题还极易受环境或人为因素的制约，难以采用定量的方法进行分析。鉴于此，英国系统科学家切克兰德于1981年提出了一套新的方法论，称为软系统方法论，如图2-5所示。

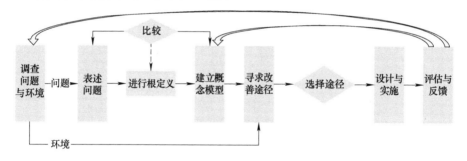

图 2-5　软系统方法论的应用逻辑

切克兰德的软系统方法论的应用过程分为调查问题与环境、表述问题、进行根定义、建立概念模型、比较问题与概念模型、寻求改善途径、选择途径、设计与实施、评估与反馈九个步骤。

切克兰德的方法论与霍尔三维结构相比较，两者均属于系统工程方法论，均采用问题导向且具有相应的问题解决逻辑过程。但切克兰德的方法论更侧重于问题的界定与达成一致，霍尔的方法论则侧重于寻求问题的最佳解决方案。所以，切克兰德的方法论更适合于对社会、政治和组织管理等"软"系统问题的研究。

二、系统工程的起源与发展

系统工程是系统思维成果的具象展现，作为一门科学技术虽然形成于 20 世纪中叶，但系统工程的思想和实际应用可追溯到远古时代，如图 2-6 所示。

（一）古代系统思想

中国古代经典医著《黄帝内经》把人体看作是由各种器官有机地联系在一起的整体，主张从整体上研究人体的病因。中国古代著作《易经》中提出了蕴含有系统思想的阴阳、八卦等学说。

古希腊哲学家赫拉克利特在《论自然》中指出"世界是包括一切的整体"。古希腊哲学家德谟克利特在《世界大系统》中指出"一切物质都是原子和空虚组成的"。这是最早采用系统这个名词的著作。古希腊哲学家亚里士多德提出"整体大于部分之和"的观点。

古代系统思想还表现在一些著名的古代工程中。中国的都江堰、长城、大运河，以及埃及的金字塔、古巴比伦的空中花园、古罗马的引水渠等古代著名工程无不体现着古人朴素的系统思想。

对于古人来说并没有所谓的"系统思维"概念，但当古人通过总结先人的成功经验，用猜测和臆想构建事物结构和未知关联，并从事物整体功能出发，注重事物部件对整体功能的影响时，系统思维的雏形已经出现了，其形成和展现的成果就是古朴的系统思想。

（二）系统工程的萌芽

19 世纪末人类进入"第二次工业革命"，新型交通工具、通信技术得以迅速应用及推广，社会生产力得到极大提升，社会物资日渐丰富。此时，市场需求不足成了制约生产力发展的重要因素，企业间的竞争加剧，人们开始重视生产与经营之间的协调和综合以降低成本、维持竞争力，并开始运用系统思想来研究这类问题。同时，经典物理学的完善使人们认识到，只有通过对客观事物的数学描述才能深入分析事物的本质、了解其构成机理和各种变异。于是，人们开始用数学模型和分析的方法去研究工程、经济、生物、军事和社会等方面的系统。

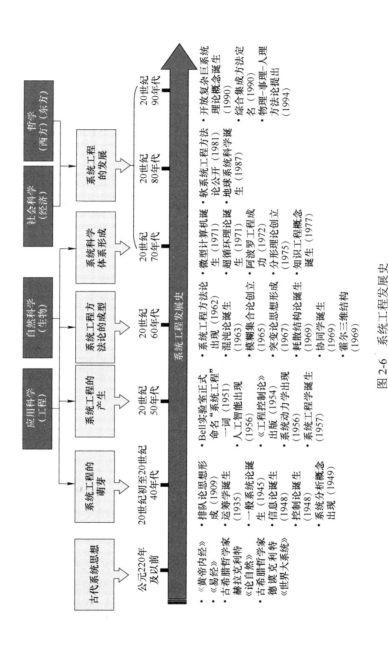

图 2-6 系统工程发展史

1. 排队论是系统工程产生的种子

1909 年丹麦数学家 A.K.爱尔朗为解决自动电话设计问题，受热力学统计平衡理论的启发，用概率论方法建立了电话系统统计平衡模型，并由此导出著名的爱尔朗呼叫损失率（呼损率）公式，当时称为话务理论。20 世纪 30 年代，瑞典数学家巴尔姆和苏联数学家辛钦又对其过程进行了深入的数学分析，提出了普遍性、平稳性、有限性和无后效性四个特征，奠定了排队论的理论基础。

2. 一般系统论、控制论、信息论是系统工程的基础理论依据

20 世纪 30 年代，现代理论生物学家贝塔朗菲在研究生命有机体时提出了一般系统论的原理，并于 1945 年发表《关于一般系统论》一文。同时，他也指出这个理论属于逻辑和数学的领域，任务是建立适用于系统的一般原则。20 世纪 40 年代，随着通信技术的发展和工业自动化的兴起，美国应用数学家诺伯特·维纳在研究自动防空火炮时，发现动物和机器中控制和通信的核心问题都是信息、信息传输和信息处理。在此基础上，维纳于 1948 年出版了《控制论》，成为控制论诞生的标志。

美国数学家克劳德·艾尔伍德·香农在研究通信系统中的信息量时提出了信息熵概念，并于 1948 年发表论文《通信的数学理论》将通信过程建立了数学模型，该理论成为信息论研究的开端。

一般系统论提出了对系统的描述性的研究方法。控制论用抽象的方式揭示了一切控制系统的信息传输和处理的特性与规律。信息论则提出了信息度量的理论与方法，以及实际应用技术问题的处理方法。这三个理论互有侧重且互为补充，为系统工程的产生提供了理论依据。这也是我们常说的"老三论"。

3. 运筹学是系统工程的思想和方法源泉

运筹学诞生于军事系统模型，早在第一次世界大战期间英国兰彻斯特就提出过描述作战双方兵力变化过程的兰彻斯特方程。第二次世界大战期间由于军事需要，人们去研究提高作战指挥能力和武器效能的方法，英国国防部于 1935 年在鲍德西成立了世界上第一个运筹学研究小组，研究雷达配置和高炮效率。同期，美军也成立了运筹小组，美国数学家莫尔斯用概率论和数理统计方法研究反潜问题，提出了舰艇躲避或攻击潜艇的最优战术。

第二次世界大战后，在经济逐步恢复的过程中，人们又认识到经营中的组织复杂性与战争中的组织复杂性是类似的，只是面对的环境不同而已，故而运筹学被迅速推广到经济管理部门，为制定政策提供依据，带来了良好的经济效果。

运筹学研究的是系统的实际有效运用问题，它利用统计学、数学模型和算法为系统优化提供了一整套定量研究方法，是解决现实生活中复杂问题、优化系统效率的实践应用。

（三）系统工程的产生

"系统工程"一词最早出现在美国贝尔电话实验室研究微波中继通信网工程中。早在1940年美国贝尔电话实验室就开始筹建横跨美国东西部的微波中继通信网。该实验室在设计新系统时把研制工作分为了规划、研究、开发、应用和通用工程五个阶段，并以此来控制研发进度。直到1951年该网的TD-2系统投入使用后，贝尔电话实验室才正式把研制微波通信网的方法命名为系统工程。

第二次世界大战后，随着科学技术迅猛发展和社会经济空前增长，人们面临着越来越复杂的大系统的组织、管理、协调、规划、计划、预测和控制问题。单靠人的经验来解决这些问题已显得无能为力，人们必须使用科学的方法。此时，信息技术的发展又提高了人们对信息的收集、存储、传递和处理的能力，为使用科学方法进行组织和管理提供了强有力的手段。

在这种情况下，系统工程的应用范围和应用方法被逐渐丰富。譬如，1956年美国福瑞斯特教授运用系统科学思想分析生产管理和库存管理等企业问题时提出了系统仿真方法，后应用控制理论和计算机仿真研究复杂系统时创立了系统动力学。美国兰德公司创立的系统分析法，以及规划计划预算编制法、德尔菲法、社会实验法等，对系统工程应用方法进行了不断丰富。

1957年美国密执安大学的古德和麦克霍尔合作出版了第一本完整的系统工程教科书《系统工程》，标志着系统工程学正式出现。

（四）系统工程方法论的成型

系统工程第一次以方法论的形式展现在世人面前是在1962年，霍尔将自己在研究通信系统工程中所形成的成果加以整理，出版了《系统工程方法论》一书，书中对系统理论、系统环境、系统要素、系统技术、系统数学等方面进行了详细的论述，并提出了在大型工程项目中较为一般性的原则。

1965 年，麦克霍尔在《系统工程》教科书的基础上又出版了《系统工程手册》。手册中以丰富的军事素材论述了系统工程的原理和方法，在丰富系统工程方法论的同时，表明了系统工程的实用化和规范化。

1969 年，霍尔基于大量的工程实践经验又提出了著名的霍尔三维结构。霍尔三维结构模式为解决大型复杂系统的规划、组织、管理问题提供了一种统一的思想方法，因而在世界各国得到了广泛应用。霍尔三维结构的出现也标志着系统工程方法论的成型，为工程过程提供了更为规范化的指导。

20 世纪 60 年代，随着数学、生物学、物理学、化学、社会学等科学研究的持续深入，科学家们也不断刷新着对各类系统的认知。与系统稳定性、关联性、适应性、变化趋势等相关的理论不断涌现，在创新系统研究与应用方法的同时，持续完善着系统工程方法论的理论基础。譬如，20 世纪 60 年代末比利时科学家伊里亚·普里高金创立了耗散结构论；20 世纪 70 年代，德国科学家哈肯创立了协同学，法国数学家勒内·托姆创立了突变论。这三项理论被称为近代系统工程的理论基石，简称"新三论"。

（五）系统科学体系形成

建立完整的系统科学体系，是钱学森于 1979 年 10 月在北京系统工程学术讨论会上提出的。钱学森系统科学体系如图 2-7 所示，该体系已按现代科学划分方式进行了调整。

钱老认为，系统科学是以系统为研究和应用对象的一个科学技术门类，它由三个层次组成。

（1）工程技术层次。它位于系统科学的下层，是用系统思想直接改造客观世界的技术。

（2）技术科学层次。它是各类工程技术共同的理论基础，包括运筹学、控制论、信息论等。

（3）科学领域层次。

系统工程所带动的科学发展是一条广泛的战线，这条战线可以被称为系统科学，是与自然科学、社会科学并列的科学领域。系统科学与哲学之间的桥梁则称为系统论或系统观。系统科学体系的形成标志着系统工程已经成熟。

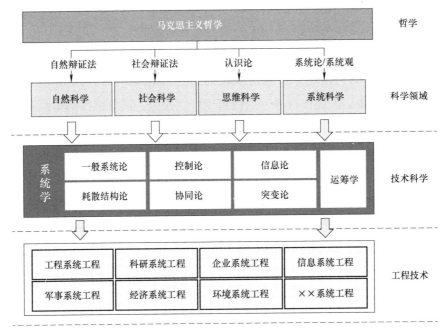

图 2-7 系统科学体系

（六）系统工程的发展

自 20 世纪 70 年代以来，系统工程应用领域持续向社会、经济、生态等方面扩展。随着人类活动范围日益广阔，系统工程理论及方法逐渐成为人类认识和改造客观世界，以及寻求和解决复杂系统问题的重要手段。

1. 阿波罗工程促进世界各国接受系统工程

20 世纪 60 年代初，美国为改变空间技术落后于苏联的局面，开始制定和执行由地面、空间和登月三部分组成的阿波罗工程。阿波罗工程从 1961 年启动到 1972 年结束，共有 6 艘宇宙飞船载人登月成功。在工程高峰时期有 2 万多家厂商、200 余所高等院校和 80 多个研究机构参与研制和生产，总人数超过 30 万人，耗资 255 亿美元。

阿波罗工程不仅涉及火箭技术、电子技术、冶金技术、化工技术等多种技术，还需要了解宇宙空间的物理环境以及月球本身的构造和形状。同时，执行计划时还需要考虑每一部分间的配合与协调，估算各种未知因素带来的各种影响。为了保证这样一个复杂的、质量要求极高的工程能够顺利实施，美国国家航空航天局（NASA）大力发展和应用了系统工程方法，这是阿波罗工程取得巨大成功的关键。

整个工程在计划进度、质量检验、可靠性评价和管理过程等方面都采用了系统工程方法，并创造了"计划评审技术"（PERT）和"图形评审技术"（GERT），实现了时间进度、质量技术与经费管理三者的统一。在实施该工程的过程中，各级部门及时向各层决策机构提供信息和方案，供各层决策者使用，保证了各个领域的相互平衡，最终如期完成了总体目标。同时，计算机的应用为该复杂系统的分析提供了有力的支持。世界各国在看到阿波罗工程的实施与完成后，也开始接受并发展系统工程。

2. 系统建模与仿真成为系统工程应用的重要方式

早期的系统工程作为一门定量技术可概括为系统建模、系统仿真、系统分析和系统优化四个方面。其中，系统建模是用数学模型来描述实际系统的结构、输入输出关系和功能，是系统工程应用的核心基础。系统仿真是在系统模型基础上利用信息技术对系统进行实验和研究，是系统工程应用的技术工具。

随着系统工程应用领域的扩展，首先需要发展系统建模和系统仿真，这项工作需要多学科的知识融合和不同领域专家的通力合作。20世纪70年代出现的超循环理论、大系统理论、队决策理论、分形理论，以及以前建立的运筹学、对策论、控制论、信息论、模糊集合理论等，为系统建模提供了丰富的素材、方法和原理。

直至今日，这些模型经过不断的演化、发展和细分，已逐步深入应用到人类生产生活的各个领域，在实际研究问题、解决问题时发挥着重要的指导作用。譬如，战略领域的竞争力分析模型（波特五力）、优劣势分析模型（SWOT）；研发领域的集成产品开发（IPD）模型；生产领域的集成供应链（ISC）模型；营销领域的4P模型、4C模型、4R模型；财经领域的杜邦分析模型；等等。

3. 信息技术的发展为系统工程应用提供工具保障

1971 年随着第一台微型计算机的产生，信息技术步入快速发展阶段。分级分布控制、分散信号处理、互联网、人工智能等信息技术的应用为系统工程的定性和定量研究方法提供了有力的工具保障。特别是仿真技术的应用，极大地方便了对系统的细致研究，降低了系统研究成本，使系统分析和系统预测更加高效、客观和符合现实环境。

随着信息技术的发展，如今已出现许多高效的系统工程算法和应用软件。譬如，线性规划、非线性规划、动态规划、排队排序等算法；系统建模、实时仿真、作战模拟、决策支持、决策室等成套应用软件。同时，在系统工程应用时利用网络技术并配以大屏幕，可以实现图形化的实时控制。

4. 软系统工程方法论进一步扩宽系统工程应用领域

20 世纪 70 年代以来，人们开始重视对软系统的系统工程方法论的研究。软系统是指机理不清、很难用明确的数学模型描述的系统。譬如，社会系统。软系统也无法像人工物理系统那样做可控性实验，无法取得客观的实验数据，这些因素导致早期的系统工程方法论在解决软系统问题时显得无能为力。

直到 1981 年英国系统科学家切克兰德公开提出了以学习、调查过程为主的软系统工程方法论。软系统工程方法论的出现使人们走出了"唯结构至上"的思维限制，在解决受人类活动影响较多的系统问题时，更加注重文化、政治、社会等软环境对系统功能实现的影响。

其实，在切克兰德之前和之后都出现了许多的软系统方法和理论，这些方法和理论至今仍在各个领域中发挥着不同的指导作用。譬如，美国创造学家奥斯本于 1939 年提出的头脑风暴法，兰德公司于 1949 年创立的德尔菲法（又称专家调查法），美国运筹学家丘奇曼于 20 世纪 50 年代提出的批判性系统思考，美国经济学家加尔布雷斯于 1958 年提出的生活质量法，美国数学家萨蒂于 20 世纪 70 年代初创立的层次分析法，英国管理科学教授弗勒德于 1991 年提出的全面系统干预方法论，中国系统工程专家顾基发和朱志昌于 1994 年创立的"物理—事理—人理"方法论。这些软系统方法不仅从方法和技术层面丰富了系统科学，还丰富了系统思想。

（七）系统工程的发展与展望

世界各国的系统学家们一直在相互借鉴和融合不同的系统思想和系统理论，以期建立一种新的、统一的系统科学理论，如图 2-8 所示。展望未来，系统工程的发展有三个方面值得关注：东西方文明的交汇与融合，理论及方法的"软化"，基于模型的系统工程应用将越来越普及。

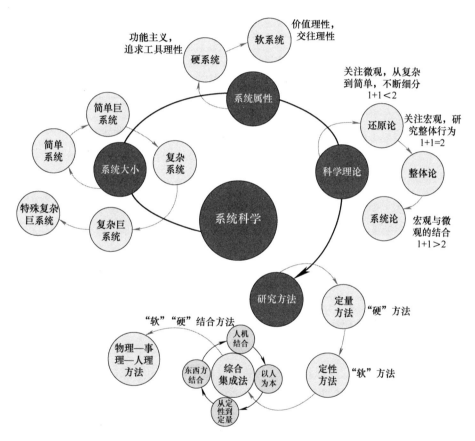

图 2-8 系统工程的发展与展望

1. 东西方文明的交汇与融合

自 20 世纪以来，世界对系统科学的研究形成了：以非线性自组织理论为基本内容的"欧洲学派"；以复杂自适应理论为代表的"美国学派"；以开放的复杂巨系统理论为代表的"中国学派"。欧洲学派以数学设计理念为特点，并带有强烈的哲学思想和人文情怀；美国学派以实验科学、计算机模拟为主要研究手段，非常看重信息技术的应用，对人的作用不够重视。

中国学派以中国传统文化思想为根基，注重"以人为本"和"天人合一"。为完善和发展系统思想和系统理论，寻求建立统一的系统科学理论，东方和西方的系统专家和学者一直在尝试将西方理论与东方思想相融合。

美国科学家弗里乔夫·卡普拉于 1975 年出版的《物理学之"道"：近代物理学与东方神秘主义》一书中，将东方道家思想引入到物理学中，提出的"道哲学"引起轰动。普里斯曼在 1992 年发表的一篇文章中把系统方法论与东方的方法论进行综合，认为可以形成一个新的方法论。

1990 年，我国科学家钱学森在总结了国内外系统理论以及国内实践经验的基础上，提出了从定性到定量的综合集成法。该方法强调定性与定量结合、理论与经验结合、思想与学科结合、人机结合，是我国系统方法论发展的重要里程碑。

1994 年，我国系统工程专家顾基发、朱志昌在与英国赫尔大学交流时共同提出了"物理—事理—人理"（WSR）方法论。该方法论强调思考方法、工作过程和人的参与，是东方智慧与传统系统工程方法论的结合应用。另外，自 1995 年开始举办的中国、英国、日本系统方法论研讨会在持续产生由东西方文化碰撞融合的系统工程成果。

2. 系统工程的理论及方法逐渐趋于"软化"

随着人类科技的进步，系统工程应用研究的对象从最初的自然学科向多学科交叉延伸拓展，现已进入到开放复杂巨系统，如环境污染、人口增长、世界性疫情等。系统工程所应用的技术也从硬技术到软技术，再到软技术中的软技术，以及它们之间的相互结合。

系统工程理论及方法的"软化"是指改变原来一味追求用数学方法进行定量分析的思路，转而注重定性的研究或定性与定量相结合的研究方法。从哲学的观点看，"软化"的趋势与系统工程应用研究的对象有关，与知识的传承方式有关。

（1）人是有社会属性的。对于研究由人构成的社会、经济、政治等这样的开放复杂巨系统来说，主体与客体的关系非常紧密和复杂。而人类用数学方法、理性方法研究这类超复杂、非线性、不确定、信息不完备的开放复杂巨系统时，容易脱离真实，其原因在于对系统的软因素考虑不足。

（2）人的知识分为言传知识和意会知识两类。其中，言传知识是指能用书面文字、图表、数学公式表达的知识，这类知识内涵固定、易于理解。而意会知识不能用语言表达和交流，但可以通过具体的活动进行体会和察觉，如小商贩叫卖时喊的"全场 10 元、全部 10 元"。而在研究社会、经济、政治等开放复杂巨系统时，人们对意会知识的正确理解，往往是正确解决问题的关键。

所以，正如钱学森所谈到的："人们在寻求用定量方法学处理复杂行为系统时，容易注重数学模型的逻辑处理，而忽视数学模型微妙的经验含义或解释。这样的数学模型看起来"理论性"很强，其实不免牵强附会，从而脱离真实。与其如此，不如一开始就老老实实承认理论不足，从而求援于经验判断，将定性的方法与定量的方法结合起来，最后再定量。"钱老所谈的核心思想就是系统工程的"软化"。

3. 基于模型的系统工程应用将越来越普及

基于模型的系统工程（Model-Based Systems Engineering，MBSE）于 2007 年在国际系统工程协会举办的国际研讨会上被首次提出。国际系统工程协会对其的定义是：支持以概念设计阶段开始，并持续贯穿于开发和后期的生命周期阶段的系统需求、设计、分析、验证和确认活动的正规化建模应用。

紧接此定义，又有如下解释：MBSE 是向以模型为中心的一系列方法转变这一长期趋势的一部分，这些方法被应用于机械、电子和软件等工程领域，以期望取代原来系统工程师们所擅长的以文档为中心的方法，并通过完全融入系统工程过程来影响未来系统工程的实践。

用通俗的话来解释：MBSE 是用统一的语言或方式来建立和描述系统模型，并将该模型融入系统工程应用的全生命周期的一种应用方法。它具备整合多学科环境、覆盖全生命周期、应用标准化语言、自动化程度高、与仿真技术结合等特点，能有效提高系统的设计效率和运行效率，降低设计成本和运行成本。

为什么说基于模型的系统工程应用将越来越普及呢？

（1）从概念出发来说明。首先，模型是对现实世界的一种抽象表达。数学公式、图纸或者缩比实物都是模型。其次，系统是由"结构+功能+环境"三要素构成，所以从逻辑上说任何系统都可以构建成模型。最后，系统工程是一种以系统为研究对象的科学方法，该方法的核心步骤都是建立待研究对象的系统模型。硬系统工程方法、软系统工程方法、综合集成方法等都是先建立系统模型，然后在模型的基础上求解问题或寻求系统最优。

（2）分析模型对于系统工程的作用。首先，由于人的思维方式是图形化的，基于模型的系统思维比基于文字思考更容易。其次，建立系统模型本身就是全面准确地认识系统、识别系统各要素之间关系的极佳过程。再次，基于系统模型对系统进行分析、调整、预测等研究工作，更利于从整体上把控系统变化，使研究成果更加贴近实际。同时，研究效率得以提高、研究成本得以降低和重大风险得以避免。最后，在系统工程应用过程中，基于系统模型的沟通和协同更为精准和高效。

（3）看看 MBSE 在现实工作中已有的应用。在工程、机械、电子领域，从研发、设计开始，到生产、装配、施工、验证、交付，以及实时运维监控等都存在 MBSE 应用。譬如，设计图纸、三维设计、三维建模、模拟仿真、仿真测试等。在 IT 领域，MBSE 的应用已贯穿软件系统开发的整个生命周期，从任务定义、需求分析、架构设计、代码编写、功能模块化、系统测试，到技术管理、文档管理、技术控制、过程组织等都应用着该方法。

在企业管理领域，应用 MBSE 更是面对复杂挑战的最优选择。企业不仅是一个复杂的生产系统，更是一个复杂的社会系统。它不仅在内部存在许多分层、分系统，还存在诸多外部利益相关方。由于各分层、各分系统、各相关方彼此的专业、背景和利益诉求不同，在交流沟通过程中经常出现"鸡同鸭讲"，乃至"夏虫不可语冰，井蛙不可语海"的理解偏差。企业应用 MBSE后，能有效提高各方对企业和业务的全面认知，促进各方达成共识，从而更加科学、客观地设定目标和协同工作。

由此可见，MBSE 应用的普及不仅在概念和方法上存在必然性，在现实世界中也已深入到各个领域，甚至有人把 MBSE 视为系统工程的"革命""未来""转型"。

本书对系统工程的发展仅做了简要介绍，如果大家希望了解更多内容，可参阅《系统工程思想史》《系统工程：21 世纪的系统方法论》《基于模型的系统工程——综合运用 OPM 和 SysML》等书籍。

三、现代系统工程在中国

我们谈到现代系统工程在中国的应用和发展，就离不开钱学森和中国航天事业。

（一）钱学森对中国系统工程的贡献

1911 年钱学森出生，籍贯浙江杭州。1959 年，他加入中国共产党。他是空气动力学家、系统科学家，工程控制论的创始人之一，中国科学院学部委员、中国工程院院士，"两弹一星功勋奖章"的获得者，中国系统工程的奠基人。

钱学森于 1934 年从上海交通大学机械工程系毕业。1935 年进入美国麻省理工学院航空工程系学习，后在美国加州理工学院航空系学习，师从航天工程学家冯·卡门。1946—1949 年任美国麻省理工学院航空系副教授、空气动力学教授，是美国加州理工学院"火箭俱乐部"创始人之一。美国海军次长丹尼·金布尔曾评价"无论在哪里，钱学森都值五个师"。

1950 年钱学森准备回国却受阻，直至 1955 年在周恩来总理的努力下才顺利归国。在此期间，钱学森开始了对系统科学的研究，并出版了他的专著《工程控制论》（英文版）。该书在国际学术界引起了强烈反响，被译成俄文、德文、法文、中文等多种文字出版发行。书中体现的系统科学思想、理论方法与应用，直到今天仍然深刻地影响着系统科学、控制科学、管理科学的发展。

1956 年钱学森在中国科学院力学研究所创建了我国第一个运筹学研究组，让系统工程的"种子"在中国扎下了根。他与许国志一起通过这个研究组奠定了运筹学为我国社会主义经济建设服务的发展方向。同年，钱学森在国防部第五研究院创建了我国第一个军事运筹研究机构——"作战研究处"，开辟了运筹学面向我国武器装备规划的新领域。

1958 年起系统工程被应用在核弹、导弹、卫星等现代化武器的总体设计和组织方面，在当时国际上对我国进行技术封锁且国内工业及技术落后的情况下，使中国的"两弹一星"工程取得了巨大成功。1960 年 11 月第一枚近程导弹"东风一号"在我国西北大漠导弹靶场发射成功；1964 年 10 月第一颗原子弹在新疆罗布泊爆炸成功；1970 年 4 月第一颗人造卫星在酒泉卫星发射场发射成功。

1978 年钱学森与许国志、王寿云在《文汇报》上发表了影响深远的《组织管理的技术：系统工程》，这篇文章的发表标志着系统工程"中国学派"的出现。在文章中，钱学森将系统工程定位为组织管理技术，这与西方的系统工程的内涵一致。同时，针对应用系统工程的技术过程和技术管理过程，钱学森提出了自己独到的见解，认为不能照搬西方的模式，而应建立一套符合中国国情的方法。正是基于这种思想，中国航天形成了由技术线总师和管理线总指挥组成的型号两总制度。

1979 年钱学森在北京系统工程学术讨论会上提出建立完整的系统科学体系。他认为系统科学是以系统为研究和应用对象的一个科学技术门类，系统工程思想不仅能用在人造系统的工程构建上，还是一种适合于各个行业的普适性理论。在系统科学体系框架规划的基础上，他列出了 14 项系统工程专业，为我国教育界培养系统工程高等人才奠定了基础。其中的工程系统工程就对应于西方的系统工程理论，其余的均为钱学森对系统工程思想内涵的丰富，包括企业系统工程，见表 2-1。

表 2-1　钱学森提出的系统工程专业与学科基础对应表

系统工程专业	对应的特有学科基础	系统工程专业	对应的特有学科基础
工程系统工程	工程设计	教育系统工程	教育学
科研系统工程	科学学	社会系统工程	社会学、未来学
企业系统工程	生产力经济学	计量系统工程	计量学
信息系统工程	信息学、情报学	标准系统工程	标准学
军事系统工程	军事科学	农业系统工程	农事学
经济系统工程	政治经济学	行政系统工程	行政学
环境系统工程	环境科学	法治系统工程	法学

20 世纪 80 年代初，钱学森从科研一线领导岗位上退下来以后，就把全部精力投入到学术研究之中。在此期间，钱学森陆续发表了社会、军事、农业等领域的系统工程论文，大力推动系统工程在中国各领域的广泛应用。1980 年在钱学森的倡导下，"中国系统工程学会"成立，吸引了大批中国各

领域学者投身到系统工程的研究和应用中，使系统工程在中国形成了巨大的影响。

1990 年钱学森将他的实践经验和系统工程思想进行了总结，基于非线性的复杂大系统特性，提出了从定性到定量的综合集成方法。该方法前瞻性地将专家体系、数据信息体系以及计算机进行有机结合，构成了一个高度智能化的"人—机—网"体系。该方法强调当定量分解无法描述系统时，需要借助专家的定性经验判断与计算机建模仿真的定量评估相结合来开展系统研究，如图 2-9 所示。

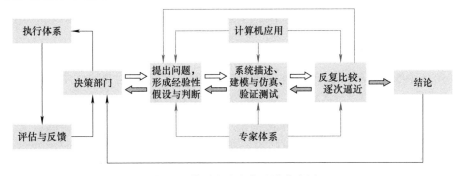

图 2-9　钱学森综合集成法的应用

1991 年钱学森向党中央领导同志汇报了建立国家总体设计部的设想，提出用综合集成方法来研究解决中国社会主义建设的重大问题，在多个领域设立总体设计部。钱学森指出总体设计部的核心职能是把控所研究系统的整体性，协调各子系统与整个系统之间的技术要求和关联关系。总体设计部的思想是强调各子系统需要放到整个系统层面去协调，是还原论与整体论的辩证统一。

当系统不复杂时，分解后再集成能够将系统的整体还原出来；而对于复杂非线性系统来说，分解后再集成就未必能完整地将系统还原出来，这时就能体现出总体设计部来组织分解的协调和验证的重要意义。钱学森的总体设计部思想对中国系统工程应用具有深远的影响意义，至今仍在许多大型复杂工程中起着重要的指导作用，如智慧城市、数字交通、载人空间站等。

1992 年钱学森又提出了大成智慧工程和大成智慧学的思想。他认为，可以将人的思维、知识、智慧及各种情报、资料、信息统统集成起来，这个工程可称之为"大成智慧工程"。中国有集大成之说，集其大成出智慧。利用信息网络，以"人—机结合"的方式，集古今中外智慧之大成，这就是"知识工程"的前身。

钱学森用毕生的精力不断研究和拓展系统科学体系，推动系统工程在中国各个领域的深入应用。他的系统工程思想虽然来源于西方，但在中国航天事业的起步和发展中得到了充分的应用和实践，并逐渐演化形成了具有中国特色的自成一派的系统工程理论体系，在中国航天事业和国防科技工程中发挥了重要作用。时至今日，钱学森所倡导的系统工程在中国仍得到广泛应用，对中国社会、经济、科技、军事等各领域产生了重要而深远的影响。

（二）系统工程与中国航天

自 1956 年国务院、中央军委成立中国航空工业委员会以来，中国航天事业就与系统工程结下了不解之缘。从"两弹一星"到"载人航天工程""探月工程"，中国航天事业已经历风风雨雨 60 多年。在此期间，尽管中国航天的管理体制历经调整和变化，研制任务不断更新换代，但由钱学森所建立的系统工程思想和方法却始终传承如一。

中国航天开始应用系统工程方法最早可追溯到 20 世纪 60 年代初期。那时候，党和国家决定按照"自力更生为主，争取外援为辅"的方针研制导弹。这项高技术复杂的工程涉及多个专业技术领域，需要巨大的资源投入，而当时国家的经济、技术及工业生产基础薄弱，要在短时间内完成导弹的研制任务难度极大。在钱学森的倡导下，国防部第五研究院引入了系统工程"计划协调技术"，结合我国具体情况开始试行该方法。

在导弹研制过程中，许多计划和工程部门按照技术上和组织上的时序联系和逻辑联系的计划流程图，运用数学方法进行计划和工程的分析与预测，以便分清主次、明确关键，找出人、财、物的最优配置方案，研制效率和进度得到大幅提升，如，远程火箭制导系统地面计算机制造比计划提前一个月完成。最终整个导弹研制任务比预计时间缩短了两年完成，随后的"八年四弹"也应用了系统工程方法相继研制成功。

在 20 世纪七八十年代中国航天将系统工程本土化，形成了由技术线总师和管理线总指挥组成的型号两总制度。型号两总制将技术与保障进行了区分，型号总设计师是研制任务的技术总负责人，负责技术方面的组织、指挥和协调以及重大技术问题的决策。

型号总指挥是研制任务的资源保障负责人，负责型号研制的计划、进度、预算的控制，以及所需人、财、物的支撑保障。中国航天实行型号两总制后，能有效地将研制任务进行分解，让数万人围绕一个产品、一个型号高效地协同起来工作。在技术上，型号两总制通过对任务对象系统结构的设计，把若干低性能、弱功能的组件组合起来，实现很强大的功能。

20世纪90年代初钱学森提出了总体设计部思想，他提出"要把系统工程技术应用到实践中，必须有个运用它的实体部门"。中国航天再次成为践行钱学森系统工程思想的先行者，在将型号两总制方法进行延伸的基础上，使技术体系独立，成立总体设计部主管型号系统总体方案的设计。

总体设计部要运用系统工程方法并综合集成有关学科的理论与技术，对任务系统的结构、环境与功能进行总体分析、总体论证、总体设计、总体协调、总体规划，包括使用计算机和数学为工具的系统建模、仿真、分析、优化、试验与评估，以求得满意的系统总体方案，并把这样的总体方案提供给决策部门作为决策依据。一旦为决策者所采纳，再由有关部门付诸实施。整个过程可以参考图2-9。

总体设计部、综合集成法等系统工程思想和方法在中国航天的实践应用中已被证明是非常有效的。国民经济建设和国防建设的发展，对中国航天在技术水平上、质量上、数量上提出的要求不断拔高，而系统工程的思想、理论及方法仍是中国航天取得一个又一个成功的不二法宝。

（三）企业系统工程在中国的发展

企业系统工程是现代系统工程在技术应用层次的一个分支（见图2-7和表2-1）。

1978年钱学森在《组织管理的技术：系统工程》中明确提出，系统工程在复杂工程之外还有另一大应用领域，那就是大企业的经营管理，国外将其称为"经营科学"。钱老认为，要有意识地将工厂视为一个整系统，工厂具有财会、动力等若干分系统，并将人、财、物资、设备、任务、信息等要素组织并流通起来，形成相互作用和相互依赖的有机整体。这个整体既是企业，也是生产体系，而将其组织管理好的科学就是经营科学。在 1979 年的系统工程学科体系中，钱老明确将之命名为"企业系统工程"。

我国在企业系统工程应用方面滞后于西方。虽然有许多企业已经有意识地将企业视为一个系统，但并不普遍，主要还是在企业各分系统的研究和应用。前期，我国许多企业集中于运筹学在企业中的应用，如定额工时、调度计划等。后来，随着西方企业管理学的引入和普及，这种研究与应用逐步扩展到分领域的管理体系，如质量体系、研发体系、生产体系等。近年来，国内学者对"管理系统工程"的决策方法展开大量研究，有兴趣的读者可参阅《管理系统工程》等书籍。

随着现代企业管理理论与实践的不断丰富和完善，加之系统工程在企业管理中的应用不断深入，企业系统工程与现代企业管理理念的交集越来越多。本书将企业系统工程与现代企业管理的理念、方法及实践进行深度融合，并应用于企业数字化转型，从而帮助企业，特别是工业企业更快、更准、更好地完成跨时代转型。

第三章

数字时代的特征与实质

是人类拓展了新的数字空间，还是数字改造了新的人类？

五花八门的新兴信息技术，对数字化转型有什么实质作用？

转型是找死，不转型是等死。企业的数字化转型面临技术、业务、管理的三重困难，其中管理转型又有决策、观念、人才、"部门墙"等多种障碍。

按照系统工程方法，我们在研究一个系统时，要把这个系统放在一个更大的系统中开展研究。简单来说就是要"先搞清楚系统所处的环境"。现在，我们将企业数字化转型看作是待研究的"系统"，那么这个系统处于一个什么样的"环境"中呢？

第一节　数字信息推动社会进步与经济转型

人类社会已经进入数字时代，在很短的时间内，信息技术的广泛应用给人们的工作、生活带来了巨大的变化，也给人类社会的规则、文化带来了潜移默化的改变。这些变化毫无疑问是企业数字化转型的宏观环境，也是底层元素。

一、信息加速将人类甩向未来

（一）信息加速人类社会的一切

人类认识世界、改造世界主要是围绕物质、能量和信息，这三个元素也是促进人类社会进步的基础。人类能主宰这个世界，是因为人类能够通过能量和信息来实现物质创造和质能转换。

回顾人类几千年来的发展历史，可以发现人类社会前进的步伐越来越快。自公元前 2500 年前后人类进入铁器时代以来，人类社会历时 4200 多年才进入蒸汽时代，又花了不到 100 年进入电气时代，而进入原子时代、信息时代分别历时约 30 年和 50 年，如图 3-1 所示。

在人类社会加速发展的过程中，信息所起的作用也变得越来越明显。在工业革命（蒸汽时代）以前，信息对于人类社会发展的促进作用似乎并不显眼，就如同情报工作者喜欢将自己隐于幕后一样。工业革命以后，信息对人类社会发展的促进作用开始凸显，以至于在第三次工业革命（信息时代）以后，当人类利用能量的水平卡在了可控核聚变，信息的加速产生与应用更是显示出了其主导性的作用。

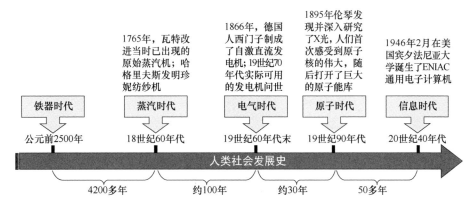

图 3-1 人类社会与技术发展史

对人类社会进步起到显著作用的各项技术背后，几乎都存在信息技术的身影。现代科学与技术研究、高端精密产品制造等，如果不采用信息技术，已经几乎无法开展。至 21 世纪后，信息更是光芒万丈，因为信息犹如石油、数据就是资产、智能技术就是生产力！

蓦然回首，人类社会已经在信息以及信息应用的推动下，远离了刀耕火种、日出而作日落而息、沟通闭塞、物资匮乏的年代，并不断加速着发展和演进。每个人花在手机上的时间越来越长，被纳入计算机处理的工作越来越多，信息把一切都变快了。

（二）人类社会的进步加速信息的产生与应用

对于现今人类社会这种信息加速产生与应用的现象，有说法称之为"信息大爆炸"。用系统工程理论看待"信息大爆炸"，人类社会将在信息大爆炸的推动下，不断加速膨胀和复杂化，并且这一过程不可逆。

按照系统工程理论，整个人类社会被看作一个大系统，这个人类社会系统由人口、自然物、非自然物、生产方式、政治经济、意识形态、共同价值观等基本元素构成，将这些元素关联起来的则是能量和信息的交互。

（1）随着人口增加和技术进步，人类社会系统的组成部分必然越来越多，关系必然越来越复杂。

（2）物质世界的扩张速度是有限的，但精神世界是无限的，人的精神可以创造无尽的信息，再反作用于物质世界。

（3）系统中的元素越多、关系越复杂，系统的稳态平衡就越脆弱，为了维持系统存在所需要的负熵就越多，而有序信息与物质、能量相似，也是一种负熵。所以，信息大爆炸是必然趋势。

人类难以准确预言社会的未来。但我们能看到的是，整个人类社会正在不可逆地加速前进，信息的产生与应用也越来越庞杂和快速。企业是人类社会系统的子系统，只能让自身适应这个环境。企业作为子系统，自身的存在也需要从外界获取物质、能量、信息（如原材料、资金、人、技术、能源等），以此维持自身的运行活动（如研发、生产、销售等），从而实现自身的功能（如提供产品、服务等）。

企业子系统获取负熵、维持运行、实现功能都离不开信息，而以往的信息化手段在信息大爆炸之下似乎已不太够用。如何解开这样的困局已成为企业在数字时代面临的头等大事。

二、高速信息传播正在冲击信息不对称

（一）信息不对称是商业模式盈利的核心利器

自人类出现商业以来，信息不对称一直是商户提高利润的核心利器。为什么这么说呢？商业的本质是一种交换，而这种交换从来就是不等价的，因为支撑商品价值的信息是可变的，商品的价格只是商品价值的一种外在表现。

譬如，对于一朵玫瑰花，花农以 0.5 元/朵卖给商户，因为花农告诉商户，他要买种子、要进行田间打理、要买肥料施肥；商户在平日卖 1 元/朵，因为商户告诉买方，他有运输成本、有铺面租金，还要打理和维护花朵。而情人节这天玫瑰花卖 10 元/朵，因为商户告诉买方玫瑰花还象征爱情。

那这些信息都是真实的吗？也许花农根本就没施过肥，也许商户没有运输成本……但买方并不知道实情！从这个例子可以看出，同一个商品，由于赋予其不同的信息，其价格是可变的。同时，由于买卖双方对支撑商品价格信息的掌握程度不同，对商品价格的认定就不可避免地出现了差异，这就是信息不对称所造成的商品价格差异。

在传统商业模式中，最简单的利用信息不对称进行盈利的方式就是赚取

价格信息差。譬如，东市鸡蛋 3 文钱一枚，而西市鸡蛋 5 文钱一枚，把东市的鸡蛋贩运到西市去卖，从而赚取价格信息差价。但商品价格信息不对称很难长久持续，随着商品交换的往来，地域价格信息会逐渐公开化。于是，人们利用对商品技术信息的不对称进行盈利逐渐成为主流的商业模式。

譬如，中国古代东起长安，西至罗马的丝绸之路，商户通过丝绸之路将中国相对便宜的丝绸、陶瓷贩卖到欧洲，将欧洲便宜的香料再贩卖到中国。以丝绸为例，唐朝一匹丝绸的价格通常在 2～3 两银子，由于对丝绸生产技术的保密，周边乃至欧洲国家在很长一段时间里都不能生产丝绸。于是，当中国的丝绸被贩卖到罗马时，同样一匹丝绸的价格就需要 20 两黄金左右。

而在当时的欧洲，曾一度有"一两香料一两金"的说法。但由于香料种子及种植技术的引入，香料在中国很快就进入了寻常百姓家庭。在这个例子中我们可以看到，古代中欧之间，由于长期存在丝绸生产技术信息的不对称，使丝绸长期成为欧洲贵族的奢侈品，丝绸价格也一直居高不下。而香料在种植技术信息逐步对等后，香料就从奢侈品逐步转变成了中国百姓的日常用品。

这种将商品生产技术信息以商业秘密的形式进行人为控制，在买卖双方之间制造信息不对称以保持商品价格差异长期存在并获取盈利的模式，在现代称之为"技术壁垒"。这样的例子还有很多，如高端芯片、精密半导体及加工设备、航空航天器、新材料等。

在现代，还有很多利用信息不对称提高利润的方式，如赋予新信息、诱导宣传乃至虚假宣传、制造恐慌乃至炒作等。

有些将商品的某些特性赋予了新的含义，而这些新含义是特定消费群体不能否认的。譬如，将钻石的高硬度与纯白色赋予坚贞、纯洁的爱情含义，于是使钻石的价格远高于其他宝石。

有些是将商品的产生信息进行模糊化传递或展示，引导消费者按自身期望进行自我完善以增加消费者的自我满足感受。譬如，商家给商品起个听起来高大上的外国名字，让消费者有一种购买国外高档品牌的感觉。

有些是将商品的产量、需求量、产地相关信息等进行人为控制或夸大化传播，人为制造商品稀缺的紧迫性以促使消费者购买或接受较高价格。譬如，餐馆优先将客户安排在临街靠窗的位置，所传递的信息是否让你觉得这家餐馆应该味道不错？

这些商业操作方式不论是创新也好、手段也罢，归根到底都是在制造正向的或负向的信息不对称，其目的都是在维持或扩大商品价格差异的认定。所以，信息不对称一直都是商户提高利润的核心利器。

（二）新兴信息技术是信息不对称的天敌

信息技术（Information Technology，IT）是用于管理和处理信息所采用的各种技术的总称，主要包括传感技术、计算机与智能技术、通信技术和控制技术，因侧重不同也常被简称为 ICT、IOT、IAT 等。"信息"的特性是传递性、载体依附性、共享性、价值性和时效性，而信息技术作用于信息的采集、存储、加工、传递、显示过程，核心目的是提高信息处理与利用的效率。因此，新的信息技术总在追求速度更快、范围更广、使用更便利。

信息不对称（Asymmetric Information）是指在某个事件各方所拥有的信息不相同，如商业交易中买卖双方拥有的信息不同。是什么原因造成各方拥有的信息不同呢？归纳起来主要是自然条件造成的空间差异、时间差异，以及人为造成的认知差异，这些差异正好被信息技术特性的更快、更广、更便利所克制。

在信息时代，信息产生、处理和传播的速度更快，极大地降低了由于耗时原因造成的信息差异。从互联网到移动互联网的普及，使信息的获取变得非常容易和便利，网页和搜索引擎为组织和个人提供了比过去更加方便、多样化和低成本的信息源，由于时空和认知造成的信息差异被大幅弱化——只有我们想不到的，没有我们找不到的信息。所以说，新兴信息技术是信息不对称的天敌，在新兴信息技术的冲击下，信息不对称总体上有消融的趋势。

（三）信息不对称消融对企业的三重意义

信息不对称的消融趋势，对于企业而言意味着什么？至少有三重意义。

1. 意味着"利用信息不对称赚钱越来越难"

这将促使企业对商业模式进行改变。信息的快速流动意味着交易圈的扩大，原来区域性企业的信息差优势大幅下降，能阻挠跨区域交易的只剩下物流和关税成本，这毫无疑问将使企业与更大范围、更多数量、更强实力的竞争对手同台竞技，面临更加巨大的竞争压力。而信息的便利获取，意味着客户群的定位和维护需要更加小心翼翼，原来产品的普适性需要转变为彰显个性化需求，这会使企业在无形中增加产品成本。

2．意味着"营销和采购渠道必须改变"

实际上，不仅是营销和采购渠道，包括研发、生产的资源获取渠道也会发生变化，只是营销和采购在企业对外交易的两端，更容易被感知。这是企业主价值链的变化，影响更加直接。企业不得不采取必要的应对措施：在营销渠道方面，企业要快速跟上互联网和移动互联网渠道的变化，针对性地迎合客户需求，否则会面临失去客户的风险；在采购渠道方面，企业要快速利用互联网优化供应链，形成阶段性成本优势，否则会面临失去利润的挑战。

3．意味着"劳动关系的改变"

劳动者和企业可以通过信息渠道更加快速地实现双向选择。企业可以快速接触更大范围的求职者，但在薪酬待遇方面，求职者也可以同时对比更多的选择。信息技术既加速了劳动力市场的信息流动和市场供需匹配速度，又扩宽了供需双方的选择范围。

从本质上看，信息不对称的消融最终带给企业的是：各种经营活动都将变得更加高效，企业的优势与劣势都会被放大、加速。

三、信息茧房圈定个性化需求

信息茧房（Information Cocoons）这个概念是哈佛大学法学院教授凯斯·桑斯坦在其 2006 年出版的《信息乌托邦：众人如何生产知识》中提出的。桑斯坦指出，在信息传播中，因公众对自身的信息需求并非全方位的，公众只注意自己选择的东西和使自己愉悦的领域，久而久之，公众的这种自我选择行为会将自身桎梏于像蚕茧一般的"茧房"中。

现今的手机 app（如今日头条、抖音等）都会通过特有的算法收集用户喜好，向用户推送其喜欢看的内容，最终让用户"只能看到自己喜欢的内容"，进而在事实上对用户形成了一种信息隔绝状态。这种信息隔绝是由用户自身偏好构建的，因为最初的推送由用户自己"定制"，而后续的推送也是用户自身为算法提供"养料"的，这颇有点作茧自缚的感觉，所以被称为"信息茧房"。

实际上，在国内互联网 1.0 时代——微博出现"订阅"信息选择时，以及移动互联网 2.0 时代——微信"朋友圈"出现社交选择时，国内互联网界已经讨论过类似的现象。而现在人们的旧话重提只是"注意力经济"的一个注脚：在信息时代，稀缺的不再是信息，而是人们的注意力，只有吸引了足够注意力的信息，才能获得较高的价值。

（一）信息茧房的形成有选择的因素、有技术的因素，也有时间的因素

（1）每个人都有自身的喜好或偏好，做出符合自身愉悦的选择，这对大多数人来说无可厚非。早在信息时代之前，人们就已经在根据自己的喜好或偏好选择信息了。

（2）信息技术助推了人们对自身喜好或偏好的信息选择，因为它更快、更便捷。在信息时代之前，人们要获取自身喜好或偏好的信息，还需要走到茶馆、酒馆里去和人打交道，而在信息时代，人们动动手指头就可以实现；再加之，移动互联网的便利性，可以将人们的"碎片时间"统统占领，让人们没有富余时间去关注其他信息，这使"信息茧房"更加容易形成。

（3）信息茧房也不是随意就能形成的，也需要一段时间的积累。

目前，学术界对信息茧房的评价大多数都是消极的和负面的，如削弱社会黏性、割裂公共议题、增加群体极化等。但我认为，不用过度解读这一现象，甚至将其视为洪水猛兽。譬如，某科研领域的老学究只关心他研究领域的科研信息，而对其他的社会、经济、政治等信息充耳不闻，那他是不是处于他研究领域的信息茧房中呢？这一定是好或是坏吗？所以，我建议大家客观地看待信息茧房这一现象，它既有封闭、孤僻的一面，又有专注、稳定的一面。

（二）对于企业来讲，信息茧房既是一种壁垒，又是一种垄断

（1）信息茧房是企业客户的自身选择，是客户对企业产品的喜好或偏好的选择，这就是常说的"个性化需求"。

（2）信息茧房的群体极化性进一步加深和强化了客户对企业产品的认同感。可以想象一下，当我们处在一堆都在说产品这样好、那样好甚至还有现身实例的人群中，我们是否在自己的认知中也会形成这产品非常不错的印象？这产品能满足我们想到的或没想到的大多数需求？如果是，那么我们已经被这个产品形成的信息茧房所同化，并被囊括其中；如果不是，要么是我们待的时间还不够，要么我们最终会被踢出这个群体。

（3）信息茧房的割裂性隔绝弱化了客户对同类产品的了解和认识，让客户下意识地认为自己选择的就是最好的，无形中在客户群体端形成产品选择壁垒。这种客户选择壁垒对已入局的企业来说是一种垄断，对未入局的企业来说就是一种壁垒。

所以，我们才常常一边听着企业销售经理抱怨客户群体少、同类产品多、市场竞争激烈、产品不好卖，另一边却看见"××粉""××圈""××群"在遍地开花和大行其道。那这些群体是不是一个又一个的信息茧房，相信大家有自己的判断。在商业上，这些现象也被称为"培养忠实客户群体"或"客户需求管理"。

四、算法下的操控与被操控

算法（Algorithm）是指解题方案的准确而完整的描述，是一系列解决问题的清晰指令，代表着用系统的方法描述解决问题的策略机制。算法可以非常简单，如计算两个正整数的最大公约数的欧几里得算法、计算圆周率的割圆术等；算法也可以非常复杂，譬如，用于文件加密的 AES（高级加密标准）加密算法，用于预测商品价格走势、产品销量的线性回归算法，用于推算事件发生概率的贝叶斯算法，等等。

信息技术能管理和处理信息，就是因为依靠了不同的算法。当我们在享受信息技术带给我们工作与生活便利的同时，我们的工作与生活也在被各种算法所影响。譬如，电脑、手机是不是已经变成我们工作与生活中不可或缺的物品？

步入数字化时代后，我们在工作与生活中所产生的行为、爱好、选择、轨迹等大量信息以数字方式被记录。原本这些信息杂乱无序、难以处理，但有信息技术加持后，各种算法使这些信息变得有序、有迹可循、可以被预测……变得可以影响我们。

在美国有一家名为剑桥分析的政治咨询公司。据国外媒体报道，剑桥分析公司利用从脸谱网（Facebook）获取的用户私人信息，基于五大性格模型，采用相应的算法，可精准地归纳用户高敏感度信息（如性格、性取向等），对每一个人进行"画像"，分析他们的偏好、需求和恐惧，并将其用于"心理变数营销"性质的政治营销活动，从而影响多国选举情况。

这不得不让我们震惊。人类的选择大多遵循趋利避害，做出选择的依据是获取的相关信息。倘若一个人所能获取的信息是经过筛选的，那他可能做出的选择基本就是可预见的。

大家还记得 2020 年 9 月《人物》杂志发表的《外卖骑手，困在系统里》这篇文章吗？文章作者通过半年的调查，以数十位外卖骑手和相关行业人士的经历，展示了数百万名外卖骑手在系统算法的驱使下，为了完成订单而奔走搏命的状态。这篇文章用诸多的实例向人们展示了外卖骑手在系统算法的影响下，不得不接受派送时间有限、规划路线有问题、客户提出额外要求等问题，而外卖骑手为了避免或降低超时率、差评率、投诉率等考核指标，不得不违反交规、忽视安全风险、承受额外工作。

像这种由算法影响人们的例子还有很多。譬如，工作中利用算法加速人们的工作效率，生活中利用算法获取最佳的开车路径等。但真的是算法本身在影响人们吗？其实，基于今天的信息技术水平，算法本身还没有发展出自主性。当我们以为自己获取到了信息，以为是自己做出的选择时，实际上是算法已经替我们筛选了信息，并迫使我们做出了它所期望的选择。

而算法的背后，则是怀有特定目的或诉求的人。所以，看起来是算法在影响人心和人们的选择，但其实质还是制造算法的一小部分人在影响人心和人们的选择。正如尤瓦尔·赫拉利在《未来简史》中提出的设想：在未来世界，占全人类百分之一甚至百万分之一的极少数人将决定全球其他人的命运，运用的方法就是人工智能算法。

回顾人类的发展历史，不论是在政治领域，还是在经济领域，乃至教育领域，一直都存在对人心的影响或控制，只是影响或控制的领域、目的、方式有所差异而已。在数字化时代，由于信息技术的深入应用，这一切发生了"转型"，甚至在"信息自由"的掩盖之下变得更加容易。所以，对于今天的企业来说，掌握或利用算法已经变得极其现实和重要，是主动掌握运用算法，还是被算法引导和驱动，直接区分了企业在未来是成为操纵者还是被操纵者。

譬如，企业可以利用算法更好地预测未来产品的需求或价格走势，提前布局产品的生产、原料的采购、销售政策的制定，在竞争中获得先手优势；反之，企业则会被动应对，疲于补漏，承受较高成本，在竞争中处于不利地位。

在数字化时代，如何掌握或利用算法已成为企业管理者必须面对的关键问题，但算法是一把"双刃剑"，这需要企业高度注意。用好用对了，算法在为企业带来效益的同时，能进一步夯实企业发展的根基，促进企业高速发展；可一旦用错了地方（如利用算法"杀熟"），虽然在短期内能为企业带来效益，但企业为此需要付出的却是长期的、沉重的甚至是难以挽回的损失——商誉。

第二节　新技术在数字化转型中的实质作用

企业数字化转型需要借助信息技术来实现。那么现在有哪些新的信息技术？这些信息技术在企业数字化转型中所能起到的作用又是什么？企业是不是真的需要应用这些新技术？这些问题的答案是大多数企业决策者迫切需要寻找的，也可帮助企业在开始数字化转型前了解相应的技术环境。

下面，本书用通俗易懂的表达方式，对经常提及的新信息技术在企业数字化转型中所能起到的作用做简要介绍，以便读者快速理解和掌握。

一、人工智能

人工智能（Artificial Intelligence，AI）的核心作用是解决信息的自动化处理问题，包括信息的获取、加工、传输、展示等。从字面上也能看出，要先有"人工"，然后才能"智能"。人工智能的本质是"算法"，通常需要人先根据需求设计出计算方式，拟定好计算规则，然后才能进行机器处理，而"遗传算法"技术赋予计算机自我进化算法的能力。

人工智能有两种实现方法：一种是编程，又称工程法。该方法常见于文字/图形识别、流水线控制、决策支持等，其"智能"程度完全取决于计算方法的科学性、规则的完备性和严密性。另一种是机器学习，又称模拟法。该方法常见于信息搜索、概率预测、机器翻译等，其"智能"程度除取决于算法的科学性、完备性和严密性，还需要要大量的历史学习数据或者长时间的数据积累学习。目前，流行的 OpenAI 采用大模型、大算力、大数据，把两种方法结合了起来。在工业领域，建立**工业大模型**也是当下的热点之一。

业界设想人工智能的发展有三个阶段，目前的种种技术都还处于初级阶段。中级阶段的特征是"通用人工智能"，而高级阶段的特征是"自主意识"。人工智能发展越高级，对人类的风险指数越高，这需要人类社会警惕。顺便提一句，人工智能的前沿正在与复杂系统科学碰撞出令人心潮澎湃的火花，通过研究大脑与计算机的复杂系统共性，探索从简单中涌现出复杂的机理，尝试更精妙的算法或结构，以求提升人工智能的能力且同时降低其能耗。

在人工智能领域，有两个有意思的现象：一是替代人类的神话，二是"成熟即幻灭"的现实。人工智能将会替代人类的神话，这种可能性的确存在，但距离还很远。即使是 ChatGPT 和 Sora，也还处于人工智能应用的初级阶段。"成熟即幻灭"现象是指再高科技的人工智能技术，一旦被真正应用到日常生活中，大家反而熟视无睹，并不觉得该技术有多么高科技，如曾经的导航系统、手机支付或者是当前的自动驾驶。

这两个现象背后有一个哲学原理：**世界是人的世界**。人类身上至少有几种特性是技术无法拥有的。一是目的性，以及由其衍生的道德与好恶；二是感性，以及由其衍生的审美与创新。未来，"人机结合"一定会出现，但"有机无人"的新世界就不是我们操心的了。企业要关注的是把握人工智能技术的本质，在自己的业务场景中让其"为我所用"。

二、数字孪生

数字孪生（Digital Twin）是指综合运用感知、计算、建模等信息技术，通过软件系统定义，对物理实体进行描述、预测，进而实现物理空间与虚拟空间的交互映射。通俗地讲，数字孪生就是把现实世界中的物理实体，甚至是物理实体所处的环境，通过信息技术同步映射到虚拟空间中，从而达到一些更高要求的目的。钱学森曾提出在系统工程中应用**"灵镜"技术**，这是数字孪生的早期概念。

数字孪生的概念起源于美国航空航天局（NASA）的阿波罗计划，即在地球上用一个相同的航天器模拟太空中航天器的状态，后来，开始用计算机中的数字航天器代替实物航天器，就成了数字孪生的雏形。目前，数字孪生被广泛应用于飞行器研发、智能制造领域，在船舶航运、能源、智慧城市等领域也呈现出快速应用趋势。

数字孪生的现实应用之一是低成本的研发和运行监控，如数字风洞。在没有数字化之前，人们要将建造的真实的飞行器部件拿到风洞进行实物测试，一个试验件可能只吹一两次就坏了。所以，用实物测试取得实验数据的研发成本高，周期也长。而有了数字风洞，人们可以用计算机产生的数字孪生部件替代部分实物测试，由于没有实体的制造过程，可以一次设计 10 个机翼，一起进行测试，还可以多频次地进行测试。这样，实验样机的制造时间、制造成本就可以大幅减少，从而缩短产品研发的周期、降低总成本。

随着数字建模与数字仿真技术的发展，数字孪生在企业数字化转型中扮演着越来越关键的角色。它为企业提供了全新的思维和方法，帮助企业优化运营、提高生产效率、降低成本，实现智能化和可持续发展。数字孪生的应用也需要物联网、5G、虚拟现实（VR）技术/增强现实（AR）技术/混合现实（MR）技术、边缘计算、云计算、大数据、区块链、人工智能等技术的支撑。

在实际的数字化转型工作中，很多管理者有把数字孪生扩大化、理想化的倾向。我觉得有必要特别提醒：**没有百分之百的数字孪生，只有带目的性的数字孪生**。我们只能围绕特定的目的，把相关的内容数字化，进入计算机和网络去复现、去加工，去"有限孪生"。因为在理论上，数字孪生就不可能百分之百地复现物理世界，"元宇宙"是有限的。

三、大物云移中

大物云移中是大数据、物联网、云计算、移动互联网和中台技术的简称。把它们放在一起，是因为它们集中在一个时期出现，并且彼此之间影响紧密。

（一）大数据

大数据（Big Data）又称巨量资料。大数据的核心作用是解决信息管理和利用的问题，包括信息获取、存储、管理、分析等。大数据是数字时代的一种表象，本身并不神秘，从其字面意义理解，就是指海量的信息资料。大数据除"量大"以外，还有两个显著特征：种类多样化、来源多样化。

大数据技术应用的前提是已经拥有或者即将拥有海量的数据信息，并且这些数据信息通过分类、归纳、计算、分析等方式处理后，大概率能带来较大的价值回报。譬如，海量的客户信息（包括习惯、喜好、需求、购买力等）、历史研发技术信息（包括技术指标、问题解决方式、通用性模块等）经大数据技术处理后，能指导企业研发出大多数用户愿意购买的产品，能大幅加速企业新品研发效率、提升新品研发成功率等。大数据的数据来源往往包括物联网和移动互联网，而大数据应用往往需要云计算的支撑。

（二）物联网

物联网（Internet of Things，IoT）是指通过信息传感设备（如射频识别、红外感应器、全球定位系统、激光扫描器等），将任何物品连接到互联网进行信息交换和通信，从而实现对物品的智能识别、定位、跟踪、监控和管理。物联网通常应用于智能制造、可视化、智能终端等领域，如自动流水线车间、视频监控、物流跟踪、智能家居等。

物联网的本质是"互联网的延伸"。互联网的终端是计算机，而物联网的终端可以是任何物品，所以物联网被称为"万物相连的互联网"。物联网的核心作用是解决感知的问题，但它不能完全替代人的感知。

我们曾把物联网与人的感知能力做过对比：物联网与人类感知相同的部分是音视频信息，与视觉、听觉相关。物联网比人厉害的地方在于对机器、环境的量化数据信息的感知，这是自然人不通过工具所做不到的。**但物联网也有不如人的地方**，如在味觉、嗅觉、触觉方面。物联网虽然能侦测到一些相关数据指标，但无法将其组合为感知信息。

（三）云计算

云计算（Cloud Computing）是分布式计算的一种方式。云计算的核心作用是解决高成本的问题，包括计算资源、负载能力、存储资源等。云计算本质上是一种"网络共享"，人们通常用于组建网络的服务端。人们通过云计算可以充分利用网络，将计算资源、存储资源打通，实现所有资源共享，均衡网络中设备的负载能力，提高设备的利用率。

现在常提到的"私有云"和"公有云"的差别就如同"买房"和"租房"。私有云是指企业自建网络服务端，并将所需运用的软件、数据库均部署在自身的服务端上。私有云的好处是对服务端的自主性强、数据的保密性和安全性高，但缺点是前期投入成本高且后期需要自行维护。公有云是租借运营商提供的服务端，企业将所需运用的软件、数据库部署在公用服务端，按使用时间和用户量向运营商付费。公有云的好处是短期投入成本较低，但缺点是数据保密性和安全性较低。

目前，公有云上也推出了一些 SaaS 软件，如纷享销客 CRM、腾讯企点客服、用友好会计等。企业应用这些 SaaS 软件可以进一步降低其网络建设成本，但企业需要注意这些 SaaS 软件所能提供的功能是否能满足企业现阶段及未来发展的需要，毕竟企业只是获得了使用权，而无权对其进行大的修改和二次开发。

（四）移动互联网

移动互联网（Mobile Internet）是移动通信与互联网结合的产物。移动互联网的核心作用是解决便利连接的问题，包括接入、传输和通信。它将终端与网络的连接从有线变为了无线，极大地扩展了网络的覆盖范围，提升了终端设备使用网络的便捷性。

移动互联网也是物联网应用普及的基础。它使物联网中各种信息传感设备的布置和应用不再受制于通信连接。企业在考虑应用移动互联网时至少有两类典型场景：一类是作为消费场景，移动互联网提供了新的用户接入方式，提高消费便利性；另一类是作为生产场景，移动互联网嵌入到研发、试验、生产的过程中，提高工作效率。但我们需要考虑的是，移动互联网的覆盖范围和信号稳定性受制于运营商的基站布置。譬如，偏远地区不一定有移动互联网的覆盖，距离基站越远，信号稳定性越弱。

另外，提到移动互联网时就不得不提及 5G，5G 是第五代移动通信技术的简称。5G 的核心作用是解决移动通信的问题，是移动互联网所应用的最新技术。与前几代移动通信技术相比，5G 具有高速率、低时延和大连接的特点。其中，低延时特性使其可应用于工业控制、远程医疗、自动驾驶等领域；大连接特性使其可应用于智慧城市、智能家居、环境监测等领域。目前，5.5G 和 6G 的研发已在路上，它们和 5G 的定位一样，都是"路"，更快、更宽、更安全的路。

（五）中台

中台（Middle Office）是一种能灵活快速应对变化的 IT 架构。中台的核心作用是解决重复建设的问题。中台是在"前台+后台"的架构上发展演变出来的，前台是系统的前端平台，简单理解就是用户的操作界面；后台是系统的后端平台，主要是数据存储和计算。中台的雏形是位于前台和后台的中间件，它能充分利用系统后台的数据存储和计算能力，按前台需求将后台资源提供给前台使用。当需要做系统功能改变和开发时，人们可以将主要工作量集中于前台开发，而对后台不做改变或仅进行少量改变。

随着企业数字化的发展，中台在 IT 架构中逐渐壮大，并分为技术中台、业务中台和数据中台。技术中台是技术组件的合集，包括传统中间件、统一认证服务、文件服务、微服务等，以中台的形式供多个应用系统共享。业务中台是功能组件的合集，典型的如会员管理、产品管理、价格管理等。多个前台应用可以调用这些功能，从而不再需要反复开发。数据中台是数据集中存储、交换的组件合集，用于统一数据标准、统一数据模型、统一数据服务，是多个应用系统的共享数据底座。

关于中台的争议很多，需要提醒企业的是：**不要为了中台而中台，也不要为了否定"中台"而不要中台**。企业要把握信息技术的本质，把共性的 IT 资源组件化，共享组件多了慢慢就会需要集合在一起管理，不管你叫不叫"中台"。

四、知识工程

知识工程（Knowledge Engineering）是一门工程技术学科，其作用是解决知识的管理和应用问题，包括知识获取、知识表示和知识利用。知识工程利用算法自动实现知识的抽取、转换、归纳和整理，并按规则进行知识表示后将知识存入知识库，当需要利用知识时，可对知识库进行自动搜索和匹配，并按规则推演出结论反馈给用户或执行相应操作。

在实践中，人们经常将知识管理和知识工程混淆。认为将各种知识显性化、结构化，进行分类管理，形成知识地图，并提供知识检索和推送服务就是知识工程。其实，这些都属于传统知识管理的范畴。知识工程与知识管理最大的区别在于，知识管理注重知识的显性化，其结果是给人用的；而知识工程注重知识的获取与表示，其结果可以给人用，也可以给机器用。

所以，知识工程中的知识颗粒度要远远小于知识管理中的知识颗粒度。譬如，知识管理中的知识可以是一张电子表格，而知识工程中的知识应细化到这张电子表格中的每个字段。数字时代的知识工程应开发"人机两用"的、数字化的、结构化的知识组件，并嵌入人机混合的工作流中，给知识的作用加上杠杆。人工智能大模型在开发和应用知识组件方面，会起到一些"奇妙"的作用。

五、区块链

区块链（Blockchain）是一种分布式数据存储与验证技术。区块链的核心作用是解决数据安全性和可信性的问题。区块链是将信息按产生顺序分布存储在网络中的多台服务器，如果要修改区块链中的信息，必须征得半数以上服务器的同意并修改所有服务器中的信息，而这些服务器通常又掌握在不同的主体手中，因此篡改区块链中的信息是一件极其困难的事。

目前，区块链技术"去中心化"的理念常常与已有的制度、法律存在冲突。所以，区块链技术主要应用于金融、保险、司法、数字版权、公共服务等特定领域，离大部分企业的业务数字化还有一定距离。

六、DevOps

DevOps（Development 和 Operations 的组合词）是开发和运营维护的总称，是一种重视软件开发人员（Dev）和 IT 运维技术人员（Ops）之间沟通合作的工作方法。DevOps 的本质是把精益生产管理的思想和软件工程结合起来，把软件工程当生产对待，借用精益生产的思想，运用软件工程的工具和方法，提升软件开发或信息化建设的效率。

DevOps 的精妙之处是成功地**把精益管理的思想融入软件工程**，也把精益思想极简化成了三点。

（1）压缩单个工作环节的操作时间。譬如，开发前让运维人员按生产环境搭建开发环境，生产环境与开发环境一样，可大幅缩减后期部署测试时间。

（2）缩短验证的时间。譬如，使用自动化测试工具，让开发人员自己具备测试的能力。

（3）缩短开发时间。譬如，把大程序拆解成小程序，使其可以快速开发。

DevOps 同样可以用于企业数字化转型中，毕竟企业数字化转型也需要部署系统和二次开发。也许系统的首次部署、二次开发工作都可以外包给第三方，但要让系统好用，用好系统，这可都是企业自己的事。所以，企业在进行数字化转型建设过程中应善用 DevOps。

数字时代常用的信息技术名词，先介绍到这里。最后，我再和大家分享一句企业管理与数字化转型的体会：**选择相对适合自己的，而不是最"先进"或最"时髦"的。**

第三节 "转"与"不转"的抉择

对于企业这个系统来说，外部环境是"环境"，内部环境也是"环境"。外部环境从国家政策、社会进步到技术发展，都在引导、促使和支持企业进行数字化转型，但大多数企业因各种内部原因导致自己在数字化转型之路上踌躇不前。

这就如同医生告诉病人"要多运动才能恢复健康"一样，病人也知道医生是对的，但病人总是有各种各样的理由或情况让自己少运动或不运动。企业也是如此，市场竞争的压力在逼着企业转型，所需的变革又在制约着企业转型。于是，有了一句我们常听到的大俗话："转型是找死，不转是等死"。

一、大势所趋，不进则退

现在跟原来比，信息极大丰富，物质也极大丰富，但现代人活得很累。因为进入数字时代以后，人都是被时代赶着跑的。所以，这个时代适合搞学习型组织，每个人都得变成学习型人才，不得不终身学习，不然就会被时代淘汰。

企业同样如此。客户的要求越来越多、越来越高；竞争对手新品上市比我们快、市场定位比我们准、价格比我们低……这到底是怎么一回事？因为客户掌握信息越来越快，越来越便利；因为竞争对手收集信息、分析信息、利用信息的速度比我们快，比我们效率高。我们又该怎么办？如果不做出改变，长此以往，迟早被淘汰；那我们就只有向别人学习新技术、新方法、新模式，推进数字化转型。

二、三大困难，爬坡上坎

数字化转型给企业带来的是技术变革、业务变革和管理变革，并且一定是全方位的综合变革。若将企业看成一个系统的话，就是结构和功能的变化；这就是为适应新的环境，重新规划企业的战略、重新确立企业的目标、重新构建企业的组织、重新定义企业的业务。

俗话说得好，船小好调头。小企业做数字化转型相对容易，越大的企业转型越困难，这也是大企业转型时所需面对的内部环境，常见的主要困难如图 3-2 所示。

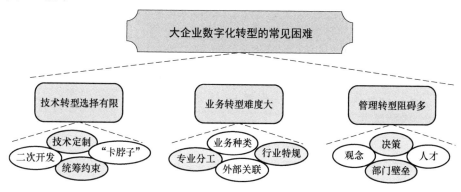

图 3-2 大企业数字化转型常见的三大困难

（一）技术转型选择有限

由于大企业个性化更强、专业分工及要求程度更高，所以通用技术很难满足企业数字化转型的需要，大多数都需要进行定制开发，如 ERP、PLM、CRM、MES 等。越大的企业越难获得与企业实际业务相匹配的现成产品，都需要进行本地化的二次开发。这对技术供应商的实力、团队技术开发能力提出了较高要求，企业的选择面也不宽。

大企业的技术选型还要考虑几个因素：统筹因素，譬如，集团用了某品牌的数据库，子公司要数据快速共享就最好别用其他数据库；团队因素，譬如，企业已经有成熟的面向服务的架构（SOA）团队，那还上不上微服务；保密因素，譬如，公用云上的数据安全性比私有云的数据安全性差；国家特定行业还可能遇到"卡脖子"的问题。这些影响因素再次使企业的可选择性下降。

（二）业务转型难度大

通常越大的企业所涉及的业务范围越广，所能提供的产品或服务的类型就越多，内部的业务分工也更加专业和细致。这使大企业在对业务进行数字化转型时面临着牵一发而动全身的局面。

首先，企业不同业务线的运行方式和要求存在差异。其次，企业内部细致的专业化分工，使企业的业务转型不会单单只涉及一两个部门。专业化分工程度越高的企业，业务转型涉及的部门也就越多。最后，企业在业务实现过程中会与客户、供应商、政府、社会舆论等外界进行交互，企业越大，业务实现中与外界交互的环节越多、频率越高。这样，业务转型所产生的影响就不仅仅局限于企业内部，还涉及外界相关方的需求与接受程度。

（三）管理转型阻碍多

企业内部管理转型的障碍是最棘手的，包括但不限于如下方面。

1. 决策难

大型企业的决策往往要面临集体决策、上级干预等情况，沟通成本高，决策速度较慢。数字化转型事关企业兴衰，企业决策者对此持谨慎态度本来无可厚非，但过度谨慎可能会让企业错过转型的最佳时机。不少企业在内外部环境较宽松时踌躇不前，等到环境恶劣不得不背水一战的时候，可能又面临到处起火、资源紧张的局面，受到的制约更多。

2. 观念转变难

脱离"舒适区"极难。企业数字化转型带来的工作理念、方式、流程、内容、技能等诸多改变，会使大多数人脱离现有的舒适区，而出于人性对未知的恐慌，人们就会本能地出现"拒绝""拖延""回避"等反应，并以各种言论和行为体现出来，形成数字化转型的阻碍。

3．部门壁垒高

"部门墙"是各种管理转型的顽疾，企业越大，"部门墙"越高越厚。特别是某些企业的职能管理部门只"管"不"理"，在业务运行中造成流程割裂、重复审批、反复上报等低效现象，甚至连企业高层领导也常常无可奈何，因为还得靠这些部门推动工作。

造成部门壁垒的原因有很多，如人员的原因、权责的原因、利益的原因，这些暂时不在数字化的范围内，但还有流程不顺畅、信息不透明的原因，而流程和信息恰恰是企业数字化转型的重点。企业数字化转型要从企业整体运行最优出发，以信息技术为手段，要推动端到端的业务流程打通，要推动数据的标准统一和公开透明，这恰恰要求打破和推倒"部门墙"，由此必然产生阻碍和冲突。

4．转型人才欠缺

数字化转型需要既会数字化又会转型的综合性人才。这样的人才需要三个方面的素质：**懂业务、懂管理、懂信息技术**。所谓懂业务，是指相关人员要对企业方方面面的业务都非常熟悉，能发现企业的现有问题，这样才能设计出转型路径、方法、要求和目标都符合企业发展的战略，才能使发展战略贴合企业的实际状况。所谓懂管理，是指相关人员具备组织能力、沟通能力和推动能力，能把企业领导、业务部门、管理部门、IT 部门、外部 IT 服务商的资源统筹到数字化项目中形成合力。所谓懂信息技术，是指相关人员能辨别各项信息技术的优劣，知晓技术实现中的陷阱、难点和风险，这样才能保证数字化建设的科学性、系统性、经济性、可落地。这样的人才极其稀少。

为了克服企业数字化转型道路上的种种艰难险阻，我们推荐引入企业系统工程。

第四章

企业系统与数字化转型的总模型

　　模而仿之，以观其形；

　　型而解之，以明其理；

　　数而量之，以察其变；

　　智而成之，以尽其用。

　　企业是系统，数字化转型是系统工程，建立人机通用的业务模型，用于洞察规律、用于预测推演、用于决策、用于创造，是企业管理与数字化转型的有效方法。

　　数字时代的企业系统模型架构是"4个2"，即"2模+2底+2件+2保"。

第一节　系统工程在企业数字化转型中的作用

企业系统工程能给管理与数字化转型带来什么样的作用呢？

一、为企业数字化转型提供理论支撑

系统工程的**一般系统论**告诉我们要将企业看成一个整体（或系统）。企业的一切活动都是围绕"生存和发展"这个目的展开的，数字化转型也是如此。同时，企业又是由各个部分组成的，它们彼此关联且相互影响。企业将人、机器设备、原材料、资金、信息等资源组织起来，通过有效利用使其实现经营目标，从而达成企业生存和发展的目的。企业数字化转型需要借助信息技术，通过信息抽取与流转，提高资源使用效率，提升组织运转效能。

信息论是一切信息技术的基础，企业数字化转型本身需要借助信息技术来实现，所以其重要性不言而喻。大家也许会说"我不是搞信息技术的，我不需要懂这个"，但其中的一些基本原理和逻辑是绕不过去的，信息的规范与量化是数字化的基本规则。

譬如，数字化转型需要把企业的产品、设备、物资、场所做定量的数字化表达，要如何量化才能准确表达其特性？除了长、宽、高等空间属性，是否还应包括温度、湿度等环境属性，以及摩擦、受力等功效属性？再譬如，信息要准确地表达，那是否应该统一员工编号、统一物料编号、统一产品编号？

控制论告诉我们，要控制一项事物或活动就需要有输入、输出、反馈。企业数字化转型要将企业运营管理的基本运行逻辑用信息技术更高效地实现。譬如，如何将目标、预算、计划、监控等活动融入数字化过程中？智能生产线上应增加何种探测设备？管理决策的支撑信息来源应有哪些？

耗散结构论告诉我们，一个系统要保持活力就需要处于开放和不稳定的动态，而企业数字化转型看上去好像是将许多人为因素标准化或唯一化，但这更像是使企业趋于稳定。那么，企业在数字化转型中如何才能确保活力？数字化过程中是否应该考虑融入人才引进机制、创新奖励机制、岗位竞争机

制、产品分级机制、业务变革机制?

协同论告诉我们，组成复杂系统的子系统间通过相互作用都会产生协同效应，而这个协同效应可能是好的，也可能是坏的，这取决于在设计系统时的出发点是"子系统最佳"还是"系统最佳"。通常情况下，企业的数字化转型不太可能全面开花，而是对销售、研发、采购、生产、财务、人力等子系统"总体规划，分步实施"。协同论还告诉我们，在各子系统分步实施时应始终坚持"从企业整体最优出发"这一原则，以确定正确的转型方向。

突变论告诉我们，量变会引发质变。在当下，一提到企业数字化转型就要重塑企业核心商业模式。许多企业在开始数字化转型之初就全力思考究竟要将核心商业模式重塑成什么样，以至于卡在这第一步而迟迟不能前进。突变论还告诉我们，新的商业模式不全是规划出来的，有时也是演化出来的，已经看清的部分可以先干起来，随着各项业务逐步数字化，最终也会叠加演化成新的商业模式。

二、指导企业形成与自身相适配的方法论

世界上没有两片完全相同的叶子，企业如此，企业数字化转型也是如此。不同的企业所处的环境、所拥有的资源、所具备的技术/生产能力、所提供的产品/服务、所面对的需求/客户都不尽相同，这决定了不同企业开展数字化转型所需的方法也是各不相同的。所以，完全照搬已经取得数字化转型成功经验的企业的方法总会发生"水土不服"，从而导致转型受挫或失败。那企业该如何形成适配自身的数字化转型方法论呢?让我们运用系统工程的方法来试试看。其整体结构如图 4-1 所示。

系统工程告诉我们，要从系统整体出发来研究系统整体最优。把企业数字化转型看作一个系统整体，那它的系统整体最优又是什么?或者说，达到什么样的标准才算是整体最优呢?从企业的角度看，整体最优就是实现企业生存与发展，再具象一点就是达成企业发展战略。这么一看，数字化转型方法论的最顶层原则就这样确定了。有限的区别在于，企业战略的设定和达成需要考虑应用数字化的规划和举措。

系统工程告诉我们，系统由各个子系统构成，并且各个子系统相互关联、

相互影响。那么企业数字化转型这个系统又是由什么构成的呢？或者说，企业数字化转型要转什么？

图 4-1　企业数字化转型方法论的结构

（1）转思想、转观念。数字化转型一定会让企业各级人员跳出原本的"舒适区"，如果人员的思想和观念不能发生转变，不能采用正向、积极的心态来看待和适应转变，那么不仅企业难受，个人也会难受。

（2）转业务，至少企业的核心业务需要实现数字化转变。企业的业务有哪些？各业务之间的依存关系是怎样的？在数字化转型时，企业通常应先做业务架构与流程的梳理。

（3）转组织机构。一方面，数字化转型工作需要有机构来做，需要企业成立这样的组织来承担这项职责并赋予其相应的权力。另一方面，在业务数字化转型后，原有的部分工作会被计算机取代或简化，同时又增加了服务于计算机和机器人的工作，涉及的部门或岗位也需要调整或优化。这样，企业数字化转型的内容就大致清楚了。

系统工程告诉我们，对于硬系统可以从时间维、逻辑维、知识维三个维度进行研究和设计。对于软系统可以按描述问题、定义问题、建立模型、寻求解决路径、选择可接受路径的方法来进行研究和设计。对于复杂系统，企业可以将硬系统和软系统的方法结合应用，根据子系统的不同性质先采取一种方法进行框架设计，然后将另一种方法的要素补充至框架环节中。

譬如，我们在对复杂业务进行数字化时，可先将业务对象按照硬系统方法建立时间维、逻辑维、知识维的数据模型，再针对业务的关键问题按照软系统方法优化业务流程。如此想来，数字化转型的具体方法也就有迹可循了。

最后，系统工程的六大理论基石提供了系统设计与运行的机理，企业可以结合自身数字化转型的方向，将之具体化，形成具备自身特色的数字化转型原则与方针。譬如，系统整体最优可具象为"战略引领""整体设计""统筹实施"等；动态平衡可具象为"创新发展""业务协同""持续更新"等；软硬结合可以具象为"流程管理""以人为本""问题导向"等；最优控制可以具象为"技术赋能""标准统一""决策优化"等。

三、为企业数字化转型提供设计参考模型和研究工具

系统工程理论及方法可以帮助人们设计和使用研究对象的模型，基于模型的系统工程（MBSE）不仅可用于人造工程，也可用于企业。随着企业系统工程的发展与应用，大量的模型与研究工具成果已经形成，如图4-2所示。

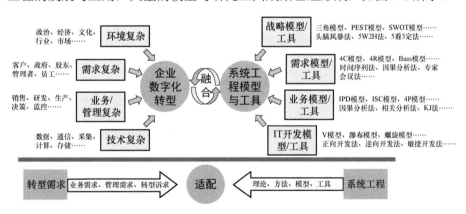

图4-2 系统工程模型与企业转型需求的对应关系

如前文所述，这些模型和工具是企业应用企业系统工程的第一步，可以为企业数字化转型提供有效的参考与借鉴，帮助企业快速设计和建立起与自身相适配的环境模型、业务模型、开发模型等。

需要注意的是：当我们准备借鉴和参考这些模型时，务必结合系统工程的

基本原理，用系统思维来分析这些模型与企业自身情况的适配程度，并加以剪裁和优化，然后再推演、再优化。这样，我们才能得到符合自家企业数字化转型所需的数字化模型，才能更有针对性地指导企业自身的数字化转型工作。

第二节 数字化与信息化

对企业而言，不论是过去轰轰烈烈的信息化建设，还是现在疾风骤雨的数字化转型，干的事都是建平台、上系统，看起来似乎差不多。那么，信息化与数字化到底有什么不同呢？

数字化、信息化的实质都是信息技术的应用，从学术上深究并无本质的界限。如果说这两者有什么不同，更多是在实践过程中，由于企业引入信息技术的时间先后不同，采用的技术、应用的领域、建设的重点各有所侧重。然而，在企业管理与数字化转型的实践中，有很多客户在问这个问题，可见这确实给大家造成了困惑，所以对此做了专题分享。这要从 DIKW 模型开始说起。

一、了解 DIKW 模型

系统工程偏爱模型，我们就从工具箱里拿一个来用——DIKW 模型，也称 DIKW 框架，如图 4-3 所示。之所以有时候叫作框架而不是模型，是因为其内容太过简洁，只反映了数据、信息、知识、智慧这四个抽象概念之间的关系，而恰恰又因为简洁，使其具有奠基性和普遍性。

DIKW 模型可追溯于英国诗人托马斯·斯特尔那斯·艾略特所写的一首诗——《岩石》。诗的开篇写道：

> 遗失在知识中的智慧去哪了？
>
> Where is the wisdom we have lost in knowledge?
>
> 遗失在信息中的知识又去哪了？
>
> Where is the knowledge we have lost in information?

图 4-3　DIKW 模型

在托马斯看来，人们往往空有知识而不知如何应用，听到新奇的信息后往往忘记用知识去加以分辨和判断。

数据（Data）位于最基层，是指通过观察和记录得到的原始素材，如生产任务工单、气象云图照片、项目工作的过程文档。这些原始素材可能是杂乱无序的，甚至是错误的。

信息（Information）是按某种规则整理后的数据，能准确表述事物的某些方面，能消除不确定性，能用香农定理做定量分析。在数字化过程中所称的"数据"，其内涵其实是信息，并应有相应的数据标准。譬如，从无线电杂波中提取信号，从原始生产记录中提取产品名称、数量、质量信息，从电话投诉数据中提取被投诉人信息、被投诉事项信息，从设备监测的海量时序数据中提取能用于分析故障的异常信息。

知识（Knowledge）是按某种逻辑再组织后的信息，其目的往往是准确表述事物或事物背后的规律，能够用于解决问题、识别模式、学习推理。知识管理领域偏好用"三元组"的方式表达知识，但广义的知识表达可以有更多形式，如 CAD 软件中的图例、化学元素周期表、物理公式、产品研制过程中的失败案例或经验反馈。

智慧（Wisdom）是对事物的深刻洞察和前瞻性预判，是对知识的综合运用，要有系统性和创造性，用于判断、决策、发明、创新。

DIKW 模型说明人类对信息的认知与学习遵循"数据→信息→知识→智

慧"的顺序，自下而上，层层递进。只要与信息和信息技术相关，无论是信息化建设、数字化转型，还是知识工程，都应符合这一层次规律。

二、遵循 DIKW 模型的"知"与"行"

DIKW 模型可以作用于"知"与"行"两个方面（见图 4-4）。"知"是指认识世界，也是智慧形成的逻辑，按照 DIKW 模型自底向上；"行"是指改造世界，也是人类做事的逻辑，按照 DIKW 模型自顶向下。

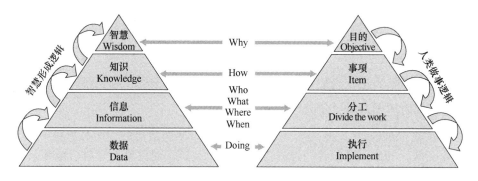

图 4-4　DIKW 模型与人类做事逻辑的对比

"知"的时候，按照 DIKW 模型自底向上：数据通常是通过观察、测量、记录等方式直接所得，简单来说是"做"出来的（Doing）；信息要回答事物的某些方面，譬如，谁（Who）、做什么（What）、什么时间（When）和什么地点（Where）；知识要回答一些关于逻辑、因果的规律性问题，如事物如何发生（How）；智慧是指人们要基于知识做出创造性决策，如为什么要或不要（Why）。

"行"的时候，按照 DIKW 模型自顶向下：首先，人类做事有其目的，即为什么（Why）要做这事。其次，人类要考虑这事该怎么做（How）。接下来，人们要制订更具体的行动计划。事情总得有人去做，总得有个先后顺序、轻重缓急。所以，人们要分工，安排好谁、在什么时候、什么地点、做什么（Who、When、Where、What）。最后就是大家按要求执行（Doing）。每一个层次都会输出不同层次的信息，把这些信息记录到计算机里就是信息化或数字化的过程。

三、信息化与数字化的不同

对于企业来说，无论是信息化还是数字化，都是借用信息技术手段为企业运行服务的。那么它们具体有什么不同呢？它们主要有三点不同：重点领域不同、数据量级不同、应用深度不同。

（一）重点领域不同：信息化侧重管理，数字化侧重业务

在信息技术领域，有"管理信息化"与"业务数字化"的说法。从学术上看，这样的区分不够严谨，但在实践中，这两个词确实在一定程度上代表了在不同时期信息技术在企业中应用的范围与侧重点：信息化侧重于提升管理效率，而数字化侧重于提升业务效能。

信息化侧重于管理效率的提升，主要通过实施管理信息系统来实现。企业信息化的目的通常是在某个业务领域内，保障企业的管理模式落地，并提升个人或团队的协同工作效率。

譬如，通过使用办公自动化（OA）系统提高企业内部办公的效率；通过使用企业资源计划（ERP）系统提高销售、生产、财务乃至供应商等多个团队的联合工作效率、供应链调配跟踪效率、财务核算效率等；通过使用统一办公软件 Office、统一制图软件 PhotoShop、统一设计软件 CAD 等，提高个人工作效率以及图文档共用的效率。

数字化侧重于业务效能的提升，要把更多的业务对象、更细颗粒度的信息纳入计算机管理范围，进而促成多个方面的业务效能同步提升。

譬如，在侧重管理的信息化时代使用产品数据管理（PDM）系统提高产品研发的管理效率，其业务关键点是项目管理的进度、质量、成本等要素，业务对象主要是以项目进度或者物料清单（BOM）结构组织起来的电子化图文档，做到能够监测、控制项目进度、对研发团队进行考核等，从而达到提高业务管理效率的目的，但它对业务效能的提升有限，只起到了分享图文档的作用。

而到侧重业务效能的数字化时代，对产品研发业务来说，企业仅仅做到业务电子图文档管理的信息颗粒度已然不够。若能把图文档中包括的许多设备乃至零部件的信息也细化出来，建立带参数的产品分解结构（PBS），那么一方面，能让各个设计专业之间高效地传递设计信息，从而大幅提高各专业协同设计的

效率，甚至是数字化仿真的输入效率；另一方面，也能在设计变更时直接追溯到所有需调整参数的零部件，从而使产品研发业务的质量保证能力大幅提升。

最后，由于产品研发业务能形成参数化结构信息的输出，其数字化交付水平也将获得大幅提升，比"BOM+图文档"或"三维+注释"的交付方式提供了更多的结构化数据，为下游环节再利用、再开发数字化交付成果提供极大的便利。

根据 DIKW 模型以及信息技术应用演进的通用路线，从电子化、网络化、信息化、数字化到智能化，本书总结了一张信息技术应用阶段的示意图（见图 4-5），供大家参考。

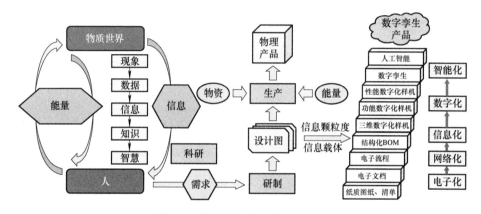

图 4-5　信息技术应用阶段示意图

（二）数据量级不同：数字化是信息化的百倍以上

管理信息化所需要的信息量相对较小，而业务数字化需要的信息量较大。从实践来看，这种信息量的差异有多大呢？至少有百倍的差异。以 PBS 与传统 BOM 的元数据数量对比为例，BOM 的元数据数量通常在几百到上千，而复杂系统工程 PBS 的元数据数量则可能超过十万。

但是，数字化管理的数据多、信息化管理的数据少，并不意味着管理信息化更容易做。从某种意义上说，管理信息化的"管理技术难度系数"还更高，因为要用尽量少的信息达到管理目的，就需要极其精准地把业务中的管理要素识别出来，以最精炼的形式放到计算机里去。

譬如，过去企业信息化对生产的管理，是把日常工作中需要管理的关键信息——生产任务、物料清单、生产记录、生产成本等做成表格、模板，然后在制造执行系统（MES）或生产资源计划（ERP）系统中集中管理，并根据管理逻辑建立信息关联，重点是管理好产品是否完工、卡到哪个环节了、原料的消耗是否正常等。

这些被管理的信息是从原始数据中高度凝练出来的，又有着比较高的结构化程度——可以理解为带数据规则约束的规范表格，所以能够存储在关系型数据库中，数据体量才能得以控制。一家中型企业的生产管理数据量不超过几十个吉字节（GB）。

而进入数字化阶段，企业对生产的管理则需要在此基础上增加对物料清单中零部件的三维数据、性能数据；生产记录也不局限于完成了多少数量、完成了几道工序，还需要增加设备状态数据、生产环境数据、加工过程数据等。仅零部件的三维数据就能将原有数据量扩大几百倍，使用了传感器、数字设备和数字监控的生产车间产生的时序数据能够轻易达到太字节（TB）级。一家中型企业生产业务数据量动辄就要以太字节甚至是拍字节（PB）计。

而由于数字化的数据量大了，实现管理目的的方式也更加多样、更加细致、更加便利。譬如，传统的 MES 中的生产任务完工要靠人工录入，现在则可以通过生产机器的开动与停止来判断某一工序是否完工。

（三）应用深度不同：数字化是信息化的下半场

从生意的角度看，企业掌握的信息越多，越容易形成信息不对称。那么企业如何掌握更多的信息呢？无外乎两个方向，一个是掌握更细的内部信息，另一个是掌握更远的外部信息。

更细的内部信息来自管理的深入和业务的细化。譬如，对于生产管理，企业最早是掌握原料供应信息、产成品信息，然后深入到掌握半成品信息、过程记录信息，再深入到生产准备信息、物料信息、质量信息，现在又深入到物料三维信息、生产过程信息、环境信息等。**更远的外部信息**来自产业链的两端，如客户的信息、供应商的供应信息、分销渠道信息、竞争对手的信息等。

随着企业需要掌握的信息由粗到细、由内到外，企业需要收集、管理的信息量也在成倍增长，而越到细微、越远离企业的信息收集越难。信息化毕竟已经搞了 20 年，再用"信息"这个词已不足以体现其数量与难度的差异，所以业界又倒回去聚焦在"数据"这个词。

如果按 DIKW 模型，"数据"是比"信息"要"低级"的，人们现在反而用"数据"而不是"信息"，用"数字化"而不是"信息化"，主要是为了从自然语言上体现时代的实际情况变化，而不是精准的学术语言。

企业出于掌握更多信息的目的，需要收集这些数据，并对数据进行管理和分析，然后才能形成对企业经营有用的信息。这样一个过程就是企业从信息化过渡到数字化的过程，如同一场球赛踢完上半场后再踢下半场一样自然而然。

企业过去的信息化主要是实施 ERP、CRM、MES 等应用管理系统，而企业的数字化则主要是产品数字化、渠道数字化、智能制造、数字化设计、数字化仿真、数字化交付等。

目前的主流观点认为，数字化的最高水平是**数字孪生**，又叫"元宇宙"或信息镜像模型，钱学森称之为**"灵镜"技术**。需要再次提醒的是，计算机世界不可能复现全部的物理世界，再强大的"全息元宇宙"也无法容纳从胀观到渺观的每一个对象的全部信息（胀观、渺观概念请参阅本书第二章第一节的内容）。所以，没有 100%的数字孪生，只有带目的性的数字孪生。**所有的数字孪生都是"有限孪生"**，不能完全替代物理世界中所有的业务过程。

第三节 数字时代的企业系统模型

一、企业是系统

我们要用系统工程指导企业数字化转型，首先要用"系统"的眼光来重新认识一下企业。

回想一下，当我们想认知一个成年人时，第一个关心的问题会是什么？往往是职业，因为职业最能体现"他/她对我有什么用"。这体现了我们认知事物时，首先关注的是事物的整体功能。那么，当我们想认知一家企业的时候，我们第一个关心的问题是什么呢？往往是"这家企业是做什么的？他对我或社会有什么用途"。譬如，百度是做搜索引擎的，东风是造汽车的，中国航天是发射卫星的。当然，某些特定角色关心的首要问题可能会另有不同。譬如，税务专管员首先关心的可能是利润规模，而求职的人首先关心的可能是薪酬福利。

那企业又是如何产生的呢？起点是创办者的愿景。譬如，一家私人企业创立的最初愿景往往是"改善生活、发家致富"这种现实而朴素的愿望。等到企业发展到一定程度之后，或许愿景会升级为"百年老店、服务社会、改变世界"这一类的精神理想追求。这种从现实朴素愿望到精神理想追求，本质上是一种生存模式的自然扩张。而为了实现其愿景——无论大小，企业都需要构建一个具备"实现愿景"功能的系统，这就是企业，与系统工程中的比尔适存模型如出一辙。

比尔适存模型（见图 4-6）是指将一个通用的适存系统分为行为管理、形式管理和功能管理三个维度的存在。适存系统所具备的三大功能为使命任务、适存能力、环境资源，分别用于感知决策、输出功能和获取能量。如果拿一个人来比喻，这三大功能分别对应到人的感知思考功能、手脚身躯的行动功能、口腔肠胃的消化功能。而在企业中，这三大功能则分别对应企业的战略决策、价值创造和支撑服务。所以，**企业是系统，可以按照"环境—功能—结构"建立系统模型。**

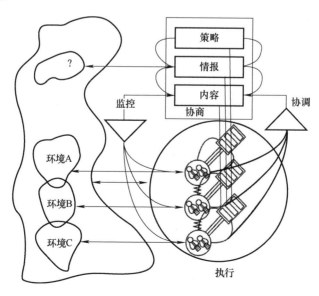

图 4-6　比尔适存模型

二、传统的企业系统模型

作为一个系统，企业的最高目的是求存，生存方式（即主要功能）是为客户创造价值、提供服务。企业系统所处的宏观环境包含政治、经济、社会、文化、技术等方面，而微观环境主要是竞争对手、产业链上下游。

与适存模型类比，感知决策对应战略决策子系统，其功能是收集各种情报，制定策略和做决策。功能输出对应价值创造子系统，即企业的主价值链，包括研发、生产、销售、客服等典型环节，其功能是直接提供客户需要的产品或服务。获取能量对应支撑服务子系统，企业要实现价值创造和维持自身运行就需要从外界获取必要的人员、资金、物资等，要与外部环境的人才市场、资本市场、物资市场对接，如图 4-7 所示。

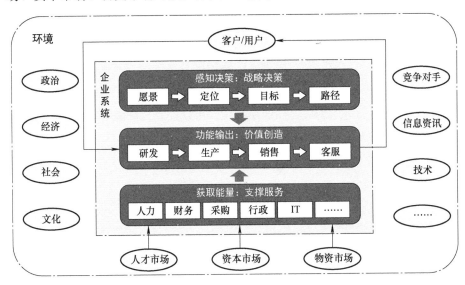

图 4-7　传统的企业系统模型

传统企业系统模型从系统的视角反映了企业运行的基本原理。现实世界中各企业由于所处的行业不同、市场定位不同、提供的产品或服务不同、发展阶段不同、管理诉求不同等因素，自身的系统结构也有所不同。譬如，采用职能式管理的单产业企业，有时候不区分价值创造和支撑服务；采用事业部制的多产业企业，有时候会拆分出多个并行的价值创造链条。在创建企业系统模型时，企业应根据自身的实际运行情况进行调整和优化。

三、数字时代的企业系统模型

数字时代的企业系统模型（见图4-8）是用于指导企业数字化转型的总模型。它在传统的企业系统模型的基础上，以业务流程为桥梁，利用和融合信息技术手段，对传统的企业系统进行改造和扩张，向数字化信息技术应用进行延展。

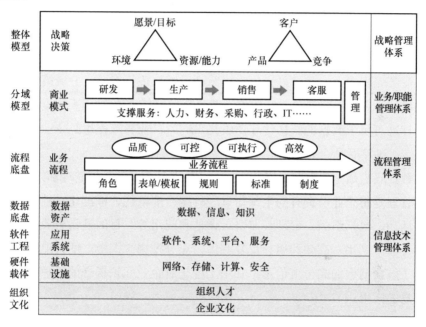

图4-8　数字时代的企业系统模型

用系统工程理论来理解，就是传统的企业系统被赋予了新的功能组件（流程底盘、数据底盘、软件工程、硬件载体），并重构了组件之间的关联关系（业务↔流程→数据↔数字化），重新形成稳定的结构（转型变革）以适应企业所处的环境变化（数字时代）和达成企业系统整体功能最优（数字经营）。

下面，让我们一起来了解一下按照系统工程方法构建的该模型，从中可以看到企业数字化转型的全貌。

数字时代的企业系统模型由"2模+2底+2件+2保"构成。

（一）"2模"是指整体模型和分域模型

整体模型是企业的顶层设计，起到战略和纲领的作用。分域模型是企业运行模式的具体设计，通常会细化到企业的各个业务域，用于指导企业数字化转型的领域业务架构。最简单的就是业务域，复杂一些的就是业务模型，如集成产品开发（IPD）模型、集成供应链（ISC）模型。整体模型和分域模型的合集呈现了企业的整体商业模式。

（二）"2底"是指流程底盘和数据底盘

流程底盘是企业所有业务流程的合集，是企业运行的"原理图"，是企业各项业务活动最朴素、最基本的抽象描述，是业务与数字化应用的桥梁。

业务流程向上，经过再抽象、再归纳、再精炼，就成了分域模型。业务流程向下，可以关联信息系统软件，其角色、表单/模板可用于数据采集，规则、标准可用于数据的结构化和逻辑化。同时，业务流程也是企业制度的核心内容；制度既是企业的管理规则，又是企业的知识。

数据底盘是企业数据资产的合集，主要涉及企业的数据管理和知识工程。数据管理是将企业所拥有的全部信息进行统一规范化、标准化、结构化的一系列活动，包括组织、管理、监督、评估和应用等，目的是将企业拥有的数据进行有效利用、高效利用和反复利用，充分挖掘数据资产的价值。知识是能用于解决问题的高价值信息。知识工程是对企业知识资产的管理，是高价值信息的应用。

（三）"2件"是指软件工程和硬件载体

软硬件两者是伴生关系，是企业数字化转型的具体呈现，分别对应企业数字化转型实施中所需建设的应用系统软件和基础设施硬件，包括企业数字化转型中可用的所有信息技术。软件和硬件是数字化的必备元素，在各个细分领域里有各自的技术要点，但并不是企业在数字化转型中的核心难点。企业需要做好技术规划和路线选型，部分具体实施工作可以交给外部供应商。

（四）"2保"是组织人才保障和企业文化保障

无论企业是否要做数字化转型，组织人才与企业文化都是企业运行的必备条件。在数字时代，企业要建立适应数字化的组织结构、培养数字化转型的人才队伍，并实现企业文化的数字化转型。

　　企业的数字化转型应建立与数字时代企业系统模型相对应的管理体系与企业架构。对于企业管理体系来说，整体模型对应的是战略管理体系，分域模型对应的是各种业务或职能管理体系，流程底盘对应的是流程管理体系，数据底盘、软件工程和硬件载体对应的是信息技术管理体系。为了让信息能更加精准地表达，并结构化地进入计算机世界，企业需要建立或优化业务标准与信息技术标准管理体系。

第四节　数字化转型是企业系统适应时代环境的功能结构优化

一、数字化转型到底转什么

　　数字时代的企业系统模型提供了数字化转型的基本框架，关键在"转型"。那企业数字化转型转的是什么呢？根据我们对数字化转型的理解与实践，我们认为企业数字化转型涉及四个方面：观念转型、管理转型、业务转型、技术转型。

（一）观念转型

　　我们在实践中发现，观念上的故步自封和认识不清是企业数字化转型的最大障碍。常见的观念障碍包括：数字化转型对我们不适用，我们又不参与市场竞争；数字化转型是 IT 部门该干的事；该上的系统都上了，现在挺好的，还需要转个啥；数字化转型是领导和职能部门的事，我作为基层单位该干什么就干什么……

　　企业观念的转型不仅仅是一两位决策者、领导人的观念转变，而是需要企业大多数员工对数字化转型的紧迫性和必要性都形成充分的认识。首先，企业决策者、领导人和员工在思想上需要树立"不转是在等死，转了还有一线生机"的认识，然后才会主动关注数字化转型，了解数字化下的产业、市场及用户的需求。从点到面去思考传统业务、产品、服务、管理、工作等向数字化转变的方式和方法，才能将企业的主要方面纳入数字化转型中，才能确保企业数字化转型的有效落地实施。

（二）管理转型

现在有一种观点认为，企业数字化转型要先业务转型，然后再管理转型。认为业务是基础、是前置条件，管理转型跟随业务转型才能发生。这是一种理论上的理想情况，比较适合自外而内的变革。而在具体实践中，企业自内而外主动变革的有效路径，是管理先于业务。

在实践中，如果管理不发生改变，谁敢变业务？谁变得动业务？譬如，管理者只看纸质报告，即便有 OA 系统，还是要下属打印出来看，然后在纸上签批。长此以往，谁还会用 OA 系统进行审批？再如，管理者认为线下促销比线上推广更有效，下面的人又会花多少精力在线上推广上？所以，"业务转型倒逼管理转型"这种做法是需要特定的外部条件的，如果外部条件不具备，则容易导致数字化转型的进度缓慢、困难重重，甚至是无疾而终。

反过来，如果管理先发生转变，则可以带动业务的转变。譬如，管理者想随时看到生产进度的数字化展板，生产业务部门可能很快就推着 IT 部门研发出了相关系统功能和界面，即使生产部门还不具备实时数据采集能力，就算采用人工方式，也要把相关数据录入系统以达到管理要求。这种自上而下管理驱动的方式有时也会变错一些方向，但日拱一卒，就能带来实实在在改变。

企业数字化应注重管理的转型，特别是管理系统思维的转型。各级管理者要跳出自己的一亩三分地，从全局的角度去看待和思考数字化转型。从服务客户、满足客户需求出发（将企业内部的下游工作环节也视为客户），充分利用信息技术手段，在满足自身管控诉求和效率的基础上，尽可能简化上游输出，方便下游输入。这样，企业的管理方式、技术技能要求才能从传统变为数字化，对业务的管理才能更加简洁和高效，对业务转型才更具推动力。

（三）业务转型

对于大多数企业来说，业务转型应该成为数字化转型的核心和主体。常见的业务转型包括但不限于：产品数字化、数字化交付、数字化研发、智能制造、数字化营销、数字化服务、智慧决策、智能运维、业财一体化等。

　　企业应对现有业务进行数字化优化和升级，实现业务的规范化、流程化和标准化，以此来实现企业运行数据信息的高质量积累、应用和分享。业务的数字化转型除了规范化、流程化和标准化，还应当对业务流程进行优化设计，目的是利用信息技术手段减少业务运行中的人力、资源、时间等方面的损耗，以及业务信息、数据的共享和充分利用。因此，业务数字化转型通常能为企业带来直接的效益提升，同时降低成本和风险。

（四）技术转型

　　技术转型是企业数字化转型中必不可少的一环。但是，现在有人一谈到数字化转型就是："企业要引入物联网、云计算、人工智能等新一代数字化相关技术，对业务进行数字化改造。"这有点本末倒置。企业决策者对业务到底要如何转型都没想清楚，就匆匆引入新一代数字化技术，很可能会让企业陷入第一章中提及的数字化转型误区。

　　技术转型的源头是业务转型，企业要引进对业务转型有帮助的信息技术。譬如，海尔要搞智能家居，就引入了物联网技术；微信要为用户提供便捷支付服务，就引入了移动支付技术；阿里巴巴要为用户提供高效服务，就引入了数据中台技术等。业务转型是根本，而技术转型是实现业务转型的手段，不能本末倒置。

二、谁来推动企业的数字化转型

　　过去，我们常说"企业信息化是一把手工程"，而数字化是信息化的下半场，那么数字化转型肯定也是一把手工程。但除了一把手，该由谁来具体推动企业数字化转型呢？过去的信息化主要是落实企业的管理模式，由企业的首席信息官（CIO）带领 IT 部门来推动问题不大。现在的数字化是要提升企业的适应能力，增强企业的盈利能力，涉及企业的外部和内部的方方面面，那企业数字化转型该由谁来做？是 IT 部门，还是业务部门，抑或其他人？

　　从过去 20 多年看，大多数企业实施数字化转型的主力军仍旧是 IT 部门，并且实施数字化转型的第一步几乎都是先搞组织变革，否则推不动转型。譬如，国资委主抓央企数字化转型时，一些央企都是先进行了重大的组织变革，要么是新成立一个数字中心，要么是把信息部门升格或者拆解。但实践证明，主要依靠 IT 人员主导企业业务转型的成功率极低。

企业的数字化转型必须要与企业的各项业务与管理实践相结合，而且重在业务转型上，信息技术只是支撑和实现转型的手段和工具。因此，数字化转型需要既懂业务又懂 IT 的复合型人才来推动。数字化转型需要业务视角，只有以业务思维来主导转型，企业的数字化转型才能成功。但对于现实大多数企业来说，这样的复合型人才少之又少。实践证明，将 IT 人员培养成业务骨干比把业务骨干培养成 IT 人员相对更容易，但也需要花费较长的时间。

企业数字化转型是 IT 与业务的双向融合。企业要有效推动实施数字化转型通常需要四个团队。

（1）由一把手主导的转型推动团队，负责统筹规划企业数字化转型的思路与方法，从企业整体效益平衡业务转型内容，协调和组织业务转型实验和复制推广。

（2）由业务口组成的业务转型团队，负责具体业务转型的设计、推演和验证。

（3）传统的 IT 团队，负责根据业务转型设计引入适配的新信息技术，实现业务转型诉求和功能。

（4）外部咨询团队，引导和指导转型推动团队开展工作，协助业务转型团队与 IT 团队的沟通，对转型推动团队、业务转型团队、IT 团队的工作进行查漏补缺，对工作质量进行客观评价。

下　篇

工业企业数字
化转型之路

第五章

战略模型指导数字化转型

战略，是做正确的事；战术，是正确地做事。

在数字时代，企业数字化转型当然是企业战略的一部分，而数字化从哪里开始、投入多少资源、以什么节奏前进，则又要服从企业整体最优的战略。

第一节 企业战略模型

如果把企业数字化转型视为一场战役，那么开战前的战略规划与部署尤为重要。正如《孙子兵法》所言："胜兵先胜而后求战，败兵先战而后求胜。"

一、从总体系统转型开始

用系统工程的方法来看，我们研究任何事情都应先从"系统总体"开始，始终抓住结构、功能、环境三个要素。首先是搞清楚系统的外部环境，这是系统存在的基本条件；然后是审视系统的功能，这是系统存在的意义；接下来是分析系统结构，看系统的组分全不全、关联关系是怎样的、组分之间的互动顺不顺畅，这些决定了系统功能的优劣；最后是根据环境的变化与功能的需求，对系统结构进行优化。这个过程与企业制定战略的过程非常相似，如图 5-1 所示。

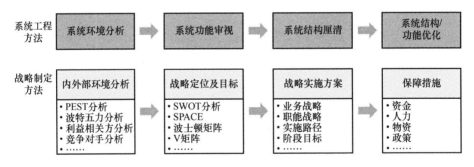

图 5-1　系统工程方法与企业战略制定方法对比

企业要打好数字化转型这场战役并取得胜利，必须先做好战前的战略规划。企业要在搞清楚所处的数字时代环境、数字经济环境的基础上，重新评估自身所应具备的竞争能力，审视企业战略定位及战略目标，优化战略实施方案以补齐自身欠缺或强化自身优势，确保自身在新时代环境下的持续健康发展。这些在企业运营中都属于战略管理的范畴，是所有企业都避不开的管理领域。

对于民营企业来说,战略决定生死;对于国有企业来说,战略决定兴衰。战略可以极其复杂,也可以极简,甚至在开展战略活动时可以不冠以"战略"这个词。譬如,夫妻俩在饭桌上讨论自家小店未来几年要卖些什么,以及怎么卖,就是不叫"战略"的战略管理活动。

企业数字化转型同样始于战略。企业在做数字化转型战略时要牢记以下三个要点:

(1)数字化转型的要害在"转型"。"数字化"只是工具,归根到底是要优化或调整企业的结构,包括组织结构、业务结构、管理结构等。

(2)结构决定功能。企业结构的调整要适应外部环境的变化,外部环境需要企业具有什么样的功能,企业就要尽可能地调整结构以提供对应的功能。

(3)企业结构调整的目的是优化企业这个系统的整体功能,从而提高企业在外部环境中的生存能力和价值。这也意味着,企业并不需要完全满足外部环境的所有需要,而是要有选择和取舍,最终目标是企业整体功能最优。

既然企业数字化转型始于战略,那么我们就从战略开始。

按照系统工程的方法,我们要深入研究一个系统,最好的方法就是先搭建系统模型。在战略管理方面,我们结合了企业战略管理理论、企业系统工程、企业管理与数字化咨询实践,建立了一个双三角战略管理循环模型,如图 5-2 所示。

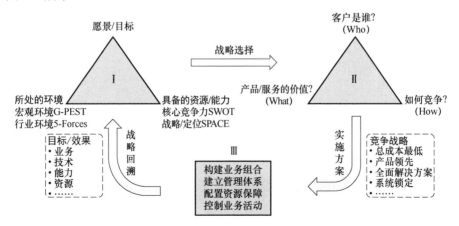

图 5-2 双三角战略管理循环模型

双三角战略管理循环模型可以分为三个部分：战略依据（图 5-2 的 I 部分）、战略描述（图 5-2 的 II 部分）和战略执行（图 5-2 的 III 部分）。其中前两个部分构成了战略规划子系统，是战略管理的核心部分，也是战略管理工作所独有的。战略执行部分可以在战略规划之后，交由研发、生产、销售、人力资源等其他子系统去做进一步的设计，并与战略规划衔接。由于战略依据与战略描述可以各用一个三角形来统领，而战略执行的执行结果又会影响战略依据从而形成循环，所以我们把这个战略管理总体模型称为"双三角战略管理循环模型"。

二、"战略依据"三角

"战略依据"三角由"愿景/目标""具备的资源/能力""所处的环境"构成。用系统工程的观点看，企业制定战略就是寻求系统最优方案，而寻求系统最优方案的前提是先把系统的基本状况搞清楚。"战略依据"三角可以帮助企业按照条理梳理现状。企业在制定战略之前，首先需要回答以下三个问题。

（1）企业的愿景或目标是什么？

（2）企业具备什么样的资源和能力？

（3）企业处于一个怎样的外部环境当中？

这三个问题的答案是企业制定战略的基础条件，也是企业制定战略的基础输入组合。而答案的详尽程度和质量好坏直接决定着企业战略的正确性、准确性和可操作性，这也是企业在做战略规划时需要耗费大量时间和精力在"战略依据"三角的原因。

三、"战略描述"三角

"战略描述"三角由"客户""竞争""产品/服务价值"构成，它们三者之间相互关联、相互影响。

"战略描述"三角描述了企业的商业模式，回答了企业如何变现商业价值。首先，企业系统经自身内部运作输出了功能（产品或服务），这个功能要对外界其他系统（客户群）有价值，如此企业系统才有存在的意义。其次，企业存在的根本是要实现盈利，即企业提供的产品或服务要能被客户认可且客户愿意为之支付兑价，并且客户支付的价格应超过产品或服务的成本。这就是企业价值的变现。企业只有将自身价值变现，才能具备持续经营运转和发展壮大的能力。企业要实现价值变现，需要回答以下三个问题。

（1）企业的客户是谁？

（2）企业为客户提供的产品或服务是什么？产品或服务有何独特价值？

（3）企业要怎么做才能在竞争中胜出？

这三个问题对企业来说看似简单，但在实践中，我们在同一企业中得到的答案往往五花八门。这说明企业中的个人对组织战略的理解并不容易达成共识。

三个问题中最难回答的是最后一个问题，这在实质上要回答企业的核心竞争力问题，也是战略描述的关键所在。大多数企业提供的产品或服务都不是不可替代的，而竞争对手也可能随时采取不同的行动。迈克尔·波特最早以"竞争战略"为主题，研究了几种企业可以争取优势的通用做法，包括总成本最低、产品领先、全面解决方案、系统锁定。

四、战略执行的四类基本活动

战略执行包括了企业实施执行战略的主要方面。双三角战略管理循环模型中展示了战略执行的四类基本活动：构建业务组合、建立管理体系、配置资源保障、控制业务活动。其中，构建业务组合是指按战略规划对企业的各项业务进行调整和重组；建立管理体系是指针对调整后的业务优化相应的管理模式和管理方法，包括组织、流程、规则、制度等；配置资源保障是指为调整后的业务运行提供支持服务，包括资金、人力、设备、信息等；控制业务活动是指对调整后的业务运行进行监控和修正。

战略执行的最终目的是要落实战略目标，达成战略预期成效，从而提升企业整体竞争力，让企业更好地生存与发展。战略执行使企业系统"具备的资源和能力"获得提升，使企业更适合"所处的环境"，距离企业的"愿景或目标"更近。

第二节 战略管理工具包

在双三角战略管理循环模型中，看似只需要回答六个问题，但要回答好这六个问题需要以大量的分析和研判作为基础。对于分析、研判所需的基础信息来源及方法，我整理了 15 种常用工具供大家参考。

一、七大战略分析工具

（一）宏观环境分析

宏观环境分析（PEST）又称一般环境分析，是评估和分析企业战略的基本工具，如图 5-3 所示。它从政治、经济、社会和技术四个方面分析宏观环境对企业的现实和潜在影响。该模型主要是在企业审视所处宏观环境时提示企业应关注的重点，避免企业遗漏关键要素。

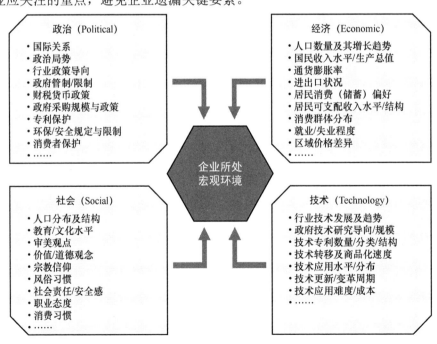

图 5-3 宏观环境分析模型

（二）波特五力分析

波特五力分析是分析企业竞争环境和行业竞争势态的工具，如图 5-4 所示。它从供应商议价能力、购买者议价能力、新进入者威胁、替代品威胁、同业竞争程度五个方面分析行业环境对企业竞争能力和盈利能力的影响。该模型常应用于研判企业所处行业环境发生的变化、对企业自身竞争力的影响，以及企业是否可以进入某个新行业参与竞争。

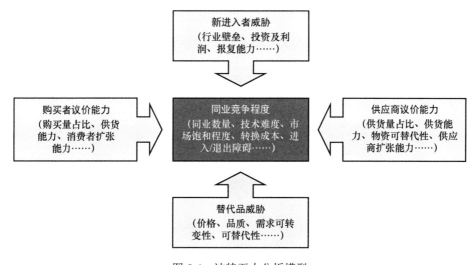

图 5-4　波特五力分析模型

（三）利益相关方分析

利益相关方分析不仅可用于战略分析，也可用于一般项目分析，如图 5-5 所示。它帮助企业厘清经营过程中错综复杂的利益关系，明确企业整体价值服务对象。利益相关方分析通常由"权利—动态矩阵"和"权利—利益矩阵"构成。

（四）竞争对手分析

竞争对手分析是帮助企业针对竞争对手进行系统思考和分析，如图 5-6 所示。它从数据、情报、战略、职能、业务五个方面分析竞争对手可能采取的竞争性策略和反应，从而帮助企业有效制定自身的战略进攻方向或战略防御措施。

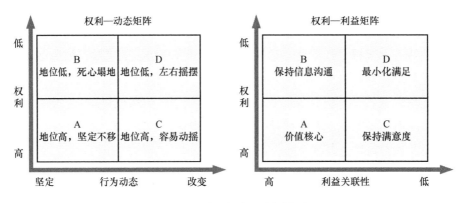

图 5-5　利益相关方分析模型

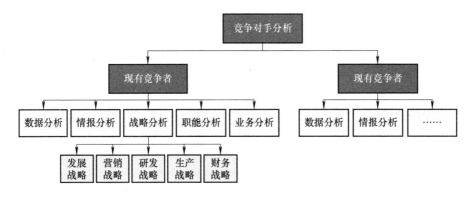

图 5-6　竞争对手分析模型

（五）价值链分析

价值链分析（VCA）是帮助企业识别关键增值环节，发现竞争优势或洼地，从而辅助企业选择战略方向的工具，如图 5-7 所示。它包括价值链和支持活动两大部分，其中的价值链又可细分为行业、企业和业务三个层次，并且层层递推具有较强的逻辑关联性。

（六）雷达图分析

雷达图分析能从财务视角对企业经营现状进行直观展现和分析，如图 5-8 所示。它从企业的成长性、收益性、安全性、流动性和生产性五个方面对标企业财务状况与行业水平的差异，从而帮助企业发现自身在行业中的竞争优势，指明企业后续战略发展方向。雷达图中从小到大的三个圆圈分别代表：

同行业平均水平的 1/2 或最低水平、同行业平均水平（又称标准线）、同行业先进水平或平均水平的 1.5 倍。

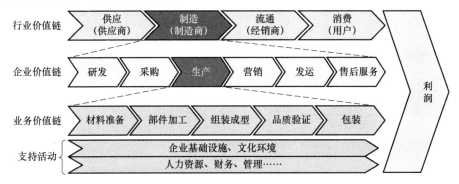

图 5-7 价值链分析模型

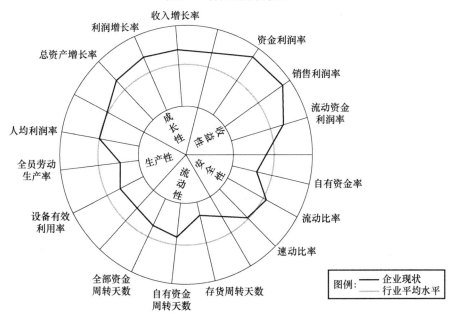

图 5-8 雷达图分析模型

（七）因果分析

因果分析是发现问题"根本原因"的一种分析方法，是系统性梳理战略对策/问题的工具，可以采用"树状图""根须图""鱼骨图"等表现形式，如图 5-9 所示。

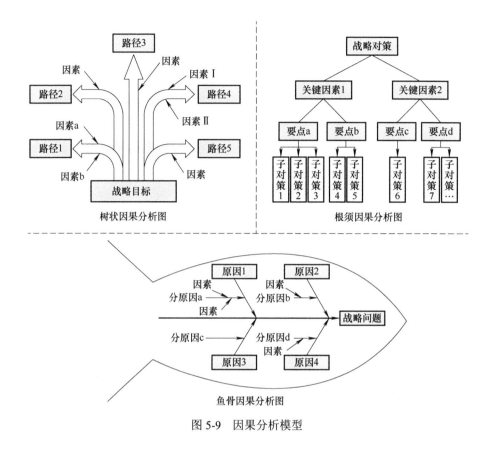

图 5-9　因果分析模型

二、四大战略选择工具

（一）SWOT 分析

SWOT 分析是基于企业内外部竞争环境和竞争条件，用系统分析的思想将各种因素两两组合进行研究分析，从而帮助企业制定相应的发展战略、计划和对策的分析思考工具，如图 5-10 所示。它将与企业竞争力相关的各种因素分为内部优势、内部劣势、外部机会和外部威胁四类，并按照矩阵排列形成组合，企业可根据组合形成不同的战略举措。

（二）战略地位和行动评估矩阵

战略地位和行动评估矩阵（SPACE 矩阵）从企业财务视角出发分析外部环境，从而帮助企业确定战略定位，如图 5-11 所示。它从企业财务优势、产业实力、竞争优势和环境稳定性四个方面对企业竞争力现状进行综合评定，从而帮助企业在进取、保守、防御和竞争四种战略模式中正确定位。

		内部因素	
		优势（S） 优势1：××× 优势2：××× 优势3：……	劣势（W） 劣势1：××× 劣势2：××× 劣势3：……
外部因素	机会（O） 机会1：××× 机会2：××× 机会3：……	SO战略举措 优势1+机会1：举措1 优势1+机会2：举措2 优势1+机会3：举措3 优势2+机会1：举措4 ……	WO战略举措 劣势1+机会1：举措1 劣势1+机会2：举措2 劣势1+机会3：举措3 劣势2+机会1：举措4 ……
	威胁（T） 威胁1：××× 威胁2：××× 威胁3：……	ST战略举措 优势1+威胁1：举措1 优势1+威胁2：举措2 优势1+威胁3：举措3 优势2+威胁1：举措4 ……	WT战略举措 劣势1+威胁1：举措1 劣势1+威胁2：举措2 劣势1+威胁3：举措3 劣势2+威胁1：举措4 ……

图 5-10　SWOT 分析模型

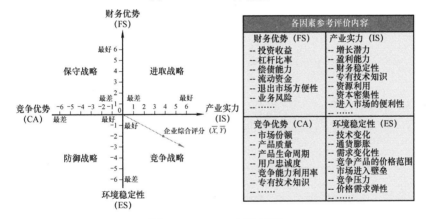

图 5-11　SPACE 矩阵模型

（三）波士顿矩阵

波士顿矩阵是帮助企业进行战略业务组合选择的分析工具，如图 5-12 所示。它利用业务的销售增长率和市场占有率分析业务所属象限，以便企业采取不同的战略决策，实现业务/产品及资源分配结构的良性循环。

（四）通用矩阵

通用矩阵（GE 矩阵）又称行业吸引力矩阵、九象限评价法，是一种帮助企业分析业务组合，从而形成企业多元化战略的分析工具，如图 5-13 所示。它运用加权评分方法分别对企业各种业务/产品的行业吸引力和企业市场竞争力进行评价。企业通过对业务在矩阵上的位置分析，可以选择相应的战略举措。

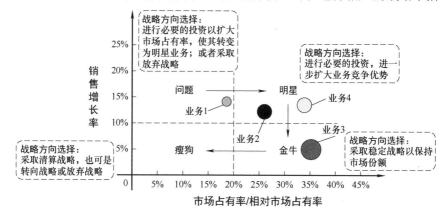

图 5-12　波士顿矩阵模型

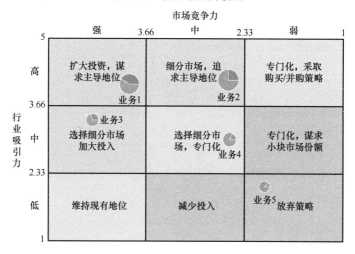

图 5-13　通用矩阵模型

三、四大战略制定工具

（一）战略地图

战略地图（SM）是在平衡计分卡（BSC）的基础上发展而来的战略制定和描述工具，如图 5-14 所示。企业以平衡计分卡的财务、客户、内部、学习与成长四个层面目标为核心，通过分析这四个层面目标的相互关系来绘制战略因果关系图，分层描述战略方式，使企业各层级达成目标、方向的统一，从而减少沟通成本、提高执行效率。平衡计分卡指标也常用于战略执行情况的监测和回顾，用于企业内部的指标分解与考核。

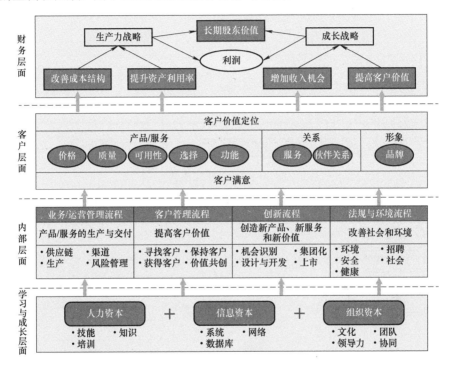

图 5-14　基于 BSC 的战略地图模型

（二）业务领先模型

业务领先模型（BLM）是 IBM 研发的一套完整战略制定方法论（见图 5-15），被华为在中国发扬光大。该模型从差距分析到顶层设计，再到执行落地，最后到市场结果及迭代改进，形成一套完整的可循环战略，能让企业清晰地认识到当前差距、可变化环节、发展/革新方向，并且基于现状环境和能力，设计业务领先的战略组合与战略举措。

（三）战略制定执行模型

战略制定执行模型（DSTE 模型）是华为学习 IBM 战略方法论后研发的

一套战略制定方法论，如图 5-16 所示。该模型的核心思想是"以客户为中心，以目标为导向，对业务进行设计和落实执行"，是华为 VDBD 模型（"五看三定"模型）和 BEM 模型（业务执行力模型）的集合体。

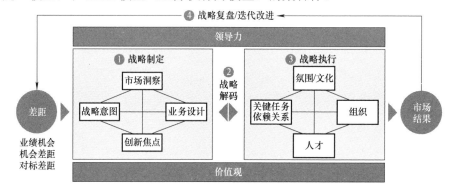

图 5-15　业务领先模型

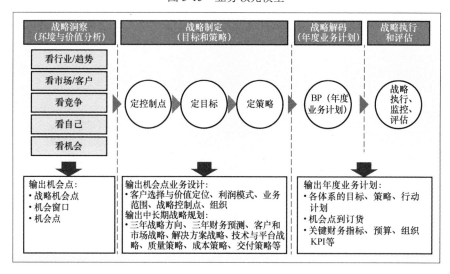

图 5-16　战略制定执行模型

（四）战略目标树

战略目标树（SOT）源自麦当劳提出的"战略树"，是结合系统工程、战略管理和目标管理的方法论，是对战略树工具应用的细化，旨在帮助企业快速将战略转化为当前可执行的目标任务和衡量标准，如图 5-17 所示。该模型是依据企业愿景，从利益相关方（包括政府、股东、客户和员工）对企业的

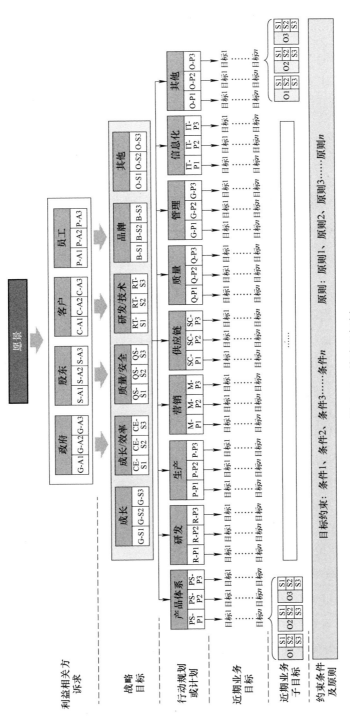

图 5-17 战略目标树

核心诉求分析出发，归纳形成企业成长、成本/效率、质量/安全、研发/技术、品牌和其他方面的战略目标，在此基础上再按企业业务领域分别形成各业务领域的行动规划或计划（含子规划或计划），然后针对各业务领域的具体子规划或计划制定近期业务目标及目标衡量刻度，最后总结形成目标执行的约束条件和原则。

第三节 在战略中定位转型切入点

企业数字化转型的重点在"转型"。不论企业搞什么样的转型，其最终目的始终是提升企业自身实力，使企业适应数字时代的生存环境，从而保障企业生存和持续发展。如果我们把企业战略和数字化转型战略合二为一，就会发现这两者在逻辑和方向上完全一致。

现在很多企业决策者在制定数字化转型规划时感觉无从下手，要么将数字化转型丢给 IT 部门自己做，要么选一个自认为重要的领域后提出"数字××"并开始推进，要么随大流。这些做法都缺少了战略决策过程！

企业数字化转型的基本构想应该是来源于企业战略，并服务于企业战略。企业应在重新审视自身战略的基础上，结合现代信息技术应用能力，发现数字化转型的应用点。这对于大多数企业决策者来说都不是一件容易的事。也许他们自己有些模模糊糊的方向但又想得不够清晰，可能需要借助外部力量辅助分析、厘清思路并确定想法。

一、在战略依据中坚定信念

人类社会步入数字时代、市场经济进入数字经济，就意味着企业所处的环境已发生了重大变化。按照企业战略管理理论，此时已符合企业重新审视和修订战略的前置条件。回到我们的双三角战略管理循环模型，第一个"战略依据"三角开始发挥作用。

（一）看企业所处的环境

我们会发现宏观环境、市场环境、行业环境、业务环境，甚至内部环境都处于信息技术的包围中。宏观环境鼓励数字化，市场环境适应数字化，行业环境融合数字化，业务环境需要数字化，似乎企业不搞数字化就与周围环境显得格格不入。

这就如同在世界杯期间，你走入一个球迷酒吧，如果你不能谈论点足球的话题，你与整个酒吧的人就如同在两个世界。企业也是如此，如果企业不能融入身处的环境，甚至被身处的环境隔离，那企业还何谈生存、何谈盈利、何谈发展？

（二）看企业的愿景

这里，我们要先提出一个反向的观点：不是所有的企业都迫切需要数字化转型。譬如，愿景旨在服务街坊邻里的百年包子铺和愿景是追求顶尖境界的艺术家工作室，它们并不迫切需要数字化转型。也许路过的旅行者会把包子铺拍下来送上大众点评，也许艺术爱好者会把艺术家的视频送上抖音，但这些都不是企业的事。

但是，大多数企业，多多少少都会有"做强""做大""世界一流""服务千万家""让××无所不在"等旨在更高、更快、更强的愿景，这些愿景在数字时代的大背景下就不得不依靠数字化的力量，否则就会在竞争中"被"变小、变慢而离愿景越来越远。

（三）看企业的资源和能力

最后，我们再分析企业自身所具有的资源和能力。目前大多数传统企业会发现自身似乎挺欠缺数字化能力，信息技术更多的是作为办公工具和管理工具在使用，业务本身的运转更多的是依靠人工。而企业数字化能力又直接影响企业市场竞争能力的强弱，如果企业不做出相应的改变，企业市场竞争能力就会逐步弱化，最终企业会被市场所淘汰。这恰恰说明，"不转型是等死"，企业必须通过数字化转型来获取与时代匹配的资源与能力。

当然，转型的路可不好走。如果用信息技术去改变现有业务，一是不知道怎么做；二是这种变化对现有业务运转流程的破坏性太大，很可能影响现有业务的正常运转，并且结果不一定就好。

如果是国有企业，还面临着替代下来的人工如何安置等事关社会稳定的问题，处理起来也很棘手。如果搞得不好，那企业和企业家可能是"九死一生"，所以有"转型是找死"的说法。

我们采用"战略依据"三角对企业系统进行综合分析后，相信大多数企业都会得到这样的结论：环境变了，竞争压力大了，急需补齐的能力欠缺更多了。简而言之"不转型是等死，转型是找死"。两害相权取其轻，等死是真的会死，找死不一定会死，那就理应坚定转型信念，背水一战，放手一搏。

二、在战略地图中找到抓手

经过系统方法规划的企业，往往具备一张动态的战略地图，在战略地图中设定了企业的战略目标，以及为此拟采取的关键战略举措。企业数字化的道路千万条，与战略举措匹配是第一条。

举个例子，一家拥有自主技术和自主品牌的企业，拟采取产品领先战略，关键战略举措是"提升新品研发效率，加快新品上市周期"。与之匹配的数字化转型抓手就是"研发数字化"。该企业可以展开具体的数字化方案有以下内容。

企业采用产品粉丝社区、研发人员互动等方式，快速、高效地收集客户对产品的最新需求，减少新品研发的需求分析时间。企业建立集成开发平台，让研发人员在同一环境下进行研发，大幅减少研发过程中的重复建模、组件接口标准/性能的沟通时间以及研发资料的传递时间；若条件允许还可实现异地协同研发。

企业利用创成设计技术快速生成新品的基础设计方案，让研发人员在此基础上再进行新品设计研发，从而大幅缩减新品研发时间。企业通过产品全生命周期的研发数据和流程管理，可提高零部件的通用率和重用率，减少新品研发中的非必要、非关键性开发时间，加速新品上市。企业利用仿真驱动设计，可减少实物试验次数，提高试验数据获取效率，让新品更快一筹。

将这些研发相关的数字化措施进行系统性统筹、规划和实施后，企业就以"研发数字化"带动企业整体的转型，能够有力支撑企业的"产品领先"战略。

再举个例子，一家以代工为主的生产型企业，其战略举措是"快速、稳定的生产交付"，那与之匹配的数字化转型抓手就可以是"智能制造"，可以开展的数字化方案包括以下几种。

企业通过 MES 对生产全过程进行管控，可以有效缩短备料和生产等待时间；利用集成工艺开发平台和虚拟仿真技术进行新品工艺研制，可以有效提升工艺转化效率，保障和控制新品质量；为生产投料段加装自动上下料系统，可以提升投料的及时性和准确性，利于产品生产质量保证。

企业用柔性制造系统和数控设备替代现有剪切、冲孔、折弯、焊接等工序，可大幅减少人工投入，加速生产效率，稳定产品质量；为设备加装机器视觉系统，可以实时自动检测各工序的生产质量，实时监控设备状态，大幅缩减产品质量检测时间、设备停车维修维护时间。企业再利用 AI 技术与生产管理、调度和监控系统进行关联，以"智能制造"为抓手，推进生产业务的数字化转型，从而支撑"快速交付"战略。

与之类似，营销数字化、服务数字化也可以成为企业转型的抓手，从哪里抓的关键是要看抓哪里最能支撑企业的整体战略，要让数字化转型的抓手成为企业战略的撬动点。

三、用系统工程方法确定转型路径

企业数字化转型的切入点有很多，数字化市场上可以获取的新技术、新方案是海量的，这些点是不是都该做？如果仅仅从数字化的角度看，它们好像都可以做，各种数字化方案多多益善。而从系统工程的视角看，这些切入点未必都该做，也未必都能做。

（一）围绕"总体最优"确定做与不做

系统工程的核心要务是"实现总体最优"。换句话说，系统的单个组件是否最优并非关键，只要各组件组合成的系统总体最优就是成功的。

对于企业系统来说，何为总体最优？绝大部分企业有一个与生俱来的使命，就是为股东创造最大投资回报。"投资回报"不一定局限于现金利润，还可以是技术创新、自我超越、打破垄断、民族自强等，具体与企业愿景有关。不过，"盈利"是大部分企业最终必须实现的通用目标之一，股东可以接受一段时间内的亏损，但长期来看企业应该是要盈利的，否则企业最终会被股东放弃，从而走向灭亡。所以，对于企业系统来说，"总体最优"的通用衡量准则之一就是能为股东创造最大投资回报，能实现最大化盈利。

这种准则对于选择企业数字化转型的应用点同样适用。一个数字化转型方案是否应该实施，要看它是否能为企业股东创造相对高的投资回报，如果不能，就不该做。譬如，如果是"果链"上的供应商，只服务于少量大客户，那么营销数字化方案的投入产出就很低，大部分可能不用做。再如，对于大部分芯片企业来说，产品生产可以依靠成熟的代工市场，那就没有必要考虑生产数字化。

（二）用系统思维判断能不能做

投入产出合算了，就一定能做吗？"能不能做"，指的是企业现阶段是否具备做的条件。这可以用系统思维，按系统方法进行全面思考，不仅仅只考虑事物本身，还要对事物所处的环境、构成事物的各项元素等进行综合考虑，而非就事论事。

对于企业找到的数字化转型切入点，企业也需要系统地判断现阶段是否能做，有些情况下可能做不了。譬如，资金不足：企业在研发、生产、营销领域发现很多数字化转型的切入点，每个点都能给企业带来效益，但这些方案加一起的投入太高，超过了企业在当期可用于投资的金额上限，那还得继续筛选，有一部分虽然该做，但不能做。

再如，基础管理不具备：生产型企业有足够的资金上数字化生产线，但是产品的生产工艺流程还是传统的、缺少在数控设备上加工的新工艺，甚至有可能生产管理还处在传统的纸质单据阶段、产品和物料的编码尚未建立统一标准，如果这些基础管理条件跟不上，那企业也只能先把基础管理的课补上，然后再实施数字化生产线。

能不能做的因素不只有资金和基础管理条件，还包括技术能力、人力资源配置、对生产交期影响、上级或主管单位的要求等，这些都可能影响到企业数字化转型的节奏。

（三）数字化转型的三种节奏

在实践中，企业数字化转型的节奏各不相同，总体来说，可以根据其对企业战略的价值大小、数字化举措的难度分为三种节奏，并且对应三种策略。

（1）轻量级转型，价值小、难度低，关键词是"摘取低垂的果实"。选择难度相对低、投入较小、见效较快的单点切入，如升级 CAD 工具、增加直播带货渠道。这种策略属于成本优先，好处是见效快；不足之处是不够深入，有些时候可能都谈不上"转型"。在资源紧缺或数字化转型文化极不友好时，选择这种策略的风险相对可控。在这种策略下，企业需要提防因过于看重成本而导致的"低质"数字化陷阱。

（2）中量级转型，价值中等、难度中等，关键词是"解决业务的痛点"。针对某个单领域的业务痛点问题，从管理到数字化一条线突破，如用结构数字化样机解决模拟装配问题。这种策略属于问题优先，好处是成效明显、大快人心；风险是需要从管理到数字化的变革，尤其在管理变革时容易遇到阻力。这种策略往往是主流的，需要企业把握好管理变革的技巧。

（3）重量级转型，价值巨大、难度也巨大，关键词是"建立大厦的支点"。选择具有奠基性、长期性的共性基础问题入手，先深地基、再起高楼，如建立统一而广泛的数据模型，重构业务流程体系。这种策略属于机理优先，好处是有后劲，从长期看可能最快实现数字孪生，但也有明显的坏处，就是太慢。能采取这种策略往往是天时、地利、人和缺一不可。在实施过程中，企业特别需要做好沟通工作，从而在漫长的见效过程中时刻争取足够的人心支持。

厘清了企业战略，选好了数字化的切入点、节奏和路径，接下来就要进入具体的数字化领域。我们选择多数工业企业通用的研发、生产、营销三个领域，应用企业系统工程的模型方法，看看具体怎么做。

第六章

研发业务模型与数字化转型

研发是企业的创新之源，永续之本；是企业系统中最有附加值的子系统。

研发数字化转型的要点是"334"：

3 个模型：IPD 模型、敏捷开发模型、V 模型。

3 个层次：精益转型、模式变革、知识革命。

4 个原则：先"业务"后"管控"，先"统一"后"灵活"，注重沟通与互动，注重数字资产的积累与应用。

研发（R&D）是研究与开发的简称，是人类为了探索科学技术（不含人文/社会科学）的新应用与新知识，或者实质性改进技术、产品和服务，持续进行的且有明确目标的一系列创造性活动。企业的研发通常分为产品研发和技术研发，并且两者关系密切。新技术的诞生及应用往往可以带来全新的产品，而技术的研发又往往对应于产品或着眼于产品创新，因此，企业的研发成果通常表现为新产品、新功能、新材料、新工艺、新装置、新服务等。而这些也意味着企业能够提供新的价值或用更低的成本来满足客户的需求，也能合法合规地创造出新的信息不对称，为企业带来更多的利润。

第一节 科研、研制与研发

统一语言是沟通交流的基础，我们需要一起快速厘清一些基本概念，因为在工作中，时常有科研院所的朋友问我："我们单位有科研和研制之分，你们说的研发到底是什么？"我先为这种细究精神点个赞，然后简单介绍这三个长得很像的词。

一、三者各司其职且各有侧重

"科研"是科学研究的简称，是指对事物内在本质和规律进行科学、系统的探索，创新性地提出新问题，并通过调查、研究、实验和分析等手段找到可能解决问题的方案。科研的目的是为新知识、新技术等提供理论依据或实验室样品，其成果多为新论文、新方案、新实验样品，并且这些成果不一定是完善的，还需要后续的实践验证。大致说来，科研侧重在"研"。

"研制"是研究制造的简称，是指对事物的真相、性质、规律等进行探索、详尽了解和掌握，并最终实现自主工业化生产。研制的目的是掌握新技术的应用和新产品的制造方式，其成果通常为新产品、新材料，以及包含于新产品和新材料中的新技术。研制侧重在"制"，企业最终要拿出产品来。

"研发"是研究开发的简称，是指在现有知识和技术的基础上，创造性地探索知识和技术的新应用，进而形成新知识、新技术、新产品、新服务等。

研发的目的是深度挖掘知识和技术的潜在价值并将其转变为现实价值，其成果通常为商业化的新产品、新技术、新材料等。大致可以认为，研发包括技术预研和产品开发两部分，前者近于科研，而后者近于研制。

二、三者的最大区别

综上，科研、研制、研发三个词最大的区别在于"活动过程"和"成果性质"。在活动过程方面，科研止于理论可行或实验室可行；研制止于实际产品可行；研发止于商业价值实现，不仅要确保成果实际可行，还要为成果实现商业价值的过程护航。在成果性质方面，科研成果多属于学术性的，有待后续实践验证；研制成果多属于实物性的，但不一定全都具有商业价值；研发成果多属于商业化的，必须满足特定消费群体的需求，并收到远超研发成本的钱。所以，科研、研制多用于科研院所、军工单位，而研发则多用于社会企业。

第二节 研发业务的三大经典模型

在系统工程中，利用模型是一种常用方法。模型本身是待研究对象的抽象化简洁表达，便于对规律、理论、原理的发现。同时，模型还可以帮助人们进行"思想"试验。因此，在业务数字化转型介绍时，我先向大家推荐一些经典的业务模型，从而帮助大家更好地理解业务、思考业务的数字化转型工作。

一、集成产品开发业务模型

集成产品开发（Integrated Product Development，IPD）的思想来源于美国PRTM 公司出版的《产品及生命周期优化法》，它的框架是 IPD 的精髓，集成了代表业界最佳实践的诸多要素，包括客户需求分析、优化投资组合、跨部门团队、结构化流程、项目和管道管理、异步开发和公共基础模块等方面。IPD模型如图 6-1 所示。

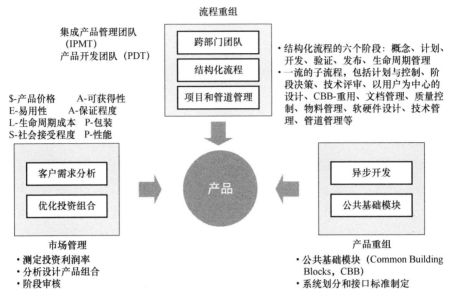

图 6-1　IPD 模型

20 世纪 90 年代，IBM 用实践证明集成产品开发模式是研发业务的最佳实践。当时，IBM 的研发费用从 12%降到了 6%；研发浪费率从 25%降到了 6%；新品上市时间得以大幅减少，高端产品的上市时间减少了 71%，中端产品的上市时间减少了 80%，低端产品 6 个月以内就能上市。21 世纪的中国，华为公司是 IPD 的最佳代言人。

（一）IPD 模型的六大核心思想

（1）新产品开发是一项投资决策和活动，要用"生意"的思维思考和管理整个过程。

（2）新产品开发是基于市场需求和竞争的创新开发，因此产品开发的方向和关键要素一定是来源于企业战略和市场环境分析结论。

（3）新产品开发需要跨部门、跨领域的协同，有效的沟通、协调以及决策是新产品快速开发和上市的基础保障。

（4）异步开发（并行工程）是新产品开发的常用方式，需要从整体上规划开发路径和设计开发规则。

（5）注重新产品开发中公共基础模块（CBB）的开发与应用，这是缩短开发周期的有效方式。

（6）努力寻求新产品开发流程的非结构化与结构化的平衡。

（二）IPD 业务体系模型

IPD 也是一套产品开发的模式、理念与方法。它主要包括战略管理、市场管理、产品开发管理和技术研发管理四大模块。而项目管理、质量管理、风险管理、绩效管理等是 IPD 业务体系中的使能模块，能够确保 IPD 业务体系运行得更顺畅、更高效，如图 6-2 所示。

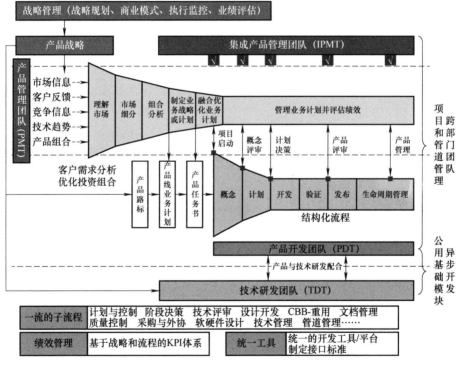

图 6-2　IPD 业务体系模型

IPD 体系用一句话来概括，包括"一套框架，四大组织，四大流程"。

1. 一套框架

一套框架是以产品全生命周期管理为主线，从企业战略出发，以客户和市场需求为导向，以结构化流程为基础，注重跨部门、跨领域的协同和配合，从而保证新产品开发从诞生之初就与市场/客户需求、企业战略形成紧密契合，使研发业务真正做到"一切以满足市场需求为目的"。

2．四大组织

四大组织是指围绕新品开发组建的集成产品管理团队（IPMT）、产品管理团队（PMT）、产品开发团队（PDT）和技术研发团队（TDT）。

集成产品管理团队是产品投资的决策和评审机构，负责根据企业战略制定产品战略，并对新产品的规划、开发、上市及退出进行关键决策和资源协调。它通常是一个高层跨部门团队，成员包括各个部门的最高主管。

产品管理团队是在产品生命周期中，联合研发、制造、销售、质量、人力等各方面资源，从根本上保证产品在全生命周期中的管理能够高效和有序。

产品开发团队通常是一个虚拟组织，在产品开发期间由产品经理/项目经理组织，从相关业务部门抽调人员，共同完成产品开发各项工作的矩阵式组织机构。

技术研发团队是企业中长期研究和试验新知识或新技术，为产品开发提供新工艺、新技术、新材料、新系统等的专业团队，在产品开发期间需要与产品开发团队紧密协作，为产品开发提供基础技术支撑和服务保障。

3．四大流程

四大流程是指构成 IPD 业务体系四大模块（战略管理、市场管理、产品开发管理和技术研发管理）的核心流程。

战略管理流程是保证产品开发方向正确的决策流程和管理流程，通常包括团队组建、决策评审、资源调配、度量/分析/改进等模块。

市场管理流程是保障新产品研发与市场契合的配套流程，通常包括理解市场、市场细分、组合分析、制定业务战略或计划、融合优化业务计划及管理业务计划并评估绩效等模块。

产品开发管理流程是保障开发任务高效、高质完成的执行及管理流程。通常包括概念设计、开发计划、产品开发、开发验证、产品发布和产品生命周期管理等模块。

技术研发管理流程是支撑产品开发与发展的流程。按照 IPD 的理念和方法论，技术研发可以异步于产品开发进行，既可超前产品开发，又可与产品开发并行。在为产品开发事先准备好成熟的技术、部件或平台的同时，企业还要尽可能地保证这些技术、部件或平台是可复用的。

（三）应用 IPD 模型的六点注意事项

总体来说，IPD 是一套较为完善和严密的研发业务体系模型，但它并非适用于所有具有研发业务的企业。企业在实践应用中应根据自身发展阶段、业务管理现状和诉求，在参考该模型的基础上进行剪裁、调整和优化，从而确保 IPD 模型的本地化和落地实施。

需要企业注意的是，要确保 IPD 模型在企业中的成功推行，离不开以下六点。

（1）企业领导的支持。

（2）企业研发干部的支持。

（3）统一的观念、语言和方法。

（4）产品开发经理的个人素质和能力。

（5）相关业务部门的支持和配合。

（6）人力梯队的培养与储备。

二、敏捷开发模型

敏捷开发（Agile development）起源于 1957 年的增量软件开发方法。2001 年，马丁·福乐、吉姆·海史密斯等 17 位著名软件开发专家在雪鸟会议上正式提出敏捷开发概念，并共同签署了《敏捷宣言》。

（一）敏捷开发模型的构成框架

敏捷开发是一种为适应客户需求不断进化，通过团队以及与客户的持续沟通和互动，不断小范围迭代更新、循序渐进，但始终保持产品可使用的产品开发方法，如图 6-3 所示。

在敏捷开发中，一个产品项目在构建之初就被切分成多个子项目，各个子项目的成果都经过测试，具备集成和可运行的特征。用系统工程理论来解释，就是把一个大系统分为多个相互联系、可独立运行的小系统，分别构建完成并不断迭代更新各小系统，但始终保持大系统的完整性和可使用性。

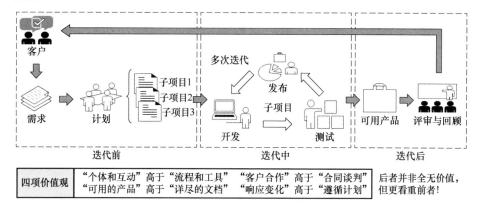

图 6-3　敏捷开发模型

敏捷开发也是为应对客户初期需求不清晰且循序多变的一种有效的开发模式。在现实世界中，客户对新产品开发初期的需求和定位多是框架性的或概念性的，并不能完整地、清晰地表达出具体的需求定义或内涵；而企业开发团队依靠客户初期模糊的需求所分析、推断出的结论也不一定就真正符合客户的实际需求，更不能因此就一味地等待客户想清楚、想明白。

企业运用敏捷开发方法时，可以先根据客户的初期需求定义和规划新产品的基本框架，并在此框架的基础上将产品拆分成许多具有独立功能的模块，采用并行开发方式组建不同的开发队伍分别开发各个功能模块，并最终形成一个实际可运用的初阶产品交付客户。当客户需求发生变化或进一步明确时，企业仅需对产品对应的功能模块进行迭代更新，再进行产品重新封装后即可快速交付客户。这种方式非常适合需求转变快，并且需要及时交付的产品开发。

（二）敏捷开发模型的四大基本价值观

为适应这种需求变化快且要及时交付的产品开发要求，敏捷开发提出了四大基本价值观，这也是敏捷开发模型的核心思想。

1."个体和互动"高于"流程和工具"

敏捷开发的第一核心价值就是"面向人的开发过程"而非"面向流程的

开发过程"。在敏捷开发过程中，人是第一位的，每个开发人员都应该根据个人特点充分发挥自身的创造力，在各种不同的开发过程中找到真正适合自己的位置。

这与传统的开发方式完全相反。传统开发方式中的一个重点工作是清晰定义角色，角色的作用就是为了保证开发过程有序推进，个人被视为资源匹配到角色。在整个开发过程中，资源是可以替代的，而角色是不可以替代的。而敏捷开发则要求团队全员参与到整个开发过程中，甚至是开发流程的管理人员也不例外。在整个开发过程中，只有分工，没有角色，每个开发人员都要能独立自主地进行决策，因为他们才最了解什么是需要的和不需要的。

同时，敏捷开发特别重视每天 15 分钟的团队信息交流。由于采用的是分工协作开发方式，虽然开发人员个人的创新能力被极大释放，但相互间的持续信息沟通和互动才能确保分工间的稳定契合，避免出现"短板效应"，从而保持团队整体开发进度的高效。因为有许多调查都显示："一个项目失败的原因最终都可追溯到信息没有及时准确地传递到应该接收它的人。"

2. "可用的产品"高于"详尽的文档"

敏捷开发的基本要求就是要始终维持一个可用的产品能交付客户。这是从客户和产品价值实现的双重角度来思考的产品开发逻辑。

对于客户来说，一个可用的产品比详细的文档更有用和有价值。一方面，客户能尽早地享受到使用新产品所带来的收益；另一方面，客户能脱离空想，在实际使用产品的过程中进一步明确对产品的真实需求，并反馈给开发团队。开发团队在此基础上对产品进行迭代开发将更具有针对性，所开发出的升级产品更能切实满足客户真实有效的需求。

对企业来说，在产品生命周期的早期就有可用的产品，虽然产品的功能可能并不完善，但在激烈竞争的市场环境中能创造出先发上市的时间优势，进而先行聚拢或圈定一定的客户群体，为产品价值变现奠定消费基础。同时，企业在开发新产品时能最大化体现"2/8 法则"的价值，通过优先实现和交付能产生 80%价值效益的 20%功能，使新产品单位成本收益最大化。在通过研发新品为企业快速创造价值的同时，敏捷开发能提升企业研发投入转化率，形成一个"研发→价值转化→研发"的良性循环。

3."客户合作"高于"合同谈判"

前面已经提到，客户对产品提出的需求总是零散的和模糊的，甚至是概念性的，企业要求客户一次性提出对产品的系统性需求是一件"不可完成的任务"。因此，企业与其和客户纠缠合同条款的完备性以保障产品交付，不如加强与客户的直接合作，让客户也参与到产品的开发过程中。

企业研发团队通过与客户的定期沟通和互动，甚至邀请客户参与新产品开发过程中的阶段评审，与客户形成紧密合作关系，一方面可以更为准确地理解客户需求，开发出更符合客户真实需求的产品功能；另一方面，也可使客户更为理性地纠偏一些不切实际的需求，明确和坚定对新产品功能效益的诉求，最终使开发出的新产品更容易获得客户的认可，实现项目成功。这在研发型企业、服务型企业和部分接受产品定制的生产型企业中显得尤为突出。

4."响应变化"高于"遵循计划"

企业经营管理中有一句俗话"计划不如变化快"，这句话在"快鱼吃慢鱼"的数字时代更被展现得淋漓尽致。环境、市场、客户对企业响应需求变化的要求越来越高，"小步快跑、快速改进、拥抱变化"已成为许多企业研发管理体系的核心要求。

在产品开发过程中，诸如需求变化、商业模式变化、竞争对手活动变化、技术变化等对产品开发目标和产品功能要求产生极大影响的变化因素，也同样不可避免。因此，在实践应用中，产品开发过程必须适应这些变化因素，形成一套灵活响应变化的机制比简单地遵循既定开发计划更重要。

总体来说，敏捷开发模型特别适用于商业环境快速变化或问题、解决方案不清晰的产品/业务开发，也适用于在新问题领域的业务创新。但需要企业注意的是，敏捷开发模型更聚焦于研发业务本身，对企业战略实现的支撑以及与其他非产品业务的配合并未做关联考虑。因此，在实践应用中，企业需要自行思考和构建它们之间的衔接方式和管理机制，从而避免形成研发业务"纵向无关，横向壁垒"的孤岛局面。

三、V 模型

V 模型是经典的系统工程模型,深受复杂产品研发与复杂工程设计者的偏爱,其模型构图形似字母 V。

V 模型沿箭头方向从左到右是一个完整的产品开发过程,看似属于线性顺序的产品开发方式,但其内部包括了多重迭代优化过程。V 模型从逻辑上较容易理解,并被国际系统工程协会推荐。V 模型的特点在于,它把整个产品开发过程分为了设计和验证两条主线,并用对称结构展示了两条主线中各个环节的对应关系,从而强调产品设计与开发验证的有机结合。

V 模型的核心思想是突出产品设计的重要性,并强调设计与开发验证彼此间的协同与配合。因此,产品开发验证人员在产品设计阶段就要一同介入并开展工作,通过双方有效的沟通和协同,一方面能使开发验证人员更好地理解产品设计意图与客户真实诉求;另一方面开发验证人员在了解产品设计实现原理与要求后,能提前准备相应的材料、工具、环境等,进而在保证产品质量的情况下有效缩短产品开发周期。

从实践应用来看,V 模型更聚焦于产品本身的开发过程,所以它同样未考虑对企业战略实现的支撑以及与其他业务的配合关联。应用 V 模型提高产品开发效率的主要手段,除产品开发验证端参与和协同前期设计外,还包括对可重用组件的充分利用。V 模型的最大特点是"稳",稳定的需求、稳定的设计、稳定的验证、稳定的交付,多用于需求较为明确、功能构成较为清晰的产品开发或产品组件开发。应用 V 模型也对产品开发文档的管理有较高要求,这不仅包括新产品的开发文档,还包括历史近似产品开发文档、可重用组件开发文档、技术应用文档等。

在数字时代,V 模型也在经历从以图文档为中心,到以数据为中心的数字化转型。与传统 V 模型(见图 6-4a)相比,数字化 V 模型(见图 6-4b)在应用逻辑上与其是一致的,区别在于数字化 V 模型有数字化建模、仿真等信息技术手段和工具应用到了开发过程中。

另外,随着业界对研发过程管理的不断深入发展,V 模型现今已有许多发展和改进,如强调每阶段验证的 W 模型、强调功能开发验证的 X 模型、强调独立验证的 H 模型等。

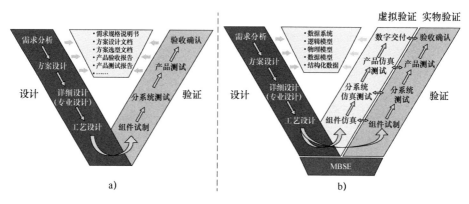

图 6-4　V 模型（快速应用开发模型）
a）传统 V 模型　b）数字化 V 模型

第三节 研发数字化转型规划

　　研发业务属于知识密集型业务，是最早应用信息技术的业务领域。因此，企业研发业务实施数字化转型通常都具有较好的基础条件。

一、从模型到研发数字化蓝图

　　数字化转型的核心在于"转型"二字，首先是要实现业务的转型，数字化只是实现新业务的手段和载体，对研发业务数字化转型也是如此。既然转型才是根本，那么企业首先要做的就是实现研发业务本身的升级，甚至是变革。如果将企业研发业务视为一个系统，实现研发业务升级就是在寻求系统的最优解决方案，就应有一个最优的系统模型与之对应。研发数字化转型的蓝图就应该基于最优系统模型来设计，进而形成数字化转型的路径和方案。研发数字化转型的过程，就是研发业务向最优模型进化的过程。

　　我们基于系统工程理论，在融合诸多研发模型精髓的基础上，结合现代产品研发特征，构建了一个较为理想的研发系统模型。由于该模型的外形像一艘有三个船身的大船，我们将其称为"三体船"研发系统模型，如图 6-5

所示。

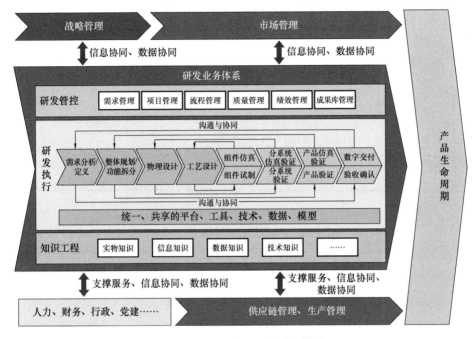

图 6-5 "三体船"研发系统模型

"三体船"研发系统模型包含了大部分研发体系中的要素和业务构件，并明确展示了与企业其他业务之间的关联关系。任何类型的企业都能在其中或多或少地看到自身研发业务的身影。

"三体船"研发系统模型可以给企业管理者提供一个对标模型，帮助企业从整体上、模式上、结构上思考研发业务的升级或变革规划。在对标中，如果企业管理者发现企业的现状存在缺失或不完善的地方，再结合第五章"在战略中定位转型切入点"的思想和方法，企业就可以据此形成自身研发业务体系数字化转型的长远规划、建设内容、实施步骤及计划安排。

从理论上讲，"三体船"研发系统模型中的每一个构件或要素都可以转化为企业研发业务数字化系统的构成组件或子系统，进而形成企业研发数字化转型蓝图。图 6-6 是一个转化后的研发业务数字化蓝图框架示例，供大家参考。

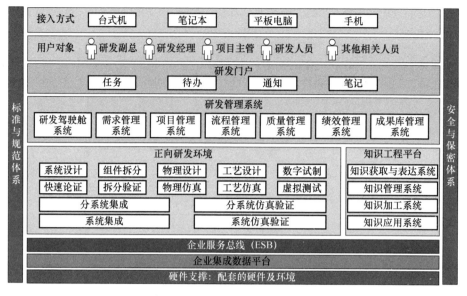

图 6-6　转化后的研发业务数字化蓝图框架示例

研发业务数字化蓝图是企业研发业务数字化转型的未来模式框架，它既包含研发体系全面数字化后的各项组件，又包含与之配套的管理制度体系。同时，它还为企业其他业务数字化转型后，与研发业务进行信息共享、数据协同留下了统一的接口平台——企业集成数据平台。当企业所有研发业务构件都实现数字化后，研发人员可在研发业务平台完成所有的产品研发、设计、实验和验证工作，并能支持产品生命周期管理中的优化、迭代及技术服务等工作。

需要说明的是，蓝图中的各项构件不一定只是功能模块，也可以是一套独立的软件系统或平台。这些软件系统或平台可以是企业已有的，也可以是企业未来定制开发的，甚至可以是挂接第三方的。但这些系统或平台所形成的信息数据都必须按照统一、规范的标准体系进行转换和管理，从而才能保证整个研发业务体系数字化的高效运行和协同共享。

二、研发数字化转型的三个层次

不同企业由于所属行业、自身发展阶段、企业战略的差异，其研发业务数字化转型方式、目标也会不同。但任何一个企业的研发数字化转型都不会一蹴而就，需要根据企业研发业务的实际情况、企业自身能力和诉求等进行综合考虑和规划，如此才能在有限资源和时间内实现与企业实际状态相适配的研发数字化转型。

按照企业研发业务数字化发展的普适规律，我们可以将其划分为精益转型、模式变革和知识革命三个层次，如图 6-7 所示。

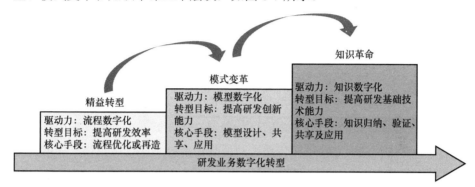

图 6-7　研发业务数字化转型层次

（一）精益转型

在精益转型层次，将所有研发业务流程实现数字化是其显著的特征。精益转型（或者称为精益研发）借鉴了英国丹尼尔·T. 琼斯教授的精益思想，依托流程优化或再造手段，以此消除研发过程中的各种浪费，加速研发整体业务的价值创造。首先，企业需要把研发业务流程显性化，并在此基础上参考"三体船"、IPD 等模型进行流程优化或再造。然后，企业将优化后的流程在研发信息系统或平台中实现其数字化形态，并据此对研发任务、研发过程、研发成果（含过程成果）等进行数字化管理。

最后，企业应将研发工具、质量标准与要求、安全保密要求、风险控制要求、显性知识等整合到数字化研发流程中的各个环节、步骤和活动中，并辅以激励性的手段，使其与研发业务形成紧密的嵌套或融合关系，以便于统一标准、减少重复或不增值活动、避免或降低浪费。

当企业研发数字化转型达到这个层次时，给企业研发业务带来的最大收益是研发的效率和效益得到大幅提升。但此时的研发效率和效益仍有较大提升空间，因为研发业务属于创造/创新性较强的工作，如果每个研发项目都需要对一些基础性、通用性的设计重新填充，实质上会使高智力研发人才的时间和精力花在低水平的重复劳动中。企业要避免这种浪费，就需要研发数字化深入到下一个层次——模式变革。

（二）模式变革

在模式变革层次，研发过程中大量、广泛应用数字化模型是其显著的特征。此时的研发业务通常要应用基于模型的系统工程（MBSE）理论和方法，这是一种模式性的变革。

对于这个层次的研发业务，需要从需求分析/定义就开始构建产品模型，然后将产品模型拆分成功能模型、组件模型，再对功能/组件模型进行优化设计，最后再逐级集成，形成最终的产品模型。在此过程中，所有模型都用数字化进行表达、设计、验证和传递。即便是需要试制实物，也是先完成模型设计和验证后再按模型试制实物。

另外，在研发过程中，研发主管要将功能/组件模型尽可能地再拆分成基础性、通用性较强的更小的模型，并将这些更小的基础模型、通用模型统一纳入到研发模型库中，从而提高模型的共享性和重用性，减少后期或未来的重复性工作，让研发人员将时间和精力更多地用在创新/创造设计上，从而进一步提升研发效率和效益。这就如同乐高有两万多种基础零件一样，人们利用这些基础零件可以拼接出各种事物，甚至是复杂的机械装置——能载人实际上路的汽车。

当企业研发数字化转型达到这个层次时，给企业研发业务带来的最大收益是研发在实现效率和效益最优的同时，研发创新能力得到大幅提升。但这时的创新更多地集中在技术应用创新上，对基础理论、技术革新等研发业务的底层构件的研究和推动仍显不足。因此，这就需要研发业务数字化向更高层次发展——知识革命。

（三）知识革命

在知识革命层次，研发知识的数字化和智能化是其显著的特征。这是研发数字化转型所追求的理想状态，成熟的数字孪生、人工智能等技术将广泛应用于研发过程的各个环节。现阶段的数字孪生还处于实物孪生或实验室孪生阶段，对现实多变的环境模拟还有很长一段路要走；现阶段的人工智能还处于算法学习和算法优化阶段，距离高阶的人工智能还为时尚早。

对于知识革命层次的研发业务，需要将整个研发过程涉及的知识进行梳理和分类，并利用人工智能大模型、知识图谱等信息技术和手段对知识进行加工、处理；然后利用智能技术将处理后的知识自动、正确地匹配到研发活动中，使整个研发活动处于数字化、智能化的知识支撑中。

与此同时，研发活动中所产生的新知识又能被系统自动采集、归类和处理，并补充和完善到知识库中以备后续调用和分析。在研发实物产品设计、试制、验证，甚至是后期使用维护中，企业应建立与实物产品实时互动的数字孪生，并不断提升产品的智能水平和生命周期。

在研发数字化转型理想状态下，研发知识与智慧已形成互动，能极大地促进研发对基础技术的探索和研究，而基础技术的研究成果又会反哺应用研发的进一步深入。如此形成一个正向的研发发展循环，这将有利于研发业务的持续发展与升级。

三、研发数字化转型路线

从多数企业研发数字化转型核心诉求来看，这些诉求主要集中在"提升效率""增强创新能力""智慧研发"。这对应了研发数字化转型的三个层次。按照系统工程的系统优化逻辑，可以绘制一张企业研发数字化转型普适性路线图，如图6-8所示。

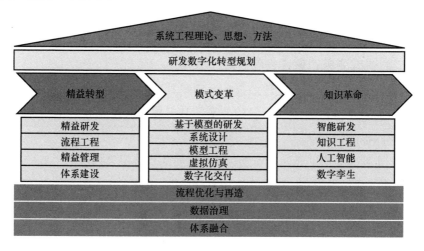

图6-8　研发数字化转型普适性路线图

本路线图是在系统工程理论、思想和方法的指导下，坚持以研发数字化转型规划为统领，以流程优化与再造、数据治理和体系融合为基石，按由易到难、由近到远的思路构建。

（一）精益转型：夯实基础，筑牢基座

企业研发数字化转型的第一步应该是在企业现有研发业务运行模式的基础上梳理和显性化业务流程，使业务流程精细程度达到"活动级"，在对业务流程反复审视后结合企业战略与管控诉求进行优化或再造；在深入梳理业务的同时，将管理的措施、要点、要求、标准等也做深化，梳理、完善和修订相关配套制度体系，并将其与业务流程进行融合，将管理要求嵌入到业务流程的活动中；然后将前述工作成果用数字化技术和手段进行固化，通过一段时期的试运行后再进行调优。

企业可通过多次迭代优化的改进方式来夯实研发业务数字化转型的基础，达到业务管控精细、有限资源充分利用、研发效率提升的目的，最终实现研发业务的精益转型。

在此期间，企业还要着重开展的一项工作就是数据治理体系的建设，这是后期研发业务数字化能否进阶的关键基础。

虽然精益转型的基础性工作量大活细，但它并未从根本上改变企业研发业务的运行模式，因此对企业系统整体产生的影响较小。企业只要坚持不懈、持之以恒，精益转型是相对容易实现的。

（二）模式变革：聚焦创新，敢于变革

当企业研发数字化精益转型具备一定基础后，企业可启动模式变革。模式变革是研发思维、方式和手段的改变，基于模型的研发和数字仿真会成为研发变革的标配。

（1）企业先要做的是转变研发思维。研发的目标不再局限于"就产品而研发"，还要涉及"为未来做点什么、留点什么"。企业在产品研发规划阶段就要按照系统工程思想及方法，在构建研发对象整体模型的基础上，将研发对象的组成构件拆小、再拆小，形成基础构件模型，以便于未来研发任务的复用。

（2）由于有精益转型的基础，对产品、功能组件、基础构件、研发环境

等进行建模将变得相对容易。企业需要全面收集这些原型及相关数据，将其数字化，并加以组织，从而以形成数字模型。

（3）在研发设计阶段要尽可能地使用已有的模型（特别是基础构件模型），让研发人员将主要精力聚焦在设计创新上。

（4）在试制和验证阶段，由于已拥有数字化模型，数字仿真成为可能。企业可为研发业务建设数字仿真平台，将研发模型、研发环境模型引入到仿真系统中，开发多种形态的数字化样机，实现虚拟试制、集成仿真验证、数字产品确认等功能，从而提高研发试制与验证效率。

在此期间，企业可以用研发数字化带动其他领域的数字化，将研发业务中所形成的数字模型应用到生产领域和销售领域。在生产领域深度应用相对直接，因为研发位于企业主价值链的上游，是产品数据与模型的源头。在销售领域，数字模型可用于需求论证、售前展示。

研发业务数字化转型的模式变革是建立在精益转型基础上的，因为企业只有进行了精益转型，才能全面、准确、及时地收集和更新模型所需的相关信息数据。若研发业务数字化转型缺乏精益转型作为基础，直接跳入到模式变革中，那么其转型难度将呈几何式增长，后期模型的调优和更新可能会变成企业一项运动式的专项工作，给企业增加不必要的负担。因此，我不推荐"两步并一步"的"弯道超车式"转型路径。

（三）知识革命：传承不断，永续发展

当企业研发数字化转型开展模式变革后，企业研发模式得以优化，研发创新能力得以释放和提升，研发效益得以极大优化，此时的研发业务需要获得可持续提升和发展的能力，而这就需要借助知识工程的力量。

人类因为能持续传承知识而位于地球食物链的顶端，但企业中的知识传承往往因为人员的换岗、退休而中断。企业要想研发业务能够持续提升和发展，一方面需要不断总结、提炼和创新，另一方面也需要不断拓展基础技术。同时，企业还不能因为研发人员的变动而出现知识缺失或断层。

因此，企业就需要将与研发业务相关的信息收集、整理、提炼成知识或知识点，并在实践验证中不断修订和完善，这对企业来说将是一项非常浩大

的工程。虽然在前面两个层次我们也能开展一些诸如知识收集、整理/提炼、数字化、查询/推送等工作，但相对于整个知识工程来说，那只是知识的持续积累和日常管理。

当研发业务数字化转型步入知识革命层次时，企业所积累的与研发业务相关的知识将会是海量的。在这种情况下，如果仍旧采用人脑为主、信息技术为辅的方式去收集、整理、提炼研发活动中形成的新知识及应用知识，会显得极其低效，企业将不得不引入高阶的人工智能以帮助研发人员开展研发活动。同时，随着各种研发模型数据和拟态仿真技术的完善，数字孪生将真正成为研发人员开展研发活动的基础环境。

目前，研发业务数字化转型要真正实现知识革命还有一段不短的路要走，但已有企业开始探索、实践，所以将其纳入到研发业务数字化转型路线之中。

第四节 研发数字化转型的实施方案

作为企业核心业务领域之一，研发业务的数字化转型需要以企业战略为引领，结合企业实际情况和发展诉求，按"整体规划、分步实施"的节奏开展工作，这已成为业界共识。但许多企业在实际策划和制订具体研发业务数字化转型实施方案时仍感觉茫然无措。为此，我们总结和提炼了"两先两后和两个注重"这四项实施策略，供企业在实践操作时参考。

一、先"业务"后"管控"

"业务"是指研发的业务活动，是最小业务单元。"管控"是指显性化的管控节点与要素，往往按里程碑设置。

研发业务活动本身的复杂度极高。面对不同的研发需求方、不同的开发对象复杂程度、不同的研发资源来源，研发方式、关键活动也会不同。

一方面，研发业务要素所包含的子项存在较大差异，甚至可能是混合子项。譬如，研发需求方可能是普通客户、科研单位、军方、政府；研发对象可能是材料、零件、组件、模块、整机；研发资源来源可能是自筹、需方提供、国拨、第三方赞助；研发方式可能是串行、并行、外包、组合；复杂产品的研发还常常涉及跨级别、跨专业、跨组织的院所协同、内外协同。

另一方面，这些不同子项又能组合形成不同的研发业务场景，对研发过程的管控诉求、效率要求、质量标准、验收方式等造成重大影响，进而形成不同的开发执行流程，而这些场景和流程的重合度低，难以被整合或互用。

因为研发业务的复杂度极高，所以如果不先梳理清楚这些复杂的业务条线，研发业务本身就会自然地处于某种程度的混乱状态，表现为研发进度慢、研发人员低效忙碌、研发浪费和返工较多等。如果在此时直接将信息技术引入研发业务，只会放大这种混乱状态，无法实现数字化转型的目标。因此，企业必须优先梳理清楚复杂的研发业务条线，即业务活动。

现代企业对研发业务的管控通常是以项目管理为核心的节点式管理，又称为里程碑式管理。企业将每项研发任务视为一个单独的项目，并将整个项目过程划分为规划立项、需求论证、方案设计、设计开发、产品试制、集成验证六个阶段（也有七、八、九阶段的划分方式，基本逻辑相似）；按每个阶段中执行活动的重要程度和关键程度设置一个或多个管控节点（里程碑），并对管控节点所产生的成果物进行评审或验收，以此确保研发质量与效率，达成研发项目管控诉求。

无论企业研发业务是采用 IPD 模式还是敏捷模式，企业研发业务条线是单一还是复杂，开发方式是并行还是串行，企业对研发任务的管理方式都是如此。研发的管控点要落实到具体的管理对象、管理要点和管理标准，最终的表现形式是研发任务管理、评审、验收、评价的模板或表单。

数字化转型通常要先梳理业务架构，不少企业在梳理研发业务架构时，往往被"六大阶段"或"九大阶段"捆住了手脚，迷失在各种转阶段的里程碑中，导致研发业务流程到处是断点和堵点，这是因为本末倒置了。在梳理研发业务架构时，企业应先梳理"业务"条线，厘清业务本身的来龙去脉，回归到研发工作的最小单元，然后按逻辑归纳到大的流程阶段，匹配"管控"节点与要素，这样才是研发业务架构的"正向设计"。

二、先"统一"后"灵活"

"统一"是指研发环境和语言的统一。"灵活"是指在统一的基础上再建立灵活的机制，从而适应研发业务的多变性和针对性。

研发业务是由一群高学历、高智商的人，为着一个共同的目标，协作完成一系列任务、工作或活动的过程集合。对于同一件事，即便是普通人都有不同的思考、不同的看法、不同的做法，更何况是高学历、高智商的研发人员。由于他们所掌握的知识和技能较普通人更多，并且每个人都有一套自身的思维方式和做事方法，在开展研发活动时就会习惯性地采用自己认为最正确、最熟悉、最擅长的方式和方法。

这样在一项研发任务中就会出现多种做事方法混用、使用各自顺手的工具、交付多种形式的阶段成果等情况。而承接这些交付物开展后续研发工作的研发人员又不得不把它们先整理成自身所习惯、所理解的输入性基础材料或信息表达方式，然后开展后续研发工作。甚至对于一些与阶段交付物相关的知识、信息、关键点，交接双方的研发人员都对其有不同的理解和定义，承接研发人员不得不与交付研发人员进行反复问询和沟通，从而影响整个研发任务的效率和质量。

典型现象是不同专业甚至同一专业的不同人员使用的 CAD、CAE 等开发工具的不同，而不同开发工具输出的文件格式不一样，当两个开发工具之间没有自动接口时，下游专业人员就不得不手工把上游的输出在自己的工具中重建一遍。

研发方式不同、工具不同、交付物不同，其结果是业务流程更加复杂、数据接口繁多，这就会使研发数字化转型的难度系数更高、出错概率更大。因此，企业需要在一定程度上先将其整合统一。统一的主要内容包括以下四条。

（1）研发方式的统一，即同一类型的研发任务采用统一的研发方式和流程。

（2）研发工具的统一，即同一类型的研发任务采用统一的开发工具和开发平台。

（3）交付物的统一，即同一类型的研发任务采用统一的交付物，包括交付物的类型、内容、数据、接口及标准规范等。

（4）评价标准的统一，即同一类型的研发任务采用统一的评价方式、流程、标准、绩效。

　　虽然说统一，但实际情况未必能完全统于"一"。全部整合成唯一的一套方法、一套工具、一套交付和一套标准当然是很理想的，但大多数企业特别是复杂产品、复杂业务的企业很难做到"唯一"的程度。在一定程度上尽可能统型、尽量"少"一点，研发业务数字化转型工作的基础就会好一些。

　　在统一的基础上和框架内做灵活的变通，是研发业务增加韧性、适应针对性和多变性的优化方法，也是研发业务"本土化"发展的必然趋势。这要求企业在流程上、制度上、决策上和支撑服务上建立起一套应对"例外"事件的响应机制。正如华为在学习 IPD 之初所提出的"先僵化、再固化、后优化"，研发业务要实现数字化转型也需要先"统一"后"灵活"。

三、注重沟通与互动

　　用系统工程的思维方式看，研发业务本质上也是在寻求某个系统的最优解决方案。其中，系统是"研发对象"，通常是某型号的产品，最优解决方案就是"产品能通过满足客户需求让企业受益"。最优解决方案应该能使系统很好地适应其所处的环境。研发产品怎么才能更好地适应环境呢？企业应该要了解环境并与环境形成互动，要与产品相关方进行充分的沟通和互动。

　　研发对象的相关方主要包括研发需求方、研发执行方、试制生产方、支撑保障方和销售服务方。随着现代社会的分工越来越细，被研发的产品越来越复杂，这些相关方以及同一相关方的人员往往都是跨区域、跨单位的，沟通和互动有难度。

　　在管理上，企业通常会采取建立跨组织项目团队的方法解决跨组织、跨区域、跨专业沟通的问题，如成立某工程的项目部，成员从相关方各单位委派。企业也可以采取派出代表的方法，如客户作为研发需求方，向研发执行方派出客户代表；或者研发执行方为了确保部件的质量向试制生产方派出采购代表，为了及时沟通决策向项目施工现场派出设计代表。IPD 模式可以将产品开发团队（PDT）的成员结构固化下来，强制规定每个产品开发团队在成立之初就必须把软硬件设计代表、客户代表、采购代表、制造代表、用户服务代表、质量代表等协同角色配备齐全。

　　在研发数字化转型工作中，企业首先要把上述管理措施优化到位，然后可以把重点放在如何采用先进信息技术以提高各方沟通与互动的便利性和有效性，如图 6-9 所示。

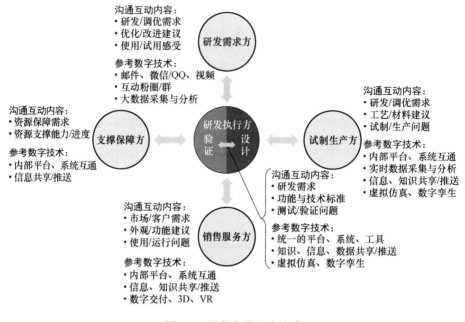

图 6-9　研发沟通互动关系

（1）设计方与验证方的沟通互动。重点在于知识、信息和数据的实时共享与互通。较为理想的是让大家都处于同一个研发环境中，并使用统一的平台、应用系统和开发工具。在此基础上，团队进一步开展虚拟仿真、知识工程等高阶应用。即使出于跨区域和保密管理的考虑不能在物理上直接联网，也应尽量统一平台与工具，并设计相对便利的信息摆渡流程。设计与验证是 V模型的两条主线，其中涉及的沟通与互动最为频繁，提高设计与验证的沟通互动效率能够最直接地提高研发执行过程的效率。

（2）研发执行方与研发需求方的沟通互动。重点在于需求的收集、分析与确认。研发执行方一方面要寻找高附加值的产品优化方向，另一方面要及时发现并修正实际研发设计与用户需求的偏差。研发执行方与需求方的沟通互动方式多种多样，并往往需要一个研发需求管理系统来汇总、分析和反馈。

但是，企业建立需求管理系统仅仅只是个开始，实践中大部分企业的需求管理系统都使用得不理想。这是因为需求本身就是一门学问，复杂度很高但数字化程度较低，到目前为止，需求的表达形式仍以自然语言为主。且不说如何充分挖掘和分析需求是一种技术，即使是如何有效地表达和记录需求，对于每个行业、每类产品都需要展开研究。研发执行方与需求方的沟通互动极为重要，准确把握研发需求能够提升产品的客户黏性与接受度，有利于产品快速、高质上市并实现价值。

（3）研发执行方与试制生产方的沟通互动。重点在于工艺与批产能力的转换和建设。毕竟研发环境与批生产环境存在较大差异，对材料、设备、技术等的需求和掌握程度也不同，研发成果要从设计图纸变成实物就必须根据制造资源和生产技术能力进行调整。

要实现研发执行方与试制生产方的数字化沟通与互动，企业需要重点考虑两个方面的内容：一是各种沟通方式的业务流程设计的合理性与适用性，以及与研发任务执行主流程的挂接或嵌套方式；二是由于研发和生产的应用系统通常情况下都是相对独立的，那么企业就要采用合适的方式和手段来实现两个系统间的信息及时互通。

在实践中，研发与试制衔接错配对整体进度、质量的影响较大，轻则导致研发窝工等待试制或实验结果，重则导致设计反复返工。提高研发执行方与试制生产方信息沟通的及时性与准确性，有利于研发成果的快速工程化，保障产品稳定质量交付，缩短上市周期，提高产品的利润空间。

（4）研发执行方与销售服务方的沟通互动。一方面是需求、功能和使用感受的信息迭代，以此驱动研发产品的升级迭代；另一方面是为销售服务过程提供高阶的售前、售后技术支持。前者的沟通方式与"研发执行方与需求方的沟通互动"相似，后者的沟通方式与"研发执行方与试制生产方的沟通互动"相似。

（5）研发执行方与支撑保障方的沟通互动。此类沟通互动通常是指与企业内部的人力、财务、后勤等职能部门的沟通，涉及跨单位的情况不多。研发执行方与支撑保障方的沟通互动内容在于信息或数据的及时共享和互通。实现方式通常采用已成熟普及的信息交换方式，如 OA、WEB、APP、数据中台等。

这类沟通中的注意事项是，降低职能部门的官僚主义影响，开展有效的管理流程优化，让研发等业务部门更便利地获取所需资源，而不是把宝贵的技术人员用在跑管理流程上。

四、注重数字资产的积累与应用

研发是知识密集型业务，给企业创造的价值不仅是交给客户的产品，还包括在研发过程中收集分析的信息、数据和结论，开发验证的方法和技术，设计创造的模型和模板，以及归纳提炼的经验和知识等。这些知识财富需要企业不断传承、应用、完善和发展，是企业的核心竞争力所在，是企业维持经久不衰、持续成长与发展的源泉。

研发业务数字化转型的一项要务就是要利用各种信息技术和手段，将研发全生命周期中产生和形成的这些知识财富加以收集、分类、归纳和提炼，形成具有企业特色的数字资产，并将这些数字资产应用到企业运行和发展的方方面面。譬如，用于战略分析与决策；用于相似新品的研发与设计；用于生产技能、效率与质量的改善；用于营销策略的制订；用于供应链的选择与优化；用于人才梯队的培养；等等。

企业要开展数字资产的积累与应用，就绕不开数据治理和知识工程。数据治理是数字资产积累与应用的基础前提，知识工程是数字资产积累与应用的工具和方法。人工智能大模型是知识工程的工具之一。

总之，研发业务是企业数字资产的价值高地，企业在进行数字化转型时应高度注重相关数字资产的积累与应用。

第五节 研发效能提升与数字化效能管理

"研发效能提升"是研发数字化转型不可或缺的一个目标。下面，我们用系统工程的方法与大家分享利用数字化转型提升研发效能的方法。

一、研发效能提升的三个层次

我在过往的数字化转型咨询工作中，发现企业对研发效能提升的转型诉求常常是片面的、零散的或发散的，企业对转型诉求缺乏清晰的定位，由此导致企业在思想准备和资源准备上存在欠缺，而对效能提升工作又是眉毛胡子一把抓，其结果往往是"感觉努力了许久，但效果始终不尽人意"，严重的甚至会打击到企业提升研发效能的积极性，造成半途而废的残局。

通过总结分析曾经面临和解决过的问题与诉求，并按实现难易程度和对研发效能提升影响的深远程度，我将研发效能提升诉求定位归纳为"问题解决层""能力提升层""价值变革层"三个层次（图 6-10）。以此期望能对企业在开展研发效能提升工作规划时有所参考和借鉴。这三个层次所需要的资源、投入的精力、耗费的时间和对研发效能提升影响的深远程度是逐层递增的。

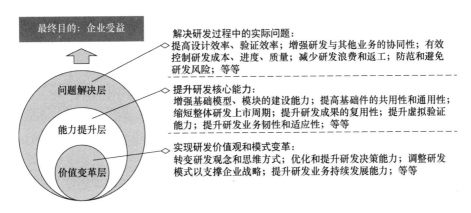

图 6-10　研发效能提升诉求定位的三个层次

（1）"问题解决层"是针对实际研发业务中存在的堵点、难点进行有针对性的专项梳理和解决。譬如，提高设计效率、验证效率；增强研发与其他业务的协同性；有效控制研发成本、进度、质量；减少研发浪费和返工；防范和避免研发风险；等等。

这个层次的效能提升诉求属于企业的表层诉求，是对现有研发业务模式的优化和补充，具有针对性强、见效快和投入较少等特点。这也是研发业务直接管理者和相关执行者最为"喜欢的"，因为它的核心目的是帮助管理者和执行者解决业务中存在的现实困难，降低工作难度和风险，提高业务效率和质量。

（2）"能力提升层"是在保障研发业务顺畅运行的基础上，提升或拓展研发业务整体的运行、处理、适应和发展能力。譬如，增强基础模型、模块的建设能力；提高基础件的共用性和通用性；缩短整体研发上市周期；提升研发成果的复用性；提升虚拟验证能力；提升研发业务韧性和适应性；等等。

这个层次的效能提升诉求属于企业的深层诉求，是对现有研发业务模式的拓展和完善。这类诉求本身既要切合现实基础，又要具有一定的前瞻性，是研发业务适配企业成长的必然选择。因此，企业需要在较长时间内持之以恒地投入，为创造远期效益做好铺垫。

这是企业研发领导和"有想法的"研发骨干所期望的，因为它的核心目的是提升研发业务整体能力范围和水平，精细化研发业务分工及管控，并通过有序的协同提升研发业务整体的运行效率和运行质量。与此伴生的是在研发业务内部创造出更多能展现研发人员个人能力的机会。

（3）"价值变革层"是对现有研发模式的一种转变和融合，它不再局限于研发业务本身，而是将研发业务视为企业系统中的一个子系统，在企业系统最优的统领下进行蜕变。譬如，转变研发观念和思维方式；优化和提升研发决策能力；调整研发模式以支撑企业战略；提升研发业务持续发展能力；等等。

这个层次的效能提升诉求已转变为企业变革诉求的分支，是企业整体能力提升或变革的柱石之一，通常具有战略性、变革性、风险性和深远性。企业要达成这类诉求，一方面需要企业决策者、研发业务领导具有变革的果敢魄力和长期承压的开拓精神，以及全体研发管理和业务骨干坚持不懈地践行；另一方面也需要企业资源和政策的长期倾斜，以及其他各业务领域的协同配合。这既是研发业务的一场革命性转变，又是企业对未来研发业务的战略布局。

二、研发效能提升的基石

成功的研发效能提升需要兼顾"质"与"量"，而"质"与"量"离不开研发业务流程的梳理、细化、完善和优化，这也是研发业务借助数字化技术进一步提升效能的前提。不要忘记，数字化技术只是工具和手段，它的"根"在现实业务流程。

研发数字化的常见误区之一，是在项目实施之初忽略了对研发业务流程的梳理和优化，只是简单地在现有业务模式和业务流程上堆叠数字化工具，期望通过上马数字化工具或平台来倒逼研发效率和质量的提升。结果采购的数字化工具或平台却没有发挥其应有的作用，造成企业资源的过度投入和浪费，甚至还放大和创造出新的效能瓶颈。

譬如，某企业采购了新一代面向结构化数据的 PDM 系统，但使用的研发业务流程还以图文档为中心，编校审过程都面向文档而非数据模型，其结果是研发设计人员不但要提交新的数字化设计成果，还要提交传统的图文档校审流程，总体工作效率非但没有提升，反而降低。

正确的做法是，企业在筹备利用数字化技术开展研发效能提升规划时，要关注拟引入数字技术与方法的先进性、可行性和适用性，更要关注对研发业务流程的梳理、整合与调优。

一方面，企业要从现有研发业务过程中已暴露出的问题入手，全面梳理研发业务流程中的各项活动，分析和发现其中隐藏的瓶颈、堵点和断点，通过重新规划研发业务阶段划分，采用优化业务流程和业务活动等方式打通研发业务运行经脉。

另一方面，企业要深度收集、整合和优化研发业务过程中的表单和模板、数据结构、数据流向及规则、数据质量标准等，充分利用数字技术应用后的统一性、高效性、共享性，对研发业务流程进行再整合、再优化。企业只有做好这些前置的基础工作，才能在研发业务中科学引入适配的数字化工具，提升研发效能。

三、构建数字化效能管理

传统的效能管理是对业务效率和效益成果，以及效率和效益提升手段的正确性、有效性进行管理的一系列活动的统称。从管理内容上说，它包含"对业务现实效率和效益的控制"和"对业务潜在效率和效益的提升改进"两大部分。其中，效率和效益的控制重点在于数量、质量、成本和时间；效率和效益提升改进的重点在于监控、识别、诊断、决策和改进跟踪评估。

研发数字化效能管理（图 6-11）在传统效能管理的基础上，借助各种信息技术将与研发效能有关的管理对象、管理方式、管理活动、管理规则等进行固化和量化，实时呈现研发业务状态和成果，快速准确地识别、分析影响研发效率和效益的问题或风险，决策改进策略或方案，反馈和跟踪改进成效，最终达成研发效能管理的目标。

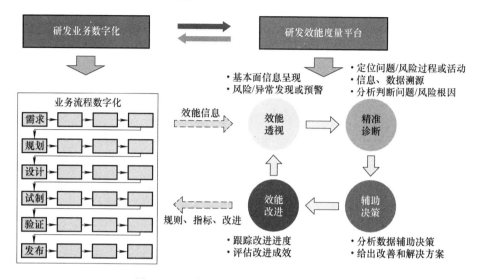

图 6-11　研发数字化效能管理循环示意图

从管理逻辑上来说，研发数字化效能管理与传统效能管理并没有本质上的区别，同样包含计划、组织、协调、监控、评估、决策、改进等活动。主要差异在于计划、组织、协调部分要融入研发业务数字化流程中予以固化；而监控、评估、决策、改进部分则需要建立相应的研发效能度量平台来实现。同时，通过研发效能度量平台所形成的具体改进措施、规则、指标等的落实，又需要再次融入研发业务数字化流程，形成管理循环。

因此，企业构建研发数字化效能管理时，一方面需要配合研发业务的数字化转型程度和进度，另一方面可以建立与之匹配的研发效能度量平台。二者相互配合，形成一套行之有效的研发数字化效能管理体系。

第七章

生产业务模型与数字化转型

现代企业生产的总发展方向是从"大规模量产"到"大规模定制"。无论将其称为"柔性""精益"还是"小批量多品种",也无论其采用的是数字化工艺、信息化系统、自动化设备、智能化机器人,还是数字孪生生产线,业务目标则始终锚定 QCDR(质量、成本、进度、风险)四要素的综合权衡最优解。

生产数字化转型的要点是"323":

3 层管理模型:生产业务整体模型、生产计划模型、制造执行模型。

2 个转型方向:横向协同研产供销财外、纵向精益提升产能。

3 种产能提升方法:工序的"点"、产线的"线"、体系的"面"。

生产（Produce）的概念有广义和狭义之分，区别在于其创造的社会财富是只有物质产品还是包括精神财富。本书研讨生产业务中的"生产"是狭义的生产，又称"制造"，指人类创造物质财富的活动。最原生的生产业务是早期的"作坊"，当资本与生产结合后，"作坊"开始向"工场"转变，人们对生产活动和过程的管理也开始专门化。到第一次工业革命后，人们发现"科学管理"是在有限资源下获取最大生产成果的有效方法，自此开始，现代生产管理登上舞台。

第一节 四大现代生产管理模式

现代生产管理是指第一次工业革命后，为应对大规模工业化生产需要而产生的生产管理方法。其中，具有典型代表性的有泰勒模式、福特模式、丰田模式和工业 4.0 模式。

一、泰勒模式：科学管理

1911 年弗雷德里克·温斯洛·泰勒的著作《科学管理原理》面世，标志着企业管理进入了科学管理阶段。泰勒把生产管理活动作为研究对象，在工厂中做了大量的试验，发现曾经人们认为主要靠经验的生产管理活动，有其内在的运行规律和可以遵循的章法。由此开始，生产管理逐渐变成了一门学科。这也被视为现代管理学诞生的标志。

泰勒的科学生产管理思想可以概括为"一个核心"与"四个模块"，如图 7-1 所示。

"一个核心"是指以"提高生产效率"为生产管理的核心目标，所有生产管理的活动和过程都应当围绕这个核心目标来构思、设计、执行、验证和调整，其目的是以最小的投入换取最大的产出。

"四个模块"包括流程分析、管理职能化、定额工时和精神革命。

（1）流程分析是发现效率问题和验证效率改善成果的主要方法。流程分析的主要对象是产品制造工艺流程，研究对象主要集中在动作与时间的关联研究，即按照产品制造工艺流程，在现场掐着秒表研究工人使用工具从事生产活动的细节，消除所有错误动作、缓慢动作和无效动作。

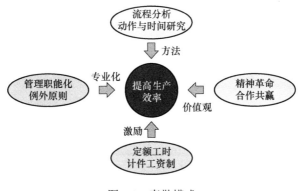

图 7-1　泰勒模式

这种"流程"思想及方法对现代管理学产生了极其深远的影响，在现代管理学中几乎所有与"事"相关的领域都可以用流程来表达和分析。

（2）管理职能化的核心思想是专业化分工。它首先是按工作内容将工人分成不同工种和等级，用来指导招聘、训练和工作分派，如操作工、维修工等；同时也按工作任务属性将"管理"作为一项专门工作，从生产作业中分离出来。

譬如，将生产计划与生产作业分开，建立专门的计划管理岗位。更进一步的是，区分高级管理和普通管理，形成"例外原则"，即高级管理人员处理"例外"的决策事项，而普通管理人员从事"例行"的日常管理工作。这些做法和指导思想沿用至今依然有效。

（3）定额工时用于将工人合理的工作量标准化，即工人在标准设备、标准条件和标准活动下，完成工作需要的合理时间。后期为提高工人劳动积极性，化解劳资纠纷，又诞生了计件工资制，而定额工时又成为计件工资制的计算基础。这种方法经过各种改良，一直到今天还在"改头换面"地使用。但国内企业常常因为将工时与工资混同，造成工时基础数据失真的问题，给生产数字化造成困难。

（4）真正让人头疼的是精神革命。泰勒的思想是正确的，但落地过程是曲折的。泰勒认为劳资双方需要合作共赢，而实现合作共赢的根本在于精神认识上的彻底改变，双方在此基础上共同致力于劳动生产率的提高，从而给双方带来收益。但"不患寡而患不均"是人性在利益分配方面难以彻底解决的难题。

100 多年来，企业家、管理者、劳动者、工会组织等，在这方面做了大量的尝试，从最初的计件制，到事业部、阿米巴、小微等各种方法，很多做法往往在开始的时候取得成功，而随着时间的推移又渐渐失效。对此，管理学者们一直还在研究，毕竟人性复杂，人类组织都是复杂系统。或许我们可以说，在"分蛋糕"这件事上"没有最好，只有更好"，这始终是一个不断在动态中找平衡的过程。

泰勒的科学管理面世，是管理学史上的高光时刻，虽然其中有些内容现已失效，但大部分指导思想仍然适用，至少在生产领域的管理体系、后续的管理模型，都基于泰勒的科学管理不断生长，如福特模式。

二、福特模式：流水线

据说，福特汽车的创始人亨利·福特先生本人并不承认福特模式来自泰勒的科学管理，而是受到了屠宰场的启发：屠宰场以流水线的方式把牲畜宰杀拆分，而福特用流水线的方式把汽车组装起来。

从这一点上来看，福特的观点没错，因为泰勒管理中没有流水线，这是福特的创造。但是，除了流水线，福特的其他生产管理方式又全部遵循科学管理的方法。这里面或许有一个牛顿与莱布尼兹的故事，已经难以考证，而我们用系统工程理论来看，福特模式是把泰勒理论创造性地应用到极致的实践，是一种系统的运用（见图 7-2）。

1913 年福特在自己的汽车公司内首先推行所有零件按一定公差加工，使得装配汽车时，不再需要手工修配，然后进一步把汽车装配工作分解为几种简单操作。每个工人只承担每种操作的一小部分，流水装配线的传送带自动把待装的汽车送到每个工位，这个工位上的工人只需执行几个简单的动作，而待装的汽车经过所有的工位后便完成整个装配任务。这就是福特创立的用于大量生产价廉 T 型汽车的专用流水线，它标志着大批量生产模式的诞生，实现了生产模式的第一次变革。

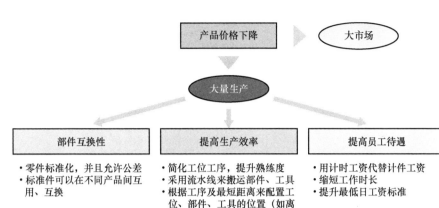

图 7-2　福特模式

福特模式把生产活动的专业分工做到了某种程度的极致，通过标准化零件、标准化动作、标准化设备，并通过流水线的方式把生产要素组合起来，使生产过程的效率大幅度提高。这对工人的技能要求大幅度降低，由此降低了招聘和培训成本。同时，零部件的标准化也大幅度降低了采购成本，进而提高了生产的整体效率，实现了泰勒思想的核心目标。

让人欣慰的是，福特在行动上也同时遵循了泰勒"合作共赢"的思想。他提高了工人的工资、缩短了工人的工作时间，这让工人们也能够买得起自己生产的汽车。由此，福特也实现了"让汽车走进每个美国家庭"的梦想，对当时的美国社会与文化都产生了巨大影响。

福特模式成熟之后成了生产管理的新标杆，此后几十年间，生产管理的艺术与技术随着美国的制造业发展也在不断进步、积累，开出了全面质量管理这样的新花。只不过，戴明的全面质量管理虽然诞生在美国，但一开始在美国本土的影响不大，直到远渡重洋，在太平洋彼岸的日本开花结果，并深刻影响了下一代的生产管理——丰田模式。

三、丰田模式：全面系统

丰田模式叫作丰田生产方式（TOYOTA Production System，TPS），是丰田企业核心竞争力的总结和展现，也是全球企业在生产管理领域的重要标杆，如图 7-3 所示。按其英文直译称之为"丰田生产系统"，或许能够更好地体现其系统思想。

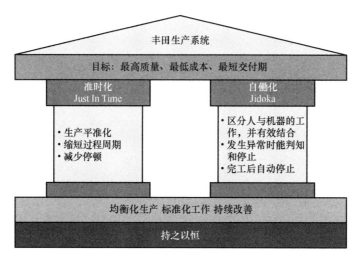

图 7-3　丰田模式

TPS 中包含的内容非常丰富，如我们耳熟能详的准时化、标准化、"自働化"、精益化、5S 管理、看板管理、全面质量管理等。同时，TPS 中既有理论又有实践，自成闭环，是系统思维的集中体现。1985 年美国麻省理工学院在建立国际汽车产业研究计划时，给 TPS 加上"Lean"的名称和管理原则，于是又成了"精益生产"（Lean TPS）。

丰田模式的框架可以概括为"一个目标、两大支柱、一大基础、一种精神"。但其内涵又绝不止于此，精髓也不止于此。关于丰田模式所涉及的一些关键内容，将会在后续生产领域系统模型内容分享中予以详细介绍。

（1）"一个目标"是指最高质量、最低成本、最短交付期。高质量来自制造方法的改变，低成本在于排除一切浪费，最短交付期依托于整体效率的提升，如此才能在低增长经济环境下实现盈利，才能使企业生存下去。

（2）"两大支柱"是指准时化（Just In Time）和"自働化"（Jidoka）。准时化是在必要的时间生产必要的产品，并且仅生产必要的数量。"自働化"不同于自动化，这个"动"是带人字边的"働"，体现了"人机结合"的系统工程思想，要求赋予机器判别和处置能力，从而确保防患未然和不生产次品。

（3）"一大基础"是指均衡化生产、标准化工作和持续改善。要实现"消除一切浪费"，均衡化生产和标准化工作是杜绝浪费的基础，而发现浪费和减少浪费则需要"人"的主观能动性。

（4）"一种精神"是指持之以恒。丰田模式所倡导的是在当前环境和技术能力下将一切做到极致，这需要持续不断地改良和尝试，必须以持之以恒的精神来维持这种工作方式。

丰田模式至今为止仍是现代生产管理理论的巅峰。虽然业界宣称"21 世纪已经进入了工业 4.0 时代"，甚至"工业 5.0"话题也已经开始炒作，但都不过是信息技术与生产实践融合的技术应用创新，而不是生产管理的管理理论创新。丰田模式在今天依然有效，依然值得学习，只要为之加上数字化技术的翅膀，就是生产领域数字化转型的有效路径之一。

在工业 4.0 的话题中，我们能看到很多的新概念，如柔性生产、大批量定制、个性化生产、自适应生产等。一般伴随的句式是："在工业 4.0 时代，制造企业就可以实现大批量定制……"每当看到类似的表述，我内心都会忍不住冒出一句："很遗憾，这个句式里的'可以实现××'只是发明了一个吸引眼球的新词，而其管理内涵在 TPS 中已经是现在时而非将来时。"

四、工业 4.0 模式：智能制造

"工业 4.0"概念源于 2013 年德国基于赛博物理网络系统（CPS）提出的先进工业制造战略，美国、日本、英国、中国随之跟进。为了能与德国的"工业 4.0"对标，美国基于工业互联网提出了《先进制造业国家战略》，日本则基于"工厂互联、设备互连"提出了"日本科技工业联盟"，英国基于信息与通信技术（ICT）和新材料等新技术提出了《英国工业 2050 战略》。

中国则在"两化融合"和"两化深度融合"的基础上，正式提出《中国制造 2025》将智能制造与制造产业结合起来规划。这些产业规划的本质都是智能制造，也属于生产业务的数字化转型。与前一阶段工业信息化（工业 3.0）相比，这些规划的原理一脉相承，都是各种信息技术与生产业务的融合应用。但我们并不能将其简单地理解为"新瓶装旧酒"，反而更像是"新罐装新酒"。虽然其本质没变，但因为信息技术发展得太快、太多样性，使得能装入的范围更大、程度更深，所以味道也就不同了。

工业 4.0 模式（见图 7-4）可做为生产业务数字化转型的指引，其框架内容可以概括为"三大主题、九项技术和五个特征"。

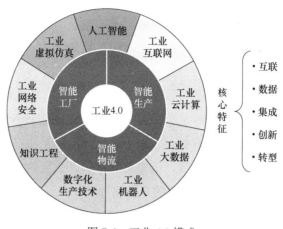

图 7-4　工业 4.0 模式

（1）"三大主题"分别为智能工厂、智能生产和智能物流，其实就是将整个生产业务拆分成了规划决策、产品制造和物流配送三个部分。智能工厂的重点在于从顶层系统规划整个生产系统的数字化运营过程，并利用各种信息技术逐一实现规划目标。智能生产的重点在于制造过程的感知、控制、人机互动，以及数字化生产技术的应用。智能物流的重点在于充分利用网络互联来整合各种物流资源，为生产制造过程提供及时高效的配送保障和服务支持。

（2）"九项技术"包括人工智能、工业互联网、工业大数据、工业云计算、工业机器人、数字化生产技术、知识工程、工业网络安全和工业虚拟仿真，这些都是实现工业 4.0 所需要运用到的信息技术。

（3）"五个特征"分别为互联、数据、集成、创新和转型。互联、数据和集成是应用信息技术实现生产业务的关键要点，创新和转型是生产业务应用信息技术的目的。

工业 4.0 模式将信息技术与生产业务进行了深度融合，利用信息技术将生产业务由传统的集中式控制向分散式增强型控制转变（即将生产业务的规模经济转变为范围经济），并试图重塑一个高度灵活的、个性化的和数字化的产品生产模式。在这种模式下，传统的行业边界将消失，并会产生各种新的活动领域和合作形式，进而重组产业链，创造新的价值增长点。

需要强调的是，工业 4.0 所展现的创新并非是"从 0 到 1"，其创新背后隐含的业务逻辑可能是"从 1 到 100 的量级提升"。只有量级发生变化才能引发革命性变化,才撑得起所谓的工业 4.0。

第二节　三种生产业务经典模型

在企业系统工程中,生产业务域有经典的三层模型,自上而下分别对应生产体系的整体策划、生产计划和现场管理。

一、生产业务整体模型

生产业务整体模型(投入产出模型)内在的核心逻辑是"投入→产出"。模型以制订的生产策划与计划为牵引,将人力、物料、能源、信息、技术、工艺、设备等生产要素投入到生产业务系统中,通过生产制造系统的运行与供应链系统的辅助,最终产出产品。产品要符合对品质、成本、交期(简称 QCD)以及安全、环保、人员健康等的要求,这些要求也称管理要素,如图 7-5 所示。

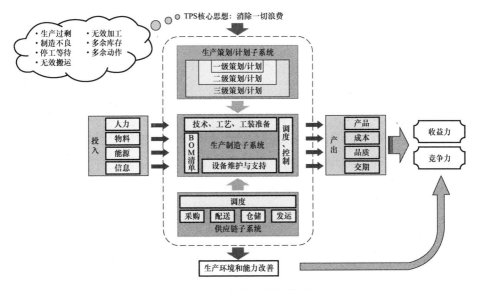

图 7-5　生产业务整体模型

整体模型看起来挺简单，然而在实际的企业管理工作中，不少管理者往往缺乏这种简单但全面的系统视角，只关注其中某一两个方面，从而忽视了全局。譬如，为了赶进度忽视质量，或者为了省成本忽视安全等。

简单是生产业务整体模型需要的优点：因为简单，所以更容易达成共识；因为简单，所以更容易回归本质加以分析。我们在纷繁复杂的事务中分析、决策的时候，往往要回到这种具有整体性的、简单明了的视角，这样会更加有利于从整体上达成共识、做出系统的决策。

我们在生产业务数字化转型方案上举棋不定的时候，可能也需要回到这个最基本的模型，想想我们生产业务管理的"初心"，这样，有些复杂问题就能被我们识别和解决掉。例如，我们要投入巨资搞一个完全自动化的"无人工厂"，到底应不应该？这个问题或许就需要我们回到"投入—产出"的视角再以分析和决策。

在现实的经营活动中，生产业务的数字化转型往往不仅是数字化和信息技术需要投入，而是需要考虑整个生产系统的变化，这往往意味着要投入新的生产线，或者对现有的生产线进行改造，乃至要新建厂房和车间，同时还可能要应用新的生产工艺和检测方法、建立新的生产组织形态、采用新的考核激励方式。当每一个模块的方案被制订出来，汇总决策时，我们都需要回归生产业务整体模型来辅助决策。

二、生产计划模型

生产计划是生产管理的核心"抓手"，是整个生产体系运行的指挥棒。在人员、设备、物料、工艺、场地等生产要素相对固定的情况下，生产计划的水平直接决定生产效率的高低。最经典的生产计划模型是以物料需求计划（MRP）为核心算法的供需平衡模型，如图7-6所示。

生产计划模型的核心思想是"供需平衡"。当供需平衡做到极致时，准时制（JIT）将之描述为"在恰当的时间、恰当的地点，以恰当的数量、恰当的质量，（以最低的成本）提供恰当的物品"，文艺一点，可以说"一切都刚刚好"。

在生产计划模型中以横向虚线为界，分为上下两个部分。

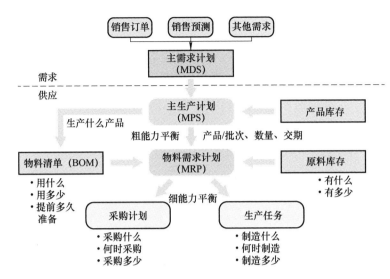

图 7-6　生产计划模型

上半部分对应的是需求。需求主要包括销售订单、销售预测和其他需求（如研制试验件），三者汇总编排，形成主需求计划（MDS）。

下半部分对应的是供应，又分为三个层次。首先是制订主生产计划（MPS）。根据主需求计划和库存情况（包括在制品），综合生产资源进行粗能力平衡，即考虑关键资源/能力（通常是瓶颈资源和产能）对满足需求的支撑。其次是制订物料需求计划。

将主生产计划按照物料清单（BOM）和原料库存情况进行分解和计算，并进行细能力平衡。细能力平衡通常需要考虑原料采购/配送能力（包括供应商供应能力、采购周期、运输周期等）、设备生产能力（包括设备产能、有效运行时间、维护周期等）、人员生产能力（包括生产技能、有效工时、人均效能）等因素。最后是下达具体的采购计划用于指导生产物资采购，以及下达生产任务用于指导车间生产制造。

为便于理解，我们用数学解题思维将其概括为三个步骤。

第一步：根据供需的总盘子，计算净需求量。

净需求量（主生产计划数量）=需求−当前已有供应量

$$=（销售订单量+销售预测量+其他需求量+$$
$$产品安全库存）−（产品库存+在产量）$$

第二步：根据物料清单、净需求量，计算原料的需求量。

每种原料的需求量=（标准用量×净需求量+原料安全库存）−
（原料库存+在途原料）

第三步：根据提前期，倒推开始生产或采购的时间点。

生产提前期由工艺路线决定，采购提前期由供应商承诺和工艺路线共同决定。生产与采购提前期的概念如图 7-7 所示。

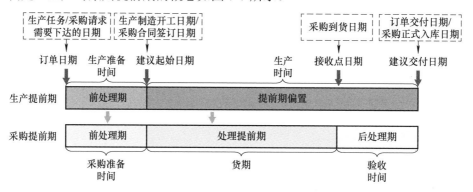

图 7-7　生产与采购提前期概念图

生产计划模型的信息化过程从 20 世纪就已经开始。到 21 世纪初，中国大规模推广信息化的时候，这套模型已经被标准化地集成到了 ERP 商业软件当中。这对于中国的制造企业而言是一种福音，因为与国外同行相比，中国的制造企业可以比较容易地接触到成熟的理论与工具，而不用从头摸索。

然而，虽然生产计划模型被早早地集成到了 ERP 商业软件中，但是很多国内的制造企业实施 ERP 的效果一般，成功率不高，这是为什么呢？通过系统分析，我认为生产计划模型没达到理想应用效果的主要原因有以下三点。

（1）没设定该类目标。与数字化时代"目标预期过高"相比，企业在信息化时代实施 ERP 时，目标的设定往往不太高。大部分国内企业实施的 ERP 就是把财务和进销存重做一遍，好一点的是把"财务"的底筑得比较好，但很多都不触及"计划"这个核心。

（2）管理基础达不到。企业想让 MRP 的运行得到好的结果，需要大量的基础信息作为参数输入，包括具有标准编码的产品及物料清单、准确的工艺路线、准确的库存数量、偏差不太大的销售预测、靠谱的采购提前期等，而这些信息的背后是企业的标准化管理和大量基础工作。

从原理上来说，MRP 就是个算法，你给它输入参数，它给你输出相应的结果，但如果你给的参数不准确，结果当然不可能准。而要把这些参数都搞准，不仅工作量很大，还牵涉流程的改变、利益的触碰，大部分企业变革的组织文化力量达不到，所以会卡在这里。顺便提一句，现在有很多制造企业连 MRP 都没运行起来，就想搞高级计划与排程（APS），这是一个不可能完成的任务，因为 APS 所需的基础信息量比 MRP 还要大。

（3）IT 供应商做不到。这里的 IT 供应商包括了软件厂商和实施商。软件厂商做不到的是企业的个性化适配，因为软件功能有限，只能适配一定范围的行业与企业，所以企业实际情况与软件适配程度高的，就相对容易用好，否则就很难。软件厂商通常不会为了某一两个用户对自己的软件产品做大的改造。

实施商也有自己的能力边界，大部分实施商熟悉的是软件的配置与二次开发，但计划模型需要企业的管理变革，这是咨询公司的能力范畴，超出了一般软件实施商的能力边界。

三、制造执行模型

生产计划决定了什么时候做什么事，由此对整个生产系统的效率产生了极大的影响。而生产计划所计划的事能不能做到，能以何种质量与成本做到，则考验的是生产体系的执行能力。在提升制造执行能力方面，企业可以采用制造执行模型。对于制造执行模型，我们推荐精益生产模型，如图 7-8 所示。这同时也是精益生产的实施路线。

精益生产所包含的内容远不止精益生产模型中所展示的内容，如大家耳熟能详的 5S、5Why 分析法、六西格玛、安灯系统、停线整顿等。为了快速抓住精益生产的精髓，我们可以从其核心思想"消除一切浪费"来理解精益生产。

具体来说，精益生产的核心思想是要消除以下七类浪费。

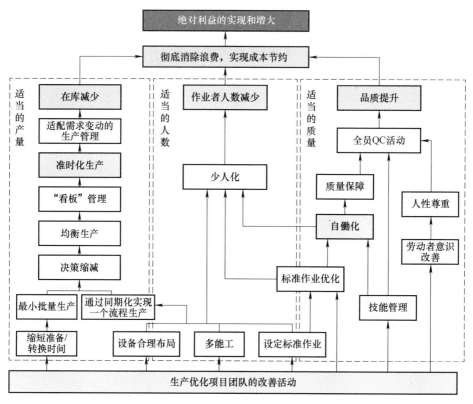

图 7-8　精益生产模型

（1）生产过剩浪费。产品生产过多、过早，导致下游环节（包括市场环节和下一道工序）用不上，这显然是浪费，要通过消除这种浪费解决供需平衡的问题、生产均衡的问题。

（2）制造不良浪费。生产出不合格的零部件或产品是一种严重的浪费，包括"接受不良、生产不良和传递不良"。丰田公司对出现制造不良的处理方式是全线停产，所有管理者集中到出问题的地方，用 5Why 分析法分析问题、解决问题。这样做的损失是巨大的、明显的，但实质是将看得见的直接损失转变为管理变革的投入。

停线整顿对于短期的交期和成本而言是不合算的，但如果通过这种方式改变了人的思想和行为，避免了以后再出现同一错误，那从长期来看这种投入又是合算的。国内也有类似的案例，如海尔的张瑞敏砸冰箱就是从思想上开始的变革，而砸掉的就是变革要付出的代价。

（3）停工等活浪费。上游零部件供应不及时，或原（料）、辅（料）、工（装）准备配置不到位，导致员工停工等待，这也是一种浪费。停工等活问题早在泰勒时期就被发现。只不过，这类问题有时会被一些所谓的客观理由掩盖，让管理者看不清其本质。

（4）搬运浪费。搬运要花费时间、人力及设备，如果在生产过程中，物流走了回头路，或者货物反复进出，就没有产生价值；或者搬运的方式、动作不合理，也会增加时间和成本。上述这些不合理都要设法消除。

（5）库存浪费。产品或半成品生产得过多，或者原材料一次性买得太多，都会导致库存的浪费。物资在库存期间不仅没有发挥价值，反而需要花费保管的成本，因此企业理应尽量消除不必要的库存。但国内制造企业有段时间一窝蜂推崇"零库存"和"准时化"，这又走向了另一个极端。

绝对为"0"的库存是不符合系统工程原理的。首先，一个完全没有冗余的系统是非常脆弱的，就更谈不上系统鲁棒性（Robust）；其次，适当的库存是保障生产均衡的基础，看似多花的库存成本会在其他地方省回来或挣回来；最后，某些大宗物资由于平衡价格需要做策略性备货。

（6）无效加工浪费。由于生产过程或工艺的不合理，资源被投入在了不必要的地方，导致成本增加或不能产生价值，这也是一种浪费。譬如，某个部件的加工精度达到 0.1 毫米就能满足产品的功能和质量要求，那就没必要花费额外的成本把加工精度提到 0.01 毫米。

（7）动作浪费。生产过程中出现的多余动作会造成时间或体力的浪费。动作浪费的主要表现为重复动作、过多步行、动作过大、动作停止、单手空闲等，而造成动作浪费的原因可能是生产场地规划不合理、生产工序设置不周全或作业程序标准不统一。譬如，工人需要走较远的距离才能拿到生产所需的工具；生产装配过程中需要多次翻转产品和多次检验等。

为方便读者进一步理解精益生产要消除的浪费，本书收集、整理并总结了前六种典型浪费的现象、成因和对策，见表 7-1 至表 7-6。至于动作浪费，由于其颗粒度过于细化，属于工业工程（IE）的范畴，是一门丰富的课程，在本书中不再展开。

表 7-1　生产过剩浪费的现象、成因和对策

主 要 现 象	产 生 原 因	应 对 对 策
• 生产过多 • 生产过早 • 妨碍生产流程 • 库存增加 • 资金周转率低下	• 与顾客交流不充分 • 用个人经验制订生产计划 • 人员或设备过剩 • 大批量生产 • 生产负荷变动 • 在生产过程中产生问题 • 生产速度提高	• 与顾客充分沟通 • 生产计划标准化 • 均衡化生产 • 尽可能一个流生产（单件流生产） • 最小批量生产 • 灵活运用看板管理技术组织生产 • 快速更换作业程序 • 引进生产节拍

表 7-2　制造不良浪费的现象、成因和对策

主 要 现 象	产 生 原 因	应 对 对 策
• 原材料的浪费 • 开动率低下 • 检查的浪费 • 用户索赔而引起的企业信用低下 • 库存增加 • 再生产的浪费	• 对可能产生不合格品的意识薄弱 • 在生产过程中不注重产品质量 • 监察中心的检查标准不完善 • 教育训练体制不健全 • 顾客对产品质量要求过多 • 缺乏标准化作业管理	• 产品质量是在工序中制造出来的 • 坚持贯彻自动化、现场、现货、现实的原则 • 进行标准化作业 • 制订培养的相关对策，通过不断问为什么的对策防止问题再发生 • 引进预防错误的措施 • 确定产品质量保证体系 • 使改善活动与质量体系有效融合

表 7-3　停工等活浪费的现象、成因和对策

主 要 现 象	产 生 原 因	应 对 对 策
• 标准作业不完善 • 需要过多监视 • 等料、等工装 • 设备、人员闲置	• 生产工序流程不合理 • 前后工序衔接出问题 • 生产准备不充分 • 作业面设置不合理 • 设备配置不合理 • 在生产中的作业能力不平衡	• 引进均衡化生产、生产节拍的概念 • 努力使工序流程合理 • 合理预估产前准备期，做好产前准备工作 • 优化作业面设置 • U 字形配置 • 生产线平衡分析 • 停止停工等活时的补偿 • 安装能够自动检测到异常状况且自动报警的装置

表 7-4　搬运浪费的现象、成因和对策

主 要 现 象	产 生 原 因	应 对 对 策
• 在不同仓库或工位间反复搬运 • 搬运距离和次数不合理 • 需要过多的搬运工具、设备或人员 • 存在空载搬运或有效搬运空间利用不足 • 损坏或丢失物品	• 欠缺 "搬运和寻找不是工作" 这一观念 • 生产布局或物料放置位置不合理 • 搬运工具或设备不合理 • 与生产顺序不匹配	• 培养减少搬运的概念 • 调整生产布局, 减少不必要的搬运 • 确定最佳搬运方式、路线及频次 • 合理匹配搬运设备与物品 • 尽可能地成套搬运零件 • 制订搬运计划或规则, 并与生产顺序匹配

表 7-5　库存浪费的现象、成因和对策

主 要 现 象	产 生 原 因	应 对 对 策
• 库存积压 • 库存费用高 • 容易产生呆滞品 • 产生库存是掩饰过多问题的结果	• 均衡化生产体制不健全 • 多备库是交期管理必需的意识 • 生产周期长, 先进先出不易 • 大批量生产 • 生产配送缺乏科学合理性, 预见性严重不足	• 与顾客充分沟通 • 培养针对库存的意识 • 生产工序流程化 • 贯彻看板体制 • 将物品和信息一并运送

表 7-6　无效加工浪费的现象、成因和对策

主 要 现 象	产 生 原 因	应 对 对 策
• 生产所需人员和工时数远超行业平均水平 • 存在不必要的工序或作业, 生产效率低下 • 次品增加 • 生产人员缺乏改善动力	• 生产工序设计不合理 • 对人和机器功能的分析不完全 • 处理异常停止的对策不完善 • 夹具等工具不完善 • 标准化体制不完善 • 员工技术不熟练	• 改变以往操作习惯 • 解决现场注意问题

精益生产模型看起来庞大纷杂，这是因为其中的具体内容是几十年时间寸积铢累出来的。因此，企业要导入精益生产需要久久为功的精神。为帮助企业顺利导入精益生产模型，本书将其总结为"十个阶段和十九种实用工具"供企业参考选用（见表 7-7）。

大家有兴趣可以按表索骥，根据这个脉络进一步查阅相关资料或《精益生产推行手册》等书籍。需要提醒的是，在 "一个流""少人化"等工具中，已经包含了生产自动化、信息化和数字化的内容。

表 7-7　精益生产的十个阶段和十九种实用工具

推 行 阶 段	实 用 工 具	
一、基础管理	• 流程管理 • 目视管理 • 5S 管理	• 工业工程手法 • 全面生产维护 • 价值流
二、流线化生产	• "一个流"单元生产 • 少人化生产	
三、"自働化"与防错法	• 防错法	
四、均衡化生产	• 均衡化生产 • 快速换线换模	
五、拉动式生产与看板管理	• 看板管理	
六、品质管理	• 全面质量管理	
七、标准作业	• 标准作业	
八、精益文化及人才培养	• 多能工	
九、精益生产的绩效和成效管理	• 生产指标体系	
十、全员持续改善	• 全员持续改善 • 质量控制（QC）小组 • 合理化建议	

第三节　智能制造规划的"三策"

生产业务的数字化转型，在业界也叫作"智能制造"。通常的步骤是先做智能制造顶层规划，然后分解、制订智能制造实施方案，最后执行落地。本书将智能制造咨询的经验，总结为智能制造规划的"三策"与智能制造实施的"五合"，供大家参考。本节我们先谈规划的"三策"。

工业企业做智能制造的根本是对生产业务本身的认识。用系统工程方法，把生产业务作为一个系统来分析，简称"生产系统"。生产业务的数字化转型就是要改变生产系统的结构，让它产生一些不一样的功能，从而适应不一样的环境。我们需要先从价值链、信息流分析生产系统在企业大系统中的定位，然后让策略跟着定位走。

一、生产业务的价值链定位

生产系统是企业的一个子系统，从分类上属于价值创造子系统。在价值

创造的链条上，它的前面是研发，后面是销售。"研产销"这三个子系统不是
线性的上下游关系，而是互为上下游。通常我们所说的"研产销"顺序，是
按照产品的流向来的。然而，如果以职能为边界，我们会发现生产系统也有
把研发当下游的时候，如实验样机生产。而从信息的维度，研发系统为生产
系统提供了产品规格和产品图样的信息，但具体生产什么产品、生产多少数
量却是由销售系统给生产系统提供信息。

因此，在识别业务链关系时，我们需要明白一个现实：研发系统与销售
系统都需要生产系统提供产品。需求是多头的，然而生产的资源却只有一套。
在研发生产一体化的企业中，特别是军工单位，这种矛盾往往还比较突出。

一方面的原因当然是生产资源不够用，尤其是很多军工单位的生产系统
一开始是按照小批量设计的，但实际的生产任务波动很大；另一方面的原因
则是产品可生产性验证的需要，哪怕在中试线上小批量生产过的产品，也还
是要到批量线上实际"过一遍"，这样才能保证产品未来在大批量生产时不出
现颠覆性的问题。

与此同时，生产系统不是仅与研发、销售子系统存在关联，还与上层的
决策感知子系统和下层的支撑服务系统存在关联。换句话说，生产系统要满
足上下游的需求，也要满足企业战略、决策的要求，同时还需要通过支撑系
统（人力、财务、采购等）从企业这个大系统的外部获取资源，从而满足自
身内部结构运行的需要。

二、生产业务的信息流关系

在数字化世界中，生产系统与其他系统之间、生产系统内部组件与组件
之间要通过信息流建立关系，把生产系统的内部结构、各种要素以数字化方
式做表达，才具备用信息技术优化和重构生产系统的可能性。

在数字化转型咨询实践中，很多制造企业都非常渴望看到一张生产系统
的信息流图，这是因为这些企业的信息官们也意识到了生产系统与其他系统
关系的复杂性，并认为需要将这种复杂性以咨询和规划成果的方式展示给企
业的高层和同事们，从而让大家更好地把业务流、信息流梳理清楚，进而降
低企业数字化转型的难度。本书抽象了一张共性的生产系统信息流图，如图
7-9 所示。它不是任何一个具体企业的，但有一定的共性，供大家参考。

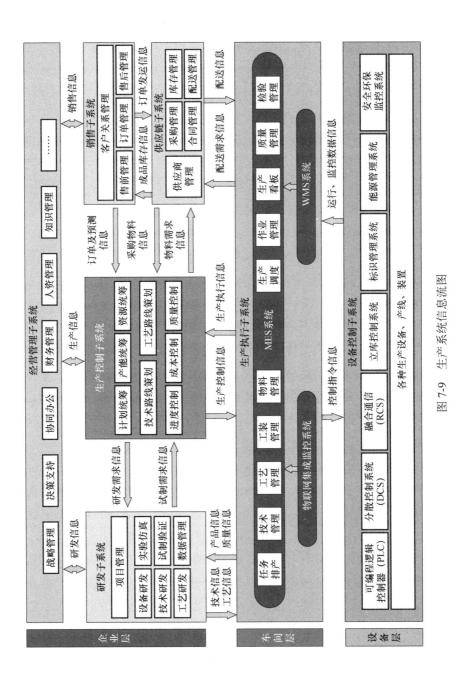

图 7-9　生产系统信息流图

根据生产系统在企业大系统中的纵向和横向定位，企业在实施生产数字化转型时需要有三个基本原则。

（1）不能忘记搞生产数字化转型的出发点是服务于组织整体战略和目标。

（2）不能脱离业务来谈数字化转型，还是要本着解决业务痛点、管理难点来思考转型。

（3）不能脱离实际，要本着实事求是的原则，一步一个脚印地先做好工业3.0，再做工业4.0。

在这三个基本原则基础上，建议企业在做智能制造顶层规划时，采用"顶战略""合业务""做特色"这三项策略。

三、三策之"顶战略"

"顶战略"是要求生产数字化转型必须对企业战略目标的达成形成切实支撑。但要想真的"顶"得住战略，首先得吃透战略。我在本书第五章已介绍过如何吃透企业战略。这里要强调的是，生产数字化转型要在方向上"真"吃透企业战略，不仅需要抬高一级视角，看清企业自身的整体战略，可能还需要多抬高几级视角，看清上级企业、主管部门甚至是国家的战略，特别是央企或国企尤其如此。因为从国家层面到主管部门层面，再到企业上级单位层面，会有多个层级的智能制造规划。

企业在向上看战略时，一方面需要对上级各个层次的战略加以理解，厘清各上级单位和企业自身处于生产数字化转型的哪一个阶段；另一方面也需要分析自身生产业务的宏观形势、生产特点、周边生态、面临困难等因素，再围绕上级单位的总体目标和企业战略，制定生产业务的分步走战略，充分利用智能制造技术所能带来的转变及功效，对企业战略的达成形成切实帮助和有力支撑。

"顶战略"是生产数字化转型中的第一原则，是确保转型方向正确的基础。这个方向的正确，既包括符合大局发展的需要，又包括符合自身整体发展的需要。通俗地说，企业既要符合国家、行业、上级的要求，又要结合自身实际，符合自身发展的要求。

譬如，"无人工厂""黑灯工厂"看起来是很酷，但如果企业的产品产量不高、复杂度却很高，可能"人机结合"才是更好的选择。通过转型提高效率、提升产能是大部分企业生产数字化转型的期望，但对于产能已经过剩的企业，以及在供给侧结构性改革中要去产能的企业，可能就未必要将产能提升列为目标，以免过度投资。

四、三策之"合业务"

"合业务"是要求生产数字化转型既与上下游价值链配合，又与生产内部结构契合。这样才能紧扣业务需求，解决业务各环节存在的痛点，攻克长期未解决的管理难点，塑造个人、团队、部门、企业的业绩亮点。

业务痛点是业务环节中存在的代表性问题，其背后往往隐藏着特别有价值的提升点。生产数字化转型要沿着业务脉络，通过提供功能或相应的数据来解决业务环节中的痛点。需要注意的是，这些痛点不一定只局限在生产业务内部，也可能存在于研发、销售、支撑等业务领域或与生产业务的关联交互中。

而解决这些业务痛点，一方面能为企业带来效率提升、成本降低等直接效益，另一方面也能让业务执行者和管理者切身感受到转型带来的好处，促进转型环境的良性化发展。

管理难点常存在于与生产活动相关的行政办公、安全质量管理、业务协调等组织行为活动过程中，以及生产信息在执行、反馈、流转、沟通、学习、改善中的一些盲点。企业利用生产数字化转型的"东风"来攻克这些管理难点和盲点，能让生产管理更加顺畅，使管理效率显著提升。

业务痛点的消除和管理难点的突破，在个人、部门、组织等各个维度，针对各自的目标达成情况，都会带来看得到的提升，创造出突破性的业绩，塑造岗位、业务、能力、技术各个方面的新亮点。

总体来说，企业在生产数字化转型时选择与业务融合的切入点时，主要看两个方向：横向看左右，纵向看内部。横向看左右是指与上下游价值链的配合，如典型的小批量柔性定制模式需要销售、研发、生产之间快速协同。纵向看内部是指调整生产系统自身的内部结构，使智能技术与制造技术相契合，必要时可能对生产工艺做出重大调整或重构生产线。

五、三策之"做特色"

"做特色"是要求生产数字化转型应针对企业自身的特点，选择最适合的技术路线，制订差异化解决方案，呈现自身特色，而非"千企一面"的解决方案。企业在制订生产数字化转型实施方案用于落地执行时，应当体现自身的差异化特点。这些差异化可能来自行业特性、产品特性或者企业自身特性，但最重要的是企业自身的实际情况，毕竟"适合自己的才是最好的"。

企业可以在借鉴国内外同行最佳实践的基础上，结合企业自身业务、管理的诉求，将具体标准化内容调配成适配自身业务运行的标准。企业要结合自身运营模式和业务流程，设计出具有创新性的应用方案。企业应在核心业务流程优化、关键业务领域的管理精细化、流程末端的信息化、数据信息的智能化决策支持等方面主动实施差异化策略，做出自身特色，以差异优势、最佳匹配优势赢取竞争优势。企业根据上述"三策"制定智能制造顶层规划，能争取实现如下三个效果。

（1）与企业战略目标实现对齐。

（2）业务需求基本澄清。

（3）确定主要的生产数字化模式。

第四节　智能制造实施的"五合"

在通过智能制造顶层规划确定了目标与策略后，接下来企业就可以制订具体的建设与实施方案。为了让实施方案同时具备先进性和可行性，本书总结了"五合"方法，供企业在制订具体实施方案时参考。

一、"业务+技术"结合

业务是数字化的对象，技术是数字化的手段。我们追求的是信息技术让业务更高效地运转，从而实现模式升级与转型，但信息技术实施本身却离不开对业务的梳理。业务与技术紧密结合，形成 AB 面的互相促进，是数字化转型的应有之义。具体如何结合？企业可以从如下几个方面着手。

（一）组织管理

无论是生产业务本身，还是生产数字化转型推进实施工作，都需要通过组织进行管理。而信息技术改变了沟通的效率和方式，会给组织管理带来相应的改变。譬如，企业按照结构化工艺划分更精细的生产组织单元，采用即时沟通工具提高现场管理效率等。

（二）流程管理

流程既是所有业务活动的基础，又是应用信息技术的基础。一方面，"没有流程优化就没有信息化"。在选择和制订生产数字化转型技术方案前，企业至少应先对生产管理流程进行梳理和优化。另一方面，"信息化使能流程优化"。数字化手段可以为流程优化赋能，用来支撑流程的优化，如用 MES 管理生产任务。

（三）工艺管理

业内常说"没有工艺优化就没有自动化"，这就需要有精准和细化的工艺作为自动化和数字化的输入。而企业可以利用物联网技术提取到更多、更细的过程工艺信息，这些"量化、细化、精准化、可视化"的信息不但能促进工艺的执行，更能够促进工艺优化，而可视化可以帮助生产人员和机器设备更好地互动。

（四）产线管理

生产数字化转型是一次对生产线进行审视和优化的机会。原本的生产线经过长时间使用，或者业务的变化，可能已不是最适合的状态。而以数字化转型为契机，企业可对产线整体进行系统性的调整。譬如，结合精益生产的"一个流""平准化"等思想，考虑产线整体布局的优化，考虑增强生产的均衡性、顺畅性，考虑重新分析和定义产线上的价值流等。

（五）设备管理

设备是生产数字化转型的重头戏。企业在生产数字化转型过程中通常都会新增产线或设备，还会涉及已有设备的数字化改造和自动化升级。在智能技术应用方面，企业通常会考虑从设备采集生产状态信息、设备自身的信息，推进预测性维护等应用。在设备管理方面，精益生产的 TPM 工具包就非常有用，可有助于提高设备的利用率，减少因设备故障导致的产能损失。

（六）物流管理

仓储与物流是生产执行的重要组成部分，产品实物的流动对生产效率有着直接的影响。物流管理的核心是"消除搬运浪费"，这就可以借助精益生产思想。为了称呼方便，我们将物流分为"大物流"和"小物流"。大物流是从原材料采购进厂到产品出厂并通过运输交付给客户的全过程；小物流是厂内物流，包括车间、产线内部以及车间、库房之间的物资流转。在大物流方面，物流公司的互联网化、商用车的车联网应用，都为信息的采集与利用提供了很大的便利；在小物流方面，AGV 小车、搬运机械臂、传送带、立体仓库等技术已经被广泛用于提高物流效率。

物流管理的数字化需要企业考虑整体物流效果与成本的最优配置，尽量以信息的准确沟通来快、准、便宜地以合适的方式把合适的物资在合适的时间送达合适的地点。

（七）供应管理

现代生产是产业链的合作，一家企业的生产运营离不开各类供应商，包括原材料供应、生产外协、物流运输等。"长期合作共赢"已经成为供应商管理的主流思想，但在部分国有企业，由于监管规则的变化，如何平衡合规高效地采购是一个难题，企业需要先从管理上设计规则与流程。

在智能技术应用层面，供应商管理平台、集采平台等已经被广泛应用，企业可以借助这些技术手段延伸业务链，将自己的生产计划体系与供应商体系、质量保证体系、财务结算体系等连接起来，形成一个对外部环境快速反应的大型"企业群"和"生态圈"，进而提高供应链的整体竞争力。

（八）订单管理

与供应管理类似，企业可以借助分销系统或电商平台延伸销售的业务链，提高整个价值链的协同效率。譬如，电商预售与供应管理结合，可有效降低企业的供应链成本；分销分析与研发管理结合，可有效提升企业的研发成功率。

（九）人员管理

生产管理方式的改变，必然带来人员管理的改变。首先是岗位配置会发生变化。随着自动化与信息化的配备与升级，某些操作岗位会消失，但信息技术应用、管理与维护设备的岗位会随之增加。同时，保留的岗位要求也会发生变化，对于信息技能的掌握、与机器共同工作将成为岗位要求的一部分。而岗位配置与要求的变化也必将带来招聘、培训、考核、薪酬方面的变化，这都需要与新的工作场景相适应。

（十）安全管理

随着智能技术的扩大应用，生产安全的范畴也会变得更大，从传统的生产安全扩大到信息安全、技术安全、管理安全、身份安全等多个方面，特别是工控网的安全、无线网络的应用安全，都是目前生产数字化场景中的安全管理新课题。

归根到底，不管是生产数字化还是数字化生产，主体都还是生产业务，需要企业回归到生产体系各个维度的基本面。数字化可以"孪生"一个生产体系，但不会无中生有，所以数字化技术与生产业务必须紧密结合。

二、"生管+工管"融合

丰田、日产等企业的生产管理体系通常把生产计划层面的管理工作称为"生产管理"，而把生产执行层面的管理工作称为"工程管理"。生产管理主要管的是生产与销售、研发、采购环节的协同，整合企业的生产资源，制订和下达生产计划，跟踪计划的执行情况——主要是质量、进度、成本的信息反馈。

工程管理主要管的是高质、高效地执行生产任务，将生产计划分解成可执行的生产任务，采用自动化生产设备、检测仪器、搬运储存设备等解决具体制程的生产瓶颈，实现生产现场的自动化控制。关键词是自动化、机电一体化、PLC（可编程逻辑控制）、DNC（分布式控制）等。

生产数字化转型需要将生产管理与工程管理更加紧密地融合，实现生产管理信息化与工程管理自动化的可靠稳定集成和端到端的贯通。其中，生产管理的"计划"与工程管理的"执行"实现端到端的贯通是重中之重。只有实现端到端的全面贯通，才能充分发挥它们的各自优势，使工程管理的生产任务更加合理、生产管理的数据更加及时有效，形成生产管理与工程管理的实时互动，进而提高生产工作效率。

需要提醒的是，这里说的"端到端"是指从上层管理信息开始，到下层设备与人员执行任务信息的全面贯通，包括信息的下达与反馈。而实现"端到端"应用系统的名字是叫 MOM（制造运营系统）还是 MES（制造执行系统），方式是 DNC 还是 DCS（分散控制系统），都可以。

对于国防军工单位来说，由于对信息安全的要求更高，在工控网、无线网的使用上有一定限制，应用物联网技术的难度大幅增加，在生产管理与工程管理融会贯通时需要针对具体情况安排专项解决。

三、"人员+机器"配合

现在一谈到"生产数字化""智能制造""智能工厂"，很多人脑海中会不自觉地浮现出一幅图景：全都是机器人在生产和搬运的"无人工厂""黑灯工厂"。事实上，确实有不少行业和企业已经局部实现了这种场景，如手机面板制造业的生产车间，以及汽车制造业的涂装车间、焊装车间等。

但请大家注意，这些车间的总控室里还坐着一群高级工程师。所以，我们仍然要强调"数字化不等于无人化"，并且在相当长一段时间内，各个领域的数字化都一定是"人机结合"的过程，需要机器和人员的配合。目前的人工智能技术虽然经历了突飞猛进的发展，但还处在初级阶段，远没有达到"能够全面替代人类"的程度。

在设计生产数字化方案时，我们要让机器做机器擅长的事情，如处理算法确定、操作重复、劳动密度大的任务；让人做人擅长的事情，如判断处理例外、设定规则、制造机器并维持机器运转。二者科学分工，有机结合，才能形成互补。而对于那些机器与人都能干的事，则需要根据不同方案的性价比来决定如何分工。譬如，在汽车制造业，虽然有喷涂、焊接的无人车间，但也有柔性化总装的人机结合车间。

四、"短期+长期"接合

任何业务的改善以及新技术的应用都不是一蹴而就的，生产数字化转型也是如此。虽然现在流行的趋势是工业4.0，但很多行业和企业的实际情况可能还处在工业2.0的位置上。前人的经验可以缩短后人追赶的步伐，但从工业2.0到4.0，也不是一步就能跨越的。

企业在实施生产数字化转型时，应根据自身的实际情况制定长期、短期相结合的数字化转型目标，并在总体规划框架下，将生产数字化转型划分成多个阶段，分步实施。

在制定长期、短期目标时，长期目标可以高远，并与战略对齐。这样能确保方向正确，少走弯路和回头路，减少无效的资源投入。而短期目标则要务实，要能有效达成和见到实效，通过完成一个又一个的"小目标"来增强企业和实施者的信心。同时，短期目标与长期目应形成承接与支撑的关系，确保生产数字化转型逐步实现由量变到质变。

阶段划分是在生产数字化转型总体规划下的合理划分。具体划分阶段的方法有多种：可以按单位划分，如从某个车间、某条产线开始试点，再逐步扩大；可以按产品划分，如对某产品试点推行精益生产；可以分领域划分，如先搞生产管理信息化，再搞生产制造自动化，或者反之。

五、"业财一体化"融合

"业财一体化"本来应该在信息化时期就实现。生产领域的料、工、费等成本应随着工序的移动而产生和累积，产品完工时就同步完成成本核算，这也是ERP的标准功能。但由于曾经国内企业信息化水平的参差不齐，加之新企业在不断出现，至今为止，国内仍有大量企业没有真正实现业财一体化。所以，在生产数字化转型规划时，即便是ERP层面的业财一体化，也需要纳入到转型方案中统筹考虑。

与此同时，新一代的信息技术也为"业财一体化"赋予了新内容。物联网在数字化产线的广泛应用，使得与生产成本核算相关的信息采集变得更加方便；图像智能识别技术的应用，使得一些在以前不能被自动采集的信息，现在也可以被自动采集了；上游采购订单、下游销售订单的联网联动，使得成本核算与利润测算可以被更高效地关联起来。这些内容都可以加入到智能制造解决方案中，从而提高企业生产成本管理的效率。

需要提醒的是，业财一体化和生产计划类似，都需要准确的基础数据，包括但不限于：准确的物料清单、准确的工艺路线、准确的人员工时、准确的设备折旧、准确的能耗价格等。很多企业之所以做不到真正的业财一体化，究其根因是自身对基础数据的管理水平达不到。在这种情况下，企业只能扎扎实实从数据治理的基本功做起，没有捷径可走。

第五节　产能提升与数字化转型

"三策"与"五合"是将系统工程思想与方法应用于生产数字化转型的指导原则，企业按此展开生产数字化转型、智能制造的规划及建设工作可以少走弯路，并提高生产数字化转型工作自身的效率和成功概率。下面，我们再探讨一个生产管理中的永恒课题——产能提升。

一、产能提升的两种路线

产能是指在单位生产周期内，企业用于生产的全部资源，在既定的组织技术条件下，所能生产的产品数量，或者能够处理的原材料数量。按生产状态的不同，产能可分为理论产能和有效产能。理论产能又称设计产能或最大产能，是指在理想状态下，即无机器故障且机器满负荷运行，无其他意外生产中断事件，单位时间内可以达到的最大生产量；有效产能又称实际产能，是指在现实客观约束条件下，企业不增加额外应急支出，单位时间内正常生产所能完成的生产量。

从产能的定义，我们就可以看到提升产能的两条路：一条是增加可用的生产资源，即资源型提升；另一条是改善组织技术条件，即效率型提升。

资源型提升比较直接，就是加人加设备，但存在一些局限性。

（1）不够灵活。资源加上去相对容易，再想减下来就很困难；所形成的新增产能一旦没用够，就变成了资源浪费。

（2）资源受限。在现实条件中，企业可用来增加的资源本身往往也是受限的。

（3）生产资源存在边际效用递减。随着资源规模的增加，管理复杂度和管理成本会呈指数级增长。

当超过一定程度后，单位资源所能带来的效益会因为管理不到位、管理成本上升等而降低。所以，企业应采用资源型产能提升方法，关注的重点是投入产出比。

效率型提升则是个"技术活、细致活"。因为企业要在生产资源有限的基础上提升生产效率，所以需要把生产系统打开，分析其组成部分及其相互影响关系，抽丝剥茧地找到影响效率的原因。

此外，企业还要通过对生产要素的重新组合，改善管理方式，把综合生产效率提上去。效率型提升特别需要应用系统工程的思想和方法，我们可以分别从"点、线、面"的维度用系统工程模型进行分析，再结合数字化技术进一步加以优化。数字化转型是效率型提升的主要手段。

二、资源型产能提升的方式

企业进行资源型产能提升的大背景通常是实际产能与产品市场需求出现大幅差距，而企业打算继续扩大能力以满足产品市场需求，或者是企业拟开拓、占领新市场而做的战略型投入。

因此，企业提升资源型产能首先是要承接企业的远期战略规划，为整个生产系统的扩张打基础、做准备；其次是要筹备充足的资源以应对资源型产能提升较大的投入；最后还要组建一支综合团队，通常会涉及战略发展、生产管理、资产管理、财务等职能线，从而确保企业资源型产能提升的有序开展。

由于支撑资源型产能提升的主体投入是固定资产，所以资源型产能提升所带来的实际产能提升总体上是比较稳定的。但是实际需求往往是波动的，实际需求与实际产能之间总会存在差异，如图7-10所示。

这就要求企业在决策如何进行资源型产能提升时必须"算账"，即在产能成本和因产能不足而丧失的机会成本之间做出经济平衡。这样才能有效控制由于资源大幅投入给企业运营带来的压力。

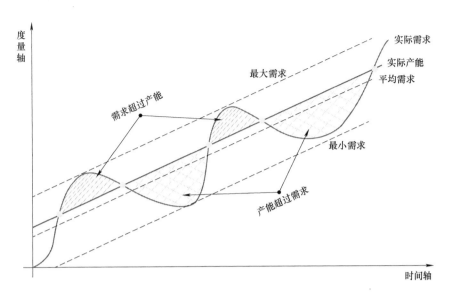

图 7-10　稳定的实际产能与波动的实际需求

我们通过图 7-10 不难发现，最理想的状况是资源型产能提升所带来的实际产能提升与实际需求重合，此时的资源投入产出既满足市场需求，又完全不产生浪费。但事实上，实际需求有自身的一套市场运行规律，不是企业意志可支配的，企业能把控的只有自身的资源投入产出节奏。因此，预判资源投入产出节奏，使资源型产能提升所带来的实际产能提升与实际需求尽可能多地重合，这也是合理规划资源型产能提升的关键。

按资源投入产出节奏划分，资源型产能提升方式可分为"跨越式"和"渐进式"两大类。其中，渐进式又可细分为领先渐进式、滞后渐进式和平均渐进式（见图 7-11）。

（1）跨越式：一次性地大幅扩张产能，将未来几年可能所需的产能一次性扩张到位，大幅超前于需求。

（2）领先渐进式：每次只增加一个经营周期预计所需产能，并小幅超前于需求。

（3）滞后渐进式：在一个经营周期增加的需求确定后才按需求增量增加产能。

（4）平均渐进式：分批增加一个经营周期预计所需产能，使平均实际产能略高于实际需求。

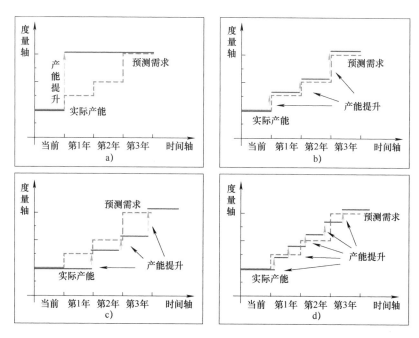

图 7-11　资源型产能提升的四种方式
a）跨越式　b）领先渐进式　c）滞后渐进式　d）平均渐进式

在实际操作中，如何选择适配企业的资源型产能提升方式，企业需要评估产能增加周期、成本、经济批量、资金来源、环保与用地政策等限制条件，分析需求预测的把握度、固定成本与变动成本、毛利水平、竞争需要等影响因素，以及人力、技术、基础配套等相关因素，通过综合"算账"制订出多种可行方案，再根据方案的利弊进行权衡和选择。

譬如，对于体制内的企业来说，比较常用的方式是"跨越式"和"滞后渐进式"。这主要是因为它们的需求来源往往是以国家的五年计划为周期，产能扩张使用的技改资金也往往以五年为周期由国家或上级拨付，所以要么一下子增加好几年的产能，要么在技改资金到位之前"饿"上好一阵子。而民营企业的产能扩张则会更加灵活、更加精打细算，它们在遵从监管要求、产业产能扩张经济规律的基础上，"渐进式"的资源型产能提升会更加常用。

三、效率型产能提升：点、线、面多位一体

企业进行效率型产能提升的大背景通常是理论产能满足实际需求，但实

际产能与理论产能存在较大差距；或者是企业的资源增速跟不上需求暴增的速度，只能通过提升生产效率来增加实际产能。效率型产能提升在企业生产领域还有一句俗话是"向管理要效益"。所以，效率型产能提升的本质是提高生产效率，用 TPS 的术语说，就是需要"消除一切浪费"。

企业做效率型产能提升同样需要先规划后实施，规划的顺序通常是按照"面→线→点"的顺序进行：先整体系统思考，再局部优化构思。但下面在介绍方法的时候，本书则按照"点→线→面"的顺序进行，先局部后整体，这样更便于大家理解。

（一）"点"式提升工序产能

点式产能提升是指提高单点的生产作业效率。通常的单点以岗位为单位，也可以是一道工序，如图 7-12 所示。

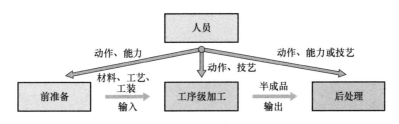

图 7-12　点式产能提升分析

点式产能提升的关键在于缩短单件工序作业时间。单件工序作业耗时减少，在一个生产周期内可生产出的数量就会增加，产能也就随之增加。在这背后隐藏着两个数学公式，而公式所展现的计算要素就是我们点式产能提升的切入点。

单工序产能=有效工作时间÷单件工序耗时

单件工序耗时=生产准备时间+加工时间+后处理时间

单工序产能与有效工作时间成正比关系，与单件工序耗时成反比关系。这意味着，企业要想提升单工序产能，要么增加有效工作时间，要么减少单件工序耗时。

在当今社会，每工作日每人的总工作时长是受法律保护的。因此，有效工作时长有上限，但这并不意味着企业无法增加有效工作时长，毕竟总工作时长是大于有效工作时长的。本着"以人为本"的观点，我并不建议企业通过各种监督、惩戒手段无节制地增加有效工作时长，如限定上厕所的次数及时间。但总工作时长内的"摸鱼时间"可以被优化，如"上半天、休半天"现象。

企业增加有效工作时长，怎么看都有点像是管理者与执行者之间的"斗智斗勇"。企业不仅劳神费力，还可能产生负面影响。因此，减少单件工序耗时就成了提升单工序产能的最佳突破点。

单件工序耗时由前准备时间（生产准备）、工序加工时间、后处理时间（检验转运）三段时间共同组成，而三段时间的长短又与执行人员的动作、能力和技艺相关。通过流程分析的方式，我们可以把影响单工序耗时的因素进行细分、串联和透视，这样就能有针对性地找到缩短单工序耗时的办法。比较常用的办法有：标准化作业、减少前准备时间、减少后处理时间和缩短工序加工时间。

1. 标准化作业

标准化本身是最佳实践的总结。它是在确保满足质量、安全等限定因素的基础上，总结前人成功经验，制订出的一套最佳执行方法。对于效率型产能提升来说，标准化是提升效率的第一方法，对任何一个层面（点、线、面）的效率提升都适用，同时也是任何一个层面效率提升的基础。

因为，标准化作业针对的是作业人员，规范的是作业动作（包含动作顺序），能大幅降低作业难度（作业所需的能力或技艺），对作业效率的提升是显而易见的。譬如，减少动作浪费、减少制造浪费。浪费少了，效率自然也就上去了。

在点式产能提升中，标准化的核心工作是制定标准操作程序（SOP），其主要内容包括制定工序动作流程、动作内容和动作要求。动作流程是指先做什么及后做什么，动作内容是指每个动作具体要干什么，动作要求是指每个动作要做到何种程度。大家可以参考图 7-13 焊接工序 SOP 示意图，从而加深对工序标准化的理解。

在实践中，SOP 除了文字说明，往往还会配合二维、三维加工图样，乃至视频展示。

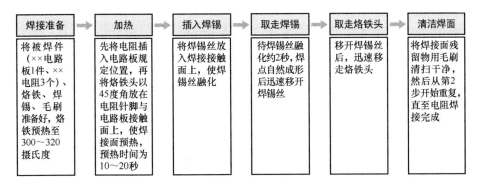

图 7-13 焊接工序 SOP 示意图

2．减少前准备时间

前准备时间又称生产准备时间，通常包括生产物料准备、生产工装准备、生产工艺准备、生产设备准备、生产环境准备、生产人员准备（技能/安全培训）。某些企业将产前准备工作归纳为"5M1E1S"检查。

在大部分企业，产前准备时间往往都有压缩空间。比较常见的改善方法有：检查物料清单（BOM）、检查工装清单、预制工艺参数、提前调度、并行准备等。

（1）检查物料清单、工装清单可确保物料和工装准备齐备。

（2）预制工艺参数主要针对使用数控设备的工序，可将加工工艺参数预先编入设备，切换时仅需选择即可。

（3）提前调度是指在本工序即将完工前，通过调度提前准备好下批加工所需物料、工装、工艺等，从而减少工序的转换等待时间。

（4）并行准备是指各项生产前的准备同时开展，对于所需生产准备时间较长的工序尤为有效。

3．减少后处理时间

后处理时间是指本工序加工完成后，到下一工序确认接收之间的活动耗时。通常包括检验时间、标识时间、转运时间，某些企业中可能还存在转运前的包装时间。减少后处理时间的方法主要有两个方向：一是优化工作模式；二是借助设备，特别是数字化设备。

譬如，检验检测在很多单位都是瓶颈，经常需要排队等待。提高检验效率的方法也有很多，但主流方式是在线检和快速检。在线检是针对需要把产品或样品送到检验科室的检验类型，通过检验方法和检测器具的优化，包括人员和流程的调整，把检验环节转移到生产现场或者生产线上，这样可以显著提高检验的效率。快速检测是大量利用数字化设备代替人工以提升获取检测结果的效率。

对于减少转运时间、标识时间，企业可借助数字化设备的力量。譬如，用 AGV 小车、传送带来代替人工转运；将人工标识改为二维码标识，利用打码/扫码设备快速完成产品标识等。

4. 缩短工序加工时间

缩短工序加工时间除了标准化作业，还可以借助自动化、数字化、智能化设备替代人工加工，这是利用了机器"擅长大量重复劳动"的特征。在生产数字化中最常见的举措是引进大量的数控生产设备，这些设备一旦运转起来，就能大幅提高加工效率。但需要提醒的是：数控生产设备的有效运转需要以标准化为基础，以工艺优化为前提。

（二）"线"式提升产线产能

线式产能提升是指提高单条生产线的生产作业效率。自福特模式以后，企业为提高产品生产效率，产品的制造过程通常是以生产线的方式组织展开的。生产线是由若干工序串接在一起的产品完整生产制造过程。而生产线的整体产能符合"木桶效应"，即生产线的整体产能由单工序最低产能决定，俗称"瓶颈工序决定产能上限"，如图 7-14 所示。

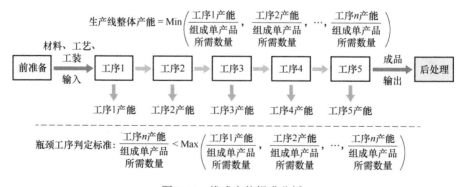

图 7-14 线式产能提升分析

在点式产能提升的基础上，线式产能提升的关注重点在于全线综合产能。提升全线综合产能的方法通常分四步。

第一步是分析确定全线所需生产节拍。全线所需生产节拍并不一定等于设计产能节拍，还需考虑满足产品实际销售所需节拍、设备合理产能利用率、设备稼动率等因素。

第二步是以所需生产节拍为标准，找出瓶颈工序。

第三步是针对瓶颈工序分析"卡脖子"的具体原因，并针对性地制定改善措施。

第四步是在瓶颈工序应用"安灯""看板"等可视化工具，促进改善措施的落实和执行。

企业在实施生产数字化转型时，围绕生产线做数字化比做单点工序能取得更加明显的产能提升效果。全产线的数字化除了工序的设备自动化与智能化，更主要的方式是通过智能设备或者加装的传感器采集生产线的状态信息，再通过工控网把整条生产线连接起来，用 DNC/PLC/DCS 将采集到的信息集中传输、处理，从而让得到丰富信息的智能 MES 可以监控、调整整条生产线的生产节奏，实现全线生产效率的优化和产能提升。

数字化生产线的设计或改造过程中也少不了对内部物流配送的改造，企业采用传送带、AGV 小车、空中物流链等方式，可以让工序之间的衔接更加流畅。

在实际工作中，企业新建一条数字化生产线的难度，往往比改造一条已有的生产线低。因为新建数字化生产线可以从布局、设备、工艺、控制方式做全新的、系统的设计，而改造旧有的生产线则会面临许多限制条件。这就像新购房的装修比旧房装修改造的复杂度更低一样。而信息安全较高的企业还会面临工控网与业务网的安全连接问题、无线网络的使用问题等，这需要保密管理部门与生产管理部门紧密配合，特别是保密管理部门的主动作为。

（三）"面"式提升体系产能

从点到线之后，我们用系统工程的思维再一次拉远视角，就可以看到生产系统的产能并不是只由内部结构决定，还受到更大体系环境的影响，主要有以下四个影响因素（见图 7-15）。

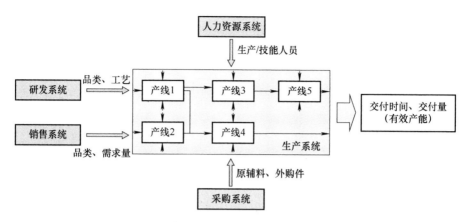

图 7-15　面式产能提升分析

（1）生产系统能生产什么样的产品、应该怎样生产，主要是由研发系统输入的。

（2）应该生产多少数量，主要是由销售系统输入的。

（3）生产所需的物资（包括原辅料和外购件），是由采购系统提供的。

（4）生产所需的人员，是由人力资源系统提供的。

所以，在思考如何提升体系产能时，我们还需要将视角延伸到更大的面上，即包括研、产、销、供在内的产品体系。

对于面式产能提升的方法，我们可以参考一组公式：

$$有效产能=交付数量\div交付时间$$

$$交付时间=接单时间+采购时间+生产时间+运输时间$$

$$交付数量=加工数量-不合格数量-无订单数量$$

$$生产时间=加工数量\div产线产能+换线时间\times换线频次$$

第一个公式说明，只有在规定时间内交付足量的产品才是企业需要的有效产能，超过交付所需数量则会形成产品积压（企业有战略布局的除外），延迟交付时间则不能满足市场需求。同时，有效产能也是我们分析确定生产节拍的重要参考。

第二个公式说明，客户从下单到拿到商品，会经过销售、采购、生产、运输等多个环节，只有当商品交到客户手上，交付才算完成。所以企业在设计面式产能提升时，需要把整个链条的时间因素都纳入考虑范围。除了缩短生产时间，我们还可以想办法缩短其他环节的时间，从而提高客户满意度；反之，如果缩短生产时间是以增加其他环节时间为代价的，则要考虑整体交付周期是否得到优化。

第三个公式说明，只有交付出去的产品才有价值，加工过程中产生的不合格品没有价值，是被浪费的产能。

第四个公式说明，要缩短批次生产时间除了提升产线产能，也要缩短换线时间和减少换线频次。这样才能有效利用生产设备的设计产能，从而减少批次生产时间。

从这几个公式推导开来，面式产能提升的办法可以是缩短订单确认时间、加速采购到货时间、减少运输配送时间、实施精益生产减少浪费、合理调度生产减少生产换线时间和换线频次等。这些办法有些需要在其他业务系统中解决，有些可以在点式和线式产能提升中解决。有一个特别关键但容易被忽略的方向需要我们重点关注，那就是研发系统对产能提升的影响。

生产系统所能生产的产品品类、产品部组件构成、部组件生产工艺等均来自研发系统，而产品部组件的种类数量对产线换线频次影响很大，部组件生产工艺又决定着所需原辅料、外购件的具体种类。若在产品研发设计阶段，企业尽可能地减少产品的部组件种类，将大部分部组件设计成模块化和标准化，在多个产品型号之间共用标准化组件（CBB），这样产品部组件生产所需的大部分原辅料、外购件也将变得标准化。

到产品生产制造时，虽然企业面对的是种类繁多的产品型号生产任务，但这些产品型号可拆分成种类较少的标准化组件，进而可对所需标准化组件进行归集和分批生产，这样就可以用较少的产线、较低的生产换线频次，开展大批量的标准化组件生产，最后通过总装将标准化组件组装成所需的各种产品型号，从而达到大幅缩短产品生产时间的目的。这种产品结构在 IPD 体系中有"小蛮腰"之称，如图 7-16 所示。

对于原辅材料/外购件的标准化，一方面需要研发部门在设计各种部组件生产工艺时尽可能地选用常见原辅材料/外购件，另一方面也需要研发与采购部门共同商讨确定原辅材料/外购件的具体种类，主要原则是尽可能精简原辅材料/外购件的种类。

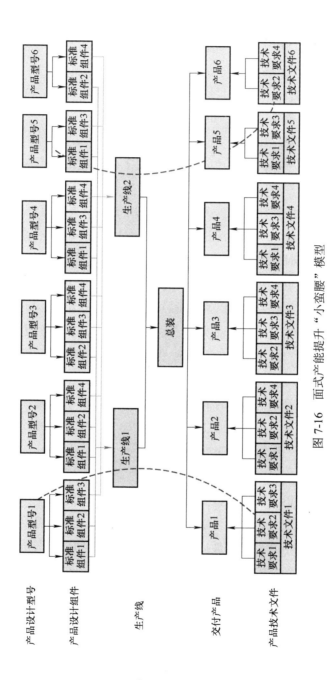

图 7-16　面式产能提升"小蛮腰"模型

这样做的好处是，生产上由于原辅材料/外购件种类减少且在不同组件间的通用性高，生产准备或生产换线负担下降，生产准备或生产换线效率就可大幅提升，进而增加组件的实际产能；采购上由于原辅材料/外购件种类减少，在组织采购时能够减少采购频次，而单品类的采购数量增加，能够增加商务谈判的筹码，为企业争取更有利的合作条件。

综合上面的思考和介绍，企业若期望利用生产数字化转型实现面式产能提升，有三个方面必须要做出改变。

（1）对内部的生产计划能力进行升级。譬如，从物资需求计划（MRP）升级到高级计划与排程系统（APS），使生产计划能力不断的逼近准时化（JIT）。准时化是生产系统利用数字化转型提升产能的主要方式之一，但一定要伴随生产计划能力的同步提升。否则，企业若硬上准时化、供应商管理库存（VMI）等，其结果大概率是简单粗暴地挤压供应商利润，所造成的恶果是早晚会还的。

（2）要打通研发与生产之间的信息流。譬如，集成打通产品研发管理系统（PDM）、计算机辅助工艺设计系统（CAPP）和制造执行系统（MES）之间的数据信息流。使产品信息在研发、工艺和现场制造之间形成高效流转：产品信息既可准确、高效地从研发传递到工艺以帮助工艺进行科学、合理的工艺设计，又可准确、及时地传递到现场制造以指导生产、把控质量。同时，生产还可以将产品制造、使用状况信息快速反馈到研发和工艺，从而帮助研发和工艺快速掌握需求、发现问题，进而完善产品的设计和工艺。

（3）拓展供应链的上下游信息链。譬如，将企业资源计划（ERP）系统向上游延伸到供应商或外协方，使其及时获取物资、服务采购需求，及时备货/投标；向下游延伸到客户，使客户可以在线下单，帮助企业及时把握产品需求的变化，进而帮助企业提高全产业链的协同效率。

CHAPTER 8

第八章

营销业务模型与数字化转型

"比竞争对手更有利润地满足顾客需要。"——菲利普·科特勒

营销数字化转型的要点是"444"：

4个模型：营销业务整体模型、MM模型、数字时代的5A模型、企业营销业务运转模型。

4个转变：从营销产品向价值共创转变、从行为驱动向数据驱动转变、从产品吸引向沉浸式体验转变、从需求管理向建立生态体系转变。

4个策略：从统一认知开始、以销售数字化为起点、用数据驱动业务和决策、避免大而全，专注小而实。

第一节》 营销与销售的区别

一、营销不等于销售

从古至今，营销就是人类商业活动的伴生物。早期商业活动中的叫卖、南货北卖、金字招牌等不就是现代广告、物流、品牌的原始形态么，只不过是没有个学术"名分"而已。而如今社会上仍有部分人把"营销"和"销售"混为一谈，更有人把销售简单地理解为"请客吃饭"，这是一种错误的认知。

出现这样的错误也不能完全归咎为人们的认知水平，毕竟营销发源于销售；加之营销是个英译词，有些许认识偏差要理解。但作为企业营销业务数字化转型的策划者和执行者要清楚地认识到这两者的区别与联系，从而避免数字化转型策划和执行出现"遗漏"或"跑偏"。

营销学在 20 世纪初期被引入国内，但它被引入时并不是叫"营销学"而是叫"市场学"。直到 20 世纪 80 年代初，"营销学"的称谓才见诸国内学术期刊中，其称谓如何从"市场学"变为"营销学"已无法考证，但在当时两者是并行的。直至现今，虽然大部分学者已经只采用"营销学"或将两者合称为"市场营销学"，但有小部分学者仍在沿用"市场学"这一称谓。

国内企业开始应用营销学是从 20 世纪 80 年代后期开始的，由于当时国内商品并不丰富，营销学的应用主要集中在如何将产品卖出去，如分销、渠道等，于是导致人们普遍认为营销就是销售。到 21 世纪初，国内商品普遍供大于求后，国内企业开始真正领悟营销的意义，于是出现了一段时期的大范围研讨、澄清营销与销售区别的热议。那么，营销与销售的区别到底是什么？用一句话概括就是"销售只是营销的后半程"。同时，我也整理了图 8-1 供大家了解它们之间的区别。

二、正确认识营销

在营销体系中，营销的"销"一般由销售部负责。销售部是一线作战部队，负责市场竞争过程中的具体策略的实施——关键是"成交"！"销"的定位是具体运作和操作，效果立竿见影，要把产品"卖好"。

区别	营销	销售
视野格局不同	营销是战略性统筹	销售是战术性策划
思维方式不同	营销是从市场需求出发，以达成客户满意来实现获利	销售是从既有产品或服务出发，以促成交易来实现获利
关注重点不同	营销关注的是市场需求、细分、竞争、趋势、路径、方法	销售关注的是客户、伙伴、订单、服务
行动方式不同	营销是吸引客户来买产品	销售是找客户来卖产品
追求结果不同	营销是让产品变得好卖	销售是把产品卖好

图 8-1　营销与销售的区别

而营销的"营"一般由市场部负责，是参谋部。市场部通过系统的市场信息收集与整理及持续地市场分析来把握市场变化和竞争动态，制订具有针对性的策略与措施，并对销售实施过程进行控制和调整，达到预定市场和销售目标——关键是"谋划"！"营"的定位是运筹帷幄之中，决胜千里之外，不战而屈人之兵，要让产品"好卖"！

"营"和"销"二者合起来才是"营销"。

目前，国内仍然存在一些企业，没有系统从事营销业务也活得挺好的情况，我将其归纳总结为以下三种类型，这或许也是现今企业"有意识"不区分营销与销售的根源。

（1）中小微企业。因为企业规模较小，市场规划职能往往与战略职能一起都由老板个人或决策层完成，不需要单独的部门，而市场的推广传播职能则与销售职能一起混同在销售部门之中。

（2）业务模式单一、处于产业链上游的企业。譬如，代工厂、原材料产地等，由于其自身的战略简单，下游客户数量少，因此不需要复杂的市场工作。

（3）计划经济模式的企业或分支机构。从战略到市场的职能基本被上级机构"包办"，企业不需要动太多脑子，只需要做好执行。譬如，军工集团的下属企业。

上述企业中既有搞不清营销与销售的区别，把营销与销售"一锅烩"的，又有对市场营销工作需求不强烈的。也许还有的企业是在营销变革过程中为了减少阻力，刻意模糊化二者的区别，以便于推进变革进程。

第二节 四大营销业务经典模型

"营销既是一门应用学科，又是一门艺术。"营销学在其成长的过程中不断从市场学、行为学、社会学、心理学、军事学、生态学、系统学等学科中引入或吸收与之相关的思想、方法和工具，并创造性地形成了自身与社会经济发展相契合的观念、理论和工具模型。

这些观念、理论和工具模型无所谓好与坏，也无所谓先进与过时，重在我们能根据不同的实际场景灵活运用。但在此之前，建议企业要先吃透以下几个经典模型，然后因场景灵活地运用其他营销工具模型。

一、营销业务整体模型

营销业务整体模型是以 PDCA 循环为基础，分七个步骤展示企业营销业务运行全过程的系统方法，如图 8-2 所示。它的每次循环都从市场信息收集开始，到效果检查/评估结束，运用严格、规范的方法对市场走势及客户需求进行收集和分析，并据此制定、策划企业可实施、可执行的市场战略、策略及计划，从而确保企业各层级营销业务目标达成，进而推动企业在市场竞争中不断前行，并保持方向的正确性。

营销业务整体模型包含市场信息收集、市场分析、制定市场战略、制订市场策略、聚合市场策略、执行营销活动、效果检查/评估七个步骤。每个步骤可采用的方法、理论和模型都很多，企业需在理解每个步骤的核心诉求的基础上，再结合企业战略及企业实际情况有取舍地灵活应用各种方法、理论和模型。

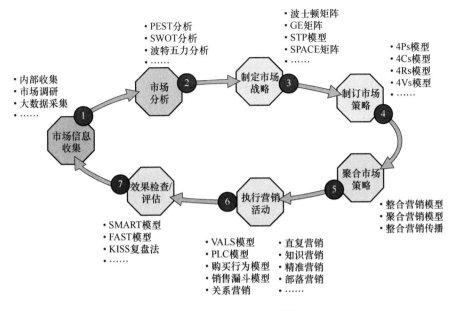

图 8-2 营销业务整体模型

（一）市场信息收集

孙子兵法云："知己知彼，百战不殆。"市场信息收集是企业谋划市场的前提，是减少或利用信息不对称的基础。因此，企业在策划营销业务前要尽可能多地、尽可能全地收集与企业相关的各种市场信息，如市场政策信息、产品功能信息、产品市场反馈信息、客户需求信息等。

通常情况下，企业通过内部收集就能获取到绝大多数的市场信息，它们可以来源于战略部门、研发部门、生产部门、售后服务部门等，但需要企业注意以下两点。

（1）市场信息收集是一项长期的工作，需要日积月累。我们暂且不论突击式信息收集的工作量大，其中存在的诸多瑕疵和欠缺并不利于后续分析。

（2）收集到的市场信息通常是碎片化的，需要先进行分类、整理和归纳后方能被企业有效利用。

除了内部收集，对于一些目标市场、目标产品，企业也能委托第三方开展市场调研，进而获取到目标市场、目标产品的第一手信息。当然，有条件的企业也能通过大数据分析获取及时的市场信息，这也是企业营销业务数字化转型的高阶目标之一。

（二）市场分析

市场分析是企业理解市场的过程。市场分析的目的是全面、正确地掌握市场现状，科学、合理地预测市场未来发展趋势，在对比市场和企业的现状及趋势中发现自身的机会和威胁，研判企业及产品的优势和劣势，为营销战略的制定提供合理、必要的信息或数据支撑。在市场分析过程中，企业可利用 PEST 进行宏观环境分析，利用波特五力进行竞争环境分析，利用 SWOT 进行机会与威胁、优势与劣势识别，利用价值链分析研判和改善自身的关键点等。

但需要提醒企业注意的是，在市场分析过程中务必不要忽略企业的整体战略，不要就市场分析而分析，要与自身整体战略保持方向一致。当然，若分析结论确需企业对整体战略进行改变时，也可与企业整体战略形成互动改进。

（三）制定市场战略

制定市场战略是企业明确营销方向、目标、路径和主要方法的研判过程，其目的是为了维持或创造企业市场竞争的长期优势。在制定市场战略过程中，企业可利用 STP 模型进行市场细分、确定目标市场和进行市场定位，利用波士顿矩阵、GE 矩阵进行产品组合研判，利用 SPACE 矩阵进行战略方向、路径和方法的研判与选择等。当然，最终制定的市场战略一定是基于企业整体战略框架下的分领域战略。

（四）制订市场策略

制订市场策略是企业针对不同细分目标市场开展不同营销活动的具现化方法、原则，甚至是规则。其目的是为企业每一个目标市场确定具体的、可执行的目标和方法。对目标市场制订市场策略时，企业可用到的理论及模型可以是 4Ps～12Ps，可以是 4Cs、4Rs，也可以是 4Vs 等，它们从不同的角度给企业展示了制订市场策略的具体方向和内容。

需要企业注意的是，企业要根据目标市场的具体情况和产品的特性来灵活选用使用的理论及模型。譬如，对于供不应求的目标市场、计划型产品可以应用 4Ps～12Ps 模型来制订市场策略；对于供大于求、完全市场竞争产品可以应用 4Cs 模型制订市场策略；对于线上营销占主流的市场或产品可以应用 4Rs 模型、4Is 模型、上瘾模型等制订市场策略。企业可以相互借鉴各模型的内容进行混合运用或综合运用，切勿生搬硬套。

（五）聚合市场策略

聚合市场策略是对已制订的市场策略的一种统筹，其目的是将企业有限的资源进行整合利用以确保各目标市场策略发挥最大效用。由于企业对各目标市场制订市场策略是有针对性的，而按照系统工程方法，企业最终对外营销行为要形成一个整体执行计划，所以企业需要对各目标市场的市场策略进行审视、整合和融合，在控制或降低企业营销成本的同时使企业整体营销产生最大价值和回报。

（六）执行营销活动

执行营销活动是将营销业务价值变现的一系列过程。通俗地讲，执行营销活动的目的就是用最小的代价实现企业产品最大获利。执行营销活动的关键在于准确把握目标市场客户的消费习惯和产品消费状态，至于具体可采用的营销方式和技巧，我们可以将其视为营销人的"艺术"。

譬如，关系营销、直复营销、知识营销、部落营销等。这些营销活动的执行既有企业资源的支持、企业与营销人的策划，又有营销人的灵活运用，但其不变的宗旨是用最小的代价实现企业产品的最大获利。

（七）效果检查/评估

效果检查/评估是对企业营销活动执行效果的阶段性回顾，其目的是总结经验和不足，激励营销人的创造和执行热情，为持续改进营销行为、确保营销战略目标达成提供监督和保障。

在效果检查/评估时，企业可利用 FAST 模型评价营销活动效果；利用 KISS 复盘法对营销活动进行复盘总结，促进营销行为的持续改进；利用 SMART 模型激励营销人的创造和执行热情，确保营销战略目标达成等。最后，效果检查/评估的相关信息又会进入到市场信息收集的范围中，进而开始企业营销业务的下一次循环。

二、市场管理模型

市场管理（MM）模型是 1994 年由 IBM 提出的，华为在国内成功应用后被广为流传。MM 模型是一套系统化的业务规划方法，能对广泛的机会进行选择和收缩，并制定出以市场为中心的且能带来最佳业务成果的业务战略、规划和计划，如图 8-3 所示。

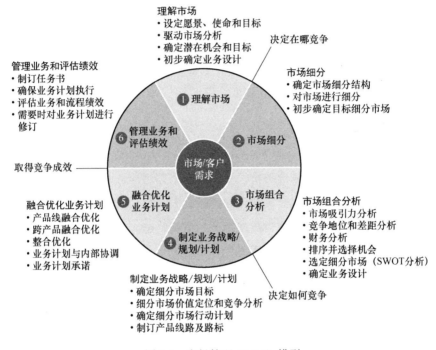

图 8-3　市场管理（MM）模型

MM 模型也可被看作企业市场管理的高阶流程。它强调从市场出发，在理解和洞察市场的基础上，进行市场细分并选择目标市场。同时，企业可以进行目标市场的业务战略及计划的制定。然后，企业要识别关键战略举措，制订细分业务规划和计划，并整合优化形成业务单位的具体执行计划。最后，企业要对业务战略、规划及计划实施监控和绩效评估改进。

实施市场管理的六个步骤已在市场管理（MM）模型中标明，企业可参照执行。但需要提醒的是，对于每个实施步骤，企业应根据自身行业属性和业务的具体情况灵活选择适配自身的战略和营销方法论、工具和模型，以及相关组合。

三、数字时代的 5A 模型

在营销界，不懂客户购买路径就是个笑话，而在企业营销业务数字化转型中，不懂客户购买路径同样也会成为一个笑话。但进入数字时代后，受信息技术普惠影响，客户的购买路径较过去出现了新的变化。譬如，客户对品牌的选择，在过去更多是由客户自主确定的，而在数字化时代则更多是受到客户所处环境（社圈、亲朋、舆论等）影响的。客户对品牌的忠诚度，在过去更多表现为"愿意再购买"，而在数字化时代则更多表现为"拥护行为"，包括再购买、产品推荐、品牌维护等。

数字时代的 5A 模型（见图 8-4），是以菲利普·科特勒的"5A 客户行为路径"为理论基础梳理出的客户在数字时代的购买进程。该模型真实地反映了数字时代的客户购买进程，并告诉企业在某一时刻提供意外惊喜后，如何引导客户转变为忠实的品牌/产品拥护者。企业营销业务数字化转型相对其他核心业务数字化转型是较为容易的，但要做好营销业务数字化转型，需要转型者细品数字时代的 5A 模型。

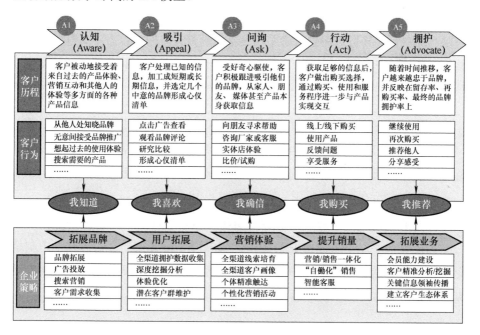

图 8-4　数字时代的 5A 模型

（一）认知（Aware）

认知是指潜在客户通过数字化方式了解品牌的行为过程，包括但不限于查看广告、浏览品牌/产品宣传、搜索产品等。在这个过程中，客户通常被动地接受着来自过去的产品体验、营销互动和其他人的体验等多方面的各种产品信息，是企业扩大潜在客户群体量的第一道关口。

此时的关键是企业要扩大品牌/产品信息的丰富程度和曝光程度，所以对于品牌/产品信息的发布数量和浏览次数的要求尤其重要。

（二）吸引（Appeal）

吸引是指客户被品牌/产品信息所吸引，进而产生互动的过程，包括但不限于点击广告进行详细查看、收藏/点赞/分享广告信息、阅读与品牌/产品相关的评论和分析等。在这个过程中，客户通常会将已知的信息加工成短期或长期信息，并选定几个中意的品牌/产品形成心仪清单，这是客户选择或锁定品牌/产品的关键时刻。

此时的关键是企业要提高品牌/产品的信息质量和增加与客户的互动频率。所以，拥有令人耳目一新的信息元素更容易吸引客户的注意力，而有效的互动叠加更能让品牌/产品留在客户心里，进而促成客户选择或锁定品牌/产品。

（三）问询（Ask）

问询是指客户主动搜索并且产生问询和实物体验的过程，包括但不限于问询或咨询客服、预约、到店体验、比价等。在这个过程中，客户通常会受好奇心的驱使从家人、朋友、媒体甚至是品牌/产品本身跟进吸引他们的品牌/产品，这是潜在客户向实际客户转变的关键时刻。

此时的关键是企业要能有效地吸引潜在客户的深度问询和提供打动客户心弦的回复，所以一方面企业要在主流或热门渠道（如平台、网站）中制造更多的社会正面信息；另一方面企业要提前做好客户画像模型及标准问答回复，以便于为客户提供优质的、针对性的营销体验。

（四）行动（Act）

行动是指客户下单购买、使用、反馈感受的过程，包括但不限于预订、购买、使用、投诉、建议等。在这个过程中，客户通常认为已获取足够的信息并做出了购买选择，通过购买、使用和享受服务进一步与品牌/产品实现交互，这是培育客户忠诚度的关键时刻。

此时的关键是企业要扩大下单客户数量和提供优质的使用体验。所以，一方面企业要以合适的价格或优惠活动吸引更多的客户进行购买；另一方面企业要让客户真切地感受到购买使用产品后的关怀和服务，以及对产品的疑问、投诉、建议等的快速响应及妥善处置。

（五）拥护（Advocate）

拥护是指客户主动复购、推荐品牌/产品，并自发维护品牌/产品声誉的过程，包括但不限于复购、推荐、分享、建议、辩驳等。在这个过程中，客户通常会随着时间推移越来越忠于品牌/产品，并愿意聚合在一起形成品牌/产品的拥护圈，进而影响和带动部分社会群体向品牌/产品聚拢。

此时的关键是企业要维护好已聚合的拥护圈并逐步扩大拥护圈的影响力。所以，一方面企业要持续提供优质的品牌/产品信息、使用或试用体验，提升产品复购率和推荐率；另一方面企业要着重开展拥护圈的生态建设，通过拥护圈的自我循环、辅助提升影响力、提供必要的或令人羡慕的活动等方式逐步扩大拥护圈的体量和社会影响范围。

总体来说，数字时代的 5A 模型更适合企业营销业务数字化转型的前台交互转型。它通过对客户购买过程的描绘，向企业展示了企业与客户接触的关键时刻和接触方式，为企业利用信息技术实现与客户互动指明了方向。企业在营销数字化转型时若能善用信息技术参与到这些关键时刻中，将能拓宽企业的营销渠道、增加或增强与客户的互动、提升客户的便利性，进而在市场端形成差异化的竞争优势。

四、企业营销业务运转模型

通过本章前面对营销业务的解读，也许大家会感觉"营销似乎是企业的一体化行动"。大家有这种认识就对了，营销与销售的不同之处也正是如此。

在现代企业中，销售可以由企业中的单一组织承担其运转职能，而营销则需要企业中的多个组织共同承担其运转职能。这一点在体量越大的企业中越明显，而在体量越小的企业中，营销的部分运转职能越容易被隐含在企业决策层和其他业务单元中，甚至是被外包到第三方而更被企业所忽略。

但对于企业营销业务数字化转型来说，我们又必须要清楚地认识到营销业务在企业各组织间的运转逻辑关系，把营销系统的内部结构、要素以及要素间的逻辑关系厘清，这样才能正确地应用信息技术将其全面、完整地映射到数字世界，否则就可能变成打着营销数字化转型的大旗，干着销售数字化转型的事。

企业营销业务运转模型（见图8-5）是结合数字化转型咨询实践，归纳总结的企业营销业务运转模型图。该运转模型与图8-2营销业务整体模型完全契合，其目的是揭示营销业务在企业中的业务流、信息流，以及运转职能在企业不同组织中的分配，从而提示企业数字化转型者不要忽略或遗漏营销业务的一些关键要素，确保企业营销业务数字化转型的完整性。

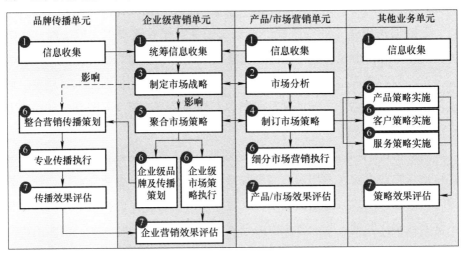

图 8-5　企业营销业务运转模型

<h2>第三节　营销数字化转型规划</h2>

在数字时代的今天，客户获取信息的渠道越来越多元化，企业与客户之间的信息不对称消融得越来越快，甚至是企业的一些商业秘密在不经意间也

能被快速流传。在这种时代背景下，传统的线下营销方式和手段显得越来越力不从心，那么企业营销业务的数字化转型在信息技术的驱动下又该何去何从呢？

现代营销学之父菲利普·科特勒在《营销革命4.0》中提出，数字化时代的营销要以用户自我价值实现为目标，以社群、大数据、连接、分析技术与价值观营销为基础，企业应将营销的重心转移到如何与消费者积极互动上，让消费者更多地参与到营销价值的创造中。

一、从营销产品向价值共创转变

虽然早在20世纪90年代出现的4Cs理论就已经在倡导营销应从"以产品为中心"向"以顾客为中心"转变，但直到21世纪初期，国内大多数企业的营销仍旧围绕产品做文章。在此期间，也有部分企业利用互联网络开展营销活动，但多数是以广告、软文为主的单向内容营销，客户无法与企业形成及时互动，其本质依然是以产品为中心的推荐营销活动。

2010年以后，随着大数据、云计算、移动互联网的普及，以及微信的广泛应用，以开放、连接、互动、共享为特点的数字时代开始渗透进人类社会活动中，这也使企业营销真正向"以客户为中心"转变成为可能。直至现今，在新一代移动互联网技术的推动下，以微信圈、公众号、小程序、直播等为代表的虚拟社群使人们获得信息的渠道越来越丰富；加之市场上产品的同质化日趋严重，使"个性化""我喜欢""我愿意"成为影响客户购买决策的主流导向。

这些情况倒逼企业在营销数字化转型时，不得不放弃过去自说自唱式的眼球营销策略，转而增加与客户的实时互动，将客户拉入到品牌/产品的价值共创中，以求与客户形成心灵共鸣，进而促进客户的购买意愿。

企业营销数字化转型实现价值共创的关键，在于利用各种信息渠道将客户意愿引入到企业研发、设计、生产和销售环节中。企业通过建立与客户间的连接，聆听客户的声音，引导客户为品牌/产品贡献自己的知识、体验、感受，让客户深刻感受到品牌/产品的价值最终是由客户与企业或其他利益相关者共同创造的，并且产品最终价值是由客户来决定的。

价值共创对企业、对客户均具有重要意义。一方面，企业让客户参与价值共创，可以帮助企业提高服务质量、降低成本、发现市场机会、创新产品、提高品牌/产品知名度和价值。另一方面，客户通过参与价值共创，其角色从价值使用者转变为价值创造者，在此过程中能获得独特的品牌/产品体验感，同时还能获得自己满意的产品，进而提高客户的满意度和忠诚度。

譬如，企业通过建立公众号、粉丝群等方式可以实现与客户间的去中介化沟通与交流，客户的建议、投诉、评论等可及时反馈到企业的研发、设计、生产和服务中；企业的品牌/产品知识、问题解决处置信息、服务关怀可以直达客户。同时，这些建议、投诉评论又能让潜在客户获得真实体验与社交评价，进而影响其消费意愿和购买决策。

价值共创不仅仅适用于"To C"模式的产品，同样也适用于"To B"模式的产品。两者虽然在目标客户和营销关注点上有所不同，但引导客户参与价值共创的方式是可以共用的。"To C"的目标客户是个体用户，用户基数大，因而企业可以采用先广撒网，再精耕细作的方式。而"To B"的目标客户是企业决策者，用户基数小，并且企业的购买决策多与企业预算、成本、回报率等挂钩，这使其购买行为更为理性和谨慎。

因此，对于"To B"目标客户的价值共创，企业应将重点放在产品和服务上，要主动问询客户对产品研发、设计的期望，尽可能地主动帮助客户提升产品使用效果，通过线上与线下相结合的方式不断完善产品和服务的质量，从而提升品牌/产品在业内的口碑。另外，针对"To B"客户的价值共创，不仅仅是对企业的价值共创，也需要对客户的价值共创。客户在决定购买产品时，不仅仅期望获得产品的使用价值，也期望获得更多的知识。

譬如，与产品相关的研究成果、经营理念、管理方法等。这就要求企业在建立价值共创渠道时要充分考虑相关知识的传播方法与途径，将"信息获取"转变为"信息收益"，为客户提供高质量、专业化的知识服务，使客户感到自己获得了更多的收益，从而加深客户对企业品牌/产品的认同，进而形成企业与客户的共赢模式，提升客户体验和忠诚度。

二、从行为驱动向数据驱动转变

进入数字时代后，过去成本高昂的营销活动行为正在逐步被新一代信息技术所取代，企业的营销业务也逐步从"信息化+线下活动"走向了全面数字化。从全业务流程数字化，到客户行为数字化、客户数据分析及价值挖掘、客户需求精准把握，新一代信息技术已渗透到企业营销的各个环节中，成为推动企业营销业务运转的重要力量。数字驱动营销的模型如图8-6所示。

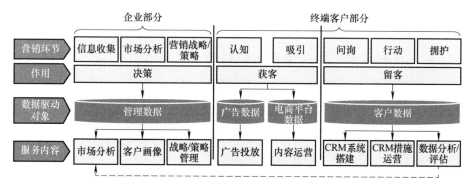

图 8-6 数字驱动营销模型

（1）借助新一代信息技术，企业可打通多平台的数据信息，甚至是外部大数据，并将各渠道收集的客户信息进行汇总处理。企业通过对客户行为数据、消费数据、关系数据、语音语义等海量信息进行收集与存储，利用大规模训练集群、自然语言处理、生物信息、神经网络等人工智能技术进行分析，实现对客户数据进行标注、图像识别、情绪识别等，进而描绘出精准的客户画像。

再通过客户画像的积累，企业又可以更好地划分客户类型，建立客户价值矩阵，进而筛选、识别出高质量的客户群。企业再借助信息技术实现对公域/私域、线上/线下的全业务场景数字化覆盖，对高质量客户进行精准的定向输出信息或定制化产品推送，实现更为实时的面向客户生命周期关键节点的自动化、高效化营销。

（2）企业将客户信息与 CRM 系统进行无缝衔接，实现市场与销售数据的全面打通，并将实时获得的最新线索与客户行为轨迹自动分配给销售团队，提升协作与沟通效率，从而帮助企业提升不同获客渠道的转化投资回报率。

（3）借助新一代信息技术，企业可实时获得营销结果的反馈，实现对客户转化率、复购率、忠实度等指标的判断，从而实现营销闭环全过程，赋能下一轮的营销活动。

总体来说，企业营销要转变为数据驱动，就要具备快速获取数据、分析数据的能力，并利用数据更好地理解客户需求，制订营销策略和行动计划，最后依据执行数据对营销行动进行不断的优化调整。无论是决策层还是执行层，也无论是策略制订还是计划执行，"用数据说话"都是其核心准则。

三、从产品吸引向沉浸式体验转变

在整个营销过程中，企业与客户间不断地进行信息交互是不变的主旋律。从客户"了解产品"到"决定购买"的过程中，企业一方面需要与客户进行频繁的信息交互以增强对客户的吸引力，另一方面需要运用适当的方式促进客户决定购买以将潜在客户转换为实际客户。

在传统的营销模式中，企业增强对客户的吸引力、促进客户决定购买的主要方式是通过产品宣传、企业承诺、其他用户评论等信息传递，从而辅助客户进行需求与价值判断。这些方式从本质上说，都属于利用产品信息来吸引客户并促进客户决定购买。

而在这个过程中，由于企业对客户真实需求的把握可能存在偏差，信息提供方与客户之间存在信息不对称。客户出于谨慎，需要大量信息进行互验真实性，导致不能及时获得有效信息，下定购买决策缓慢。而在企业就反映为营销业务成本高，整体效率低。

企业在营销数字化转型中应用人工智能（AI）技术可以大幅提高企业与客户间的信息交互效率，同时也能极大降低企业的运营成本。近年来，随着AI技术不断成熟，AI技术已具备自然语音识别、OCR识别、知识图谱整理、机器学习等功能，甚至能提供智能化建模功能，如无代码建模、Jupyter建模等。这些功能都有助于企业提升与客户的交互效率，增强对客户的吸引力。

譬如，应用自然语音识别技术，可以实现感知与认知自然语言，使企业能随时随地、实时高效地与客户进行"无门槛"信息交互；应用知识图谱和智能推理技术，可以实现自动检索阅读，与客户进行智能问答，分析、记录、归纳客户的消费与行为数据，向目标客户自动推送信息；应用机器学习和智能化建模，可以实现对数据信息的智能理解、控制、分析，甚至是科学预测和智能推演洞察。

另外，企业在营销数字化转型中应用虚拟现实（VR）或增强现实（AR）技术，可以大幅促进客户下定购买决策的效率。这也是营销数字化所追求的面向客户的沉浸式体验营销。

VR/AR 技术是将真实世界信息与虚拟世界信息"无缝"集成，实现虚实共融的新一代信息技术。它能将原本在一定时间和空间范围内难以体验到的实体信息，通过信息技术模拟仿真后再叠加，将虚拟的信息应用到真实世界，让客户直观地感受到产品的使用体验。

但企业要想在营销业务中应用 VR/AR 技术，前提就是将产品数字化。产品数字化程度越高，带给客户的沉浸式体验感就越丰富，客户下定购买决策的效率就越高。譬如，产品 360 度 3D 视角可以带给客户直观的产品使用视觉体验；产品虚拟仿真可以带给客户在不同场景下的产品使用感受体验；而通过 AR 技术及设备的配套使用可以带给客户与现实感官相似的视、听、用等体验。

有实验数据表明，由于 VR/AR 技术的沉浸式体验极大地减少了客户购买前投入的成本，并且体验方式快捷、方便，客户很容易接受和参与这种产品体验，并且在经历过沉浸式体验后，更容易增加对产品的好感度和认知度，进而更容易下定购买决策。

四、从需求管理向建立生态体系转变

从营销学诞生之初开始，营销管理的本质就是对需求的管理。菲利普·科特勒在《营销管理》一书中也明确提出"市场营销管理的实质是需求管理"。在企业开展营销业务的整个过程中，"需求"毫无疑问是所有营销策划、活动的基础。用系统工程的观点看，客户需求是触发企业营销系统的输入，满足客户需求是企业营销系统功能的输出。而企业营销系统就是要分析需求，在充分了解客户的同时与客户进行沟通，并引导客户进行消费以满足客户的需求。

从这方面看，营销将需求管理作为核心内容并没有什么不妥。但不要忘记，任何系统都需要在特定环境中能处于一种稳态才能被称为稳定的系统。

那么企业营销系统又处在一个什么样的环境中呢？我们先看看企业营销系统所处的理论环境，如图 8-7 所示。

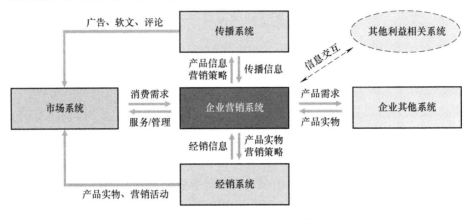

图 8-7　企业营销系统理论环境模型

（1）企业营销系统本身是不能产生产品的，它需要从企业其他系统中获取产品。

（2）企业营销系统对客户需求进行管理，客户需求又来自外部市场系统，它又需要从外部市场系统中获取客户需求，然后通过自身的运转使客户需求与产品相匹配，再输出给客户以满足客户需求。

（3）现阶段大多数的企业营销系统都不包含传播渠道、经销渠道，即产品信息需要通过传播渠道才能触达客户，产品实物需要通过经销渠道才能转递到客户手中。

为此，企业营销系统又需要与这两个系统进行关联。那么，企业营销数字化转型的现实环境又是怎样的呢？到 2022 年，我国网民的规模就已经超过 10 亿，互联网普及率超过 70%，增速已明显放缓。

而对于市场存量竞争来说，企业仅仅做好需求管理显然是不够的，因为企业在深度感知消费者需求变化，捕捉到消费需求信号后，还需要及时对消费者需求做出反馈，敏捷地提供消费者所需的实际产品或服务，并成功实现价值变现。同时，企业还需要对营销成本、产品成本进行有效控制，避免日趋高昂的运营成本将企业拖入"赔本赚吆喝"的困境。

回归营销"价值变现"的根本目的，打通营销与企业价值变现的连接来做实营销，在企业内部和外部之间构建起一个全方位互动协作、共生共赢的营销生态圈，已成为当下许多企业的共识。它的本质也就是回归企业营销系统理论环境，用系统思维建立一个稳态的营销生态系统。

具体来讲，企业数字化营销生态圈应该是一个从企业由内向外的、覆盖线上线下且具备自我循环的、能用最小代价满足消费者需求的价值供需体系。它既包括企业外部的市场、竞争、客户等，又包括企业内部的战略、研发、生产、销售、服务、组织、文化等，还包括与企业利益相关的渠道、终端、广告、公关、促销等。企业要利用各种渠道和方式将这些要素进行系统的串联和整合，通过不断地互动和协作，形成整体强大的核心竞争力，实现企业与客户、经销商、传播商等各方的共生共赢，为企业的成长与发展提供最有力的保障。

譬如，国内著名电商平台之一的京东就成功地建立了包括京东商城、京东金融、京东物流、大数据平台等业务的数字化营销生态圈，实现了线上线下的全方位覆盖。同时，京东还与供应商、渠道商等建立了紧密的合作伙伴关系，实现了相互间的协同合作与共生共赢。

总体来说，企业营销业务的数字化转型从需求管理向建立生态体系转变，只是回归营销本质的系统观。它并没有改变营销业务是"比竞争对手更有利润地满足顾客需求"的核心思想，而是让我们要以系统的思维来构建完善的营销体系以适配当下的市场竞争环境，确保企业最终获得商业成功。

第四节　营销数字化转型的实施策略

企业营销业务要进行数字化转型既是最容易的，又是最难的。说它"容易"是因为进入数字化时代后，随着消费者获取信息方式的改变以及消费习惯的改变，已迫使许多企业在营销领域先行吃了"螃蟹"，给后人留下了许多可借鉴的方式、方法和工具。现今的后进企业要踏足营销业务数字化转型，可应用的模式和工具基本都是现成的，甚至大部分可以照搬。

而说它"难"是因为营销业务自身所需要的创新性和协同性使企业要做

好、做实营销业务数字化转型，让转型给企业带来实实在在的效益却很难。为帮助企业稳步实现营销业务数字化转型，避免将转型干成"虚有其表"或"华而不实"的面子工程，本书为营销业务转型的策划者和决策者提供以下实施策略。

一、从统一认知开始

营销数字化转型与企业其他业务数字化转型的最大不同之处在于，营销数字化转型不是一两个部门的事，需要企业从上到下、从前到后的全方位配合与协同。据有关统计数据显示，在营销数字化转型方面失败的企业有 80% 是由于企业决策层简单地将营销数字化转型丢给了市场部门和 IT 部门。这样做的结果就是所谓的营销数字化转型一方面缺乏对企业整体战略观的把握，转型只是对现有业务在数字世界的映射，未形成对企业战略发展的有效支撑；另一方面又受制于部门壁垒的阻碍，导致营销的部分"行动"环节难以真正全面落地，如产品策略在研发和生产环节的实施。

最终，企业的营销数字化转型，好点的被干成了销售数字化转型，差的就成了业务信息化，甚至是面子工程。因此，企业在决定开展营销数字化转型前，先要从上到下统一对营销数字化转型的认知，从业务转型特性、行业属性、企业战略、组织文化等底层因素，清晰地认识到营销业务数字化转型的需要、难度和价值，特别是企业决策层需要对此形成统一的认知。

（1）营销数字化转型是一个长期的、系统的工程，不可一蹴而就。它包括企业战略在营销领域的延展、营销业务流程数字化再造、营销业务数字化应用创新与整合、营销业务底层数据平台搭建、数据技术选择与应用、与其他业务平台的数据贯通与统一、营销数字化团队的组建与培养等。这是一项需要企业持续花大精力逐步建立并运营的系统工程。这个系统一旦成熟运转，将会在企业内部、外部形成一个良性循环的生态圈，从而构成企业在市场中的竞争壁垒，其长远价值是不可估量的。

（2）营销数字化只是一种方法和工具，核心是要提升企业价值变现。现代管理学之父彼得·德鲁克认为企业只有创新和营销两个基本功能，即一是开创差异化的产品与服务，二是通过营销成为顾客心里在某个领域的首选。

我认为，这两个基本功能的终极目的是实现企业价值变现。

营销数字化从表现上看只是拓展了传统营销的广度与深度，提升了企业品牌/产品的覆盖率和触达频次，使企业在增加客户触点、加强与客户互动、提升客户体验感观中多了一种可选择的方法和高效的工具，但它并未改变实现企业价值变现这一终极目的。

所以，企业在开展营销数字化转型时，一是要始终围绕提升企业价值变现这一核心，凡是阻碍这一终极目标实现的事都应当为此"让路"或"妥协"，毕竟企业开创的差异化产品与服务再好，若不能实现价值变现，对企业就没有意义。二是要整合线上与线下营销，实现线上线下营销的互动和统一，毕竟营销数字化转型只是为营销业务多提供了一种方法和工具，而不是让企业放弃传统的营销。

（3）营销数字化转型要服务于企业战略，适配于企业组织文化。服务于企业战略就是要对企业战略目标达成形成支撑，这一方面需要企业管理者透彻地理解企业战略诉求，另一方面需要企业管理者结合市场类型、行业特性、企业属性等选择合适的营销数字化转型路径。

譬如，"To C"企业转型可以大力拓展电商、粉圈和自动化销售；"To B"企业转型可以大力拓展数字化媒体、知识圈和线上线下联动；军工企业转型可以大力拓展需求收集分析、定性知识推送和智慧服务等。适配于企业组织文化要充分考虑现有资源能力、业务能力、组织能力和人才培养能力，使营销数字化转型与组织的资源、需求和能力相契合。

二、以销售数字化为起点

通过对营销概念和业务过程的理解和掌握，我们会发现，对于还没有开始营销数字化转型的企业来说，营销业务的前半程——从信息收集到聚合市场策略——要实现数字化转型是较为困难的，而营销业务的后半程——从执行营销活动到评估检查——要实现数字化转型则相对容易。这是因为营销业务的前半程是分析决策过程，需要大量的信息数据做支撑和人脑辅助判断决策。

但对于没有开始营销数字化转型的企业来说，它们既缺乏数字化的营销信息数据积累，又缺乏标准化的辅助判断决策模型，而这两项的缺乏对营销业务前半程的数字化转型是致命的。相反，营销业务后半程是执行和评价过程，是产生和管理信息的过程，并且相关的标准、工具、模型等又有成熟的参考可供借鉴。这对于营销业务后半程的数字化转型可以说是较为理想的环境，企业要实现成功转型相对更容易。

那为什么营销数字化转型通常以销售数字化为起点呢？我们把营销业务后半程的内容具体拆开来看，包括传播、销售和评价三大部分。

传播是企业向目标市场传递品牌/产品信息以吸引潜在客户注意力的过程。传统营销中的传播方式主要是平面广告、电视广告、宣传手册/单、报刊评论、巡展、经销商大会、客户大会、宣传活动等。而数字化传播则是利用数字信息技术、设备和网络将企业品牌/产品信息数字化后进行更为广泛的传递，其传播方式主要包括数字广告、数字多媒体、数字视频、数字新闻、微博、博客、播客、互动问答、评论回复、粉丝圈、搜索引擎优化等。

通过这么一比较，相信大家都会发现，数字化传播与传统传播在本质上并没有什么不同，只是传播载体变了，传播覆盖面广了，传播效率高了。更重要的是，这些都有成熟的第三方公司为企业提供相应的平台、工具和服务。如此看来，企业在营销传播方面的数字化转型并不需要进行多少实质性的改变，而是需要转变营销传播工作的形式，将数字化传播纳入到传播方式的必选项中。

销售是实现企业价值变现的最终过程，主要包括客户关系管理、报价管理、订单管理、合同管理、营收管理等内容。在这个过程中，企业可以获得第一手的潜在客户信息、消费需求信息、品牌/产品评价信息、竞争对手部分信息，可以建立各种渠道关系、人际关系，可以产生和积累各种销售信息、场景信息。

在传统的销售中，这些信息的收集和存放是分散的，信息的反馈和传递是低效的，信息利用和分享是局部的或低质的。而对销售进行数字化转型除了能规范业务运行、提高业务运行效率、降低业务成本，还有一个重要的作用就是能将这些收集和产生的信息进行集中的、标准化的、结构化的统一管理，并通过不断积累形成企业专有的数字资产。这些不断积累的数字资产又是营销业务开展市场分析、制定营销战略和策略、评价营销效果所需的主要信息来源。

同时，现今企业若进行销售数字化转型，有许多成熟的工具可选择、使用和借鉴，如 CRM 系统、OMS 系统、SCM 系统、SPM 系统、ERP 系统等。也有许多大型软件提供商可以为企业销售数字化转型提供专业的系统建设服务。与业务贴合，有明显的当期收益，又能为未来打基础，还有较为成熟的工具和服务商，企业何乐而不为呢？

营销的评价又可细分为传播效果评价和销售效果评价。传播效果评价通常是借助第三方公司或平台进行调研和数据信息收集，相关的数字化工作不多，并且以数据接口开发为主；而对于销售效果评价的数字化功能多已集成在前述销售数字化系统中，企业需要做的仅是在相关系统中进行个性化配置或设置。

综上，在营销业务数字化转型相对容易的业务后半程中，销售数字化占据着转型的主体地位，并且是营销业务其他环节实施数字化转型必需的数据来源，同时又有许多成熟的工具和服务商可供企业选择，这能较为确定地在未来带给企业某方面业务能力的提升或改善。因此，多数企业本着"由易到难"和"未来可期"的原则，将销售数字化作为营销数字化转型的起点。

三、用数据驱动业务和决策

用数据驱动业务和决策是企业实施营销业务数字化转型的一项核心内容和诉求，涉及的相关内容已在本章第三节初步介绍。这部分的重点是用总结的实践经验来告诉企业，如何通过一步一步的数字化转型实现用数据驱动业务及决策。

第一步，营销业务流程数字化。营销业务流程数字化是整个转型工作中相对容易的，也是最基础的工作。简单地说，营销业务流程数字化就是将企业现实世界中的各项营销业务流程（包含执行办理流程和管理流程）进行数字化再造后映射到数字世界中。这一步的关键在于对营销业务流程的数字化再造，而不是建了多少平台、上了多少系统、开发了多少软件。营销业务流程的数字化再造有五个要求。

（1）要求流程清晰且全面覆盖实际业务。

（2）要求流程适配业务战略、适配数字化运营。

（3）要求流程横纵贯通，能实现端到端运行。

（4）要求流程与必需的风控、质量、安全、保密等管控要素相融合。

（5）要求流程保有可控的灵活性以适应未来的业务创新。

企业只有将符合要求的经数字化再造后的营销业务流程运用信息技术映射到数字世界，才算是真正实现了营销业务流程数字化。

第二步，产品和服务数字化。营销的产品和服务数字化就是企业利用信息技术、平台或渠道将产品和服务的相关信息进行展示、传播、传递、体验、互动等。这一步的关键在于要正确理解信息化与数字化的区别（参见本书第四章第二节的内容），否则很容易就停留在信息化水平而不自知。

在产品/服务数字化过程中，企业只要牢牢抓住"从生意视角思考"和"掌握原始素材"这两个关键点，就基本不会跑偏。譬如，将产品的三维信息、工况信息等用数字化方式表达；将客户需求、客户信息、渠道信息等用数字化方式进行收集、归类与分析；将各种销售场景、过程和结果用数字化方式进行表达、收集与分析；利用信息技术建立与客户的及时互动，提供高效及时的支持与反馈服务等。

需要提醒企业的是，产品和服务数字化是个反复迭代升级的过程。受投入成本、产品生命周期等因素影响，期望"一步到位"基本是不现实的，企业通常应采用由粗到细、逐步深入扩展的方式逐渐积累和细化。

第三步，营销数据治理。营销数据治理是有效利用营销数据，实现数据驱动业务和决策的关键一步。用数据驱动业务和决策的基本要求是数据能真实、全面地反映业务状况和市场动态，而营销业务流程数字化、产品和服务数字化所收集、产生的数据，由于各种内部、外部原因可能存在杂乱、片面、错误的情况，这些低质的数据对于驱动业务和精准决策的作用是有限的，甚至是有害的。

譬如，市场部门、销售部门和发运部门统计出的产品市场铺货量差异巨大，来自企业不同部门反馈同一客户对同一产品功能的改进诉求相互矛盾。所以，我们需要对营销数据进行管理，统一数据的定义、属性、标准、结构、用途等，从而保障营销数据的质量，为分析业务状况、洞察市场需求、支撑精准决策提供真实、及时、全面的数据。

第四步，营销数据分析模型化。营销数据分析模型化就是要根据企业战略、营销战略、决策需求、管理诉求等建立不同场景下的标准数据统计、分析、展示模型。这是利用信息技术快速反馈业务状况，辅助精准决策的重要手段。譬如，客户需求变化趋势模型，品类销售下钻分析模型，渠道存量预警模型，等等。营销数据分析模型的建立和应用也意味着企业营销业务真正开始步入数据驱动业务和决策的阶段。

四、避免大而全，专注小而实

营销业务数字化转型与其他主价值链业务的数字化转型有一个不同之处，就是它可以很容易地将业务拆分成小项目、小模块进行单独转型运营，而对营销业务的整体运营可以不产生强逻辑关联影响。特别是在执行营销活动这一环节，该特性表现得尤为明显。因此，营销业务数字化转型不需要企业一开始就搞得大而全，可以从一些小模块、小尝试开始，取得成功后逐步做实，最后再进行数字化业务的迁移、延展或推广。

这种做法有点近似于研发业务的最小化可行产品（MVP）模式，其目的是以最小投入，增加客户触点，掌握客户需求反馈，验证市场实践效果。好处是不影响现有营销业务运营，投资小无惧失败，还可以培养数字化营销思维和积累经验。

企业在规划和实施营销业务数字化转型时，可以借鉴成功案例，从小项目、小模块着手，先做实小项目、小模块，再扩大、延伸、迁移和推广，从而实现营销业务数字化转型的成功落地和迭代升级。

第九章

数字时代，数字底盘

　　九层之台，起于垒土；百丈高楼，千丈深基；基础不牢，地动山摇。

　　"流程"是企业运行的"原理图"，"数据"是企业数字化的"燃料"，这两者是数字化大厦的地基。楼想修得高，基要扎得深。

　　在旁人看不到的数字底盘上花大功夫、下大力气，决定数字化转型的长期成就，但这需要企业的智慧和定力。

企业数字化转型有清晰的规律和共性。层次低的数字化转型是把现有业务搬到线上；层次高的数字化转型能创造新的业务模式，为企业增加新的业务增长点。无论转型层次高低，都讲求用数据驱动业务和决策。

用一句话简单概况企业数字化转型，就是"一切业务上线，并用数据驱动业务和决策"。要想真正做好、做实这句话，无论我们采用什么样的方式，运用什么样的手段，利用什么样的技术，都绕不开两个关键要素——流程和数据。

流程是企业这个人造系统运行的"原理图"，是业务的具象化表现形式，业务上线是流程在数字世界的映射；而数据是业务运行的输入、输出和伴生物，反映业务运行质量，决定业务运行状态和路径。准确、细致、全面、及时的数据是数字化的重要产出，是企业在数字时代的数字石油。

无论是信息化还是数字化，流程和数据都是必须先做好的事情。流程和数据对于数字化的作用，就像地基对大厦、底盘对汽车、冰山在水面下的部分，虽然使用者平时看不见它们，但它们却是决定成败的关键支点。因此，我们称流程和数据是企业数字化转型的两大底盘。

第一节 流程底盘

"若网在纲，有条而不紊"，出自《尚书·盘庚上》。一个客户在接受了流程理念培训后，自己从国学经典中找到了这句话，并写在了其企业内部数字化与智能化转型的宣传海报。这令人非常欣喜，这说明他已经发自内心地理解了流程在企业数字化中至关重要的先导作用。

即使在信息化阶段，流程也是企业必须首先着手的具体工作。先把业务以流程的方式具象化、显性化，然后结合企业实际和先进标杆加以优化，最后才能把流程搬到计算机和网络上运行，这是跳不过的基本步骤。为了更科学、顺畅、高效地开展数字化工作，企业需要投入资源、建立机制，形成流程管理体系，这就是数字化的流程底盘。

一、用系统观重新认识流程

流程的英文单词是"Process"，在《牛津字典》中的解释是指一个或一系列连续有规律的行动，这些行动以确定的方式发生或执行，导致特定结果的实现。而国际标准化组织 ISO9000 对流程的定义："流程是一种将输入转化为输出的相互关联和相互作用的活动。"

我们再回忆一下系统的概念。系统是由一些相互联系、相互制约的若干组成部分结合而成的、具有特定功能的有机整体或集合。是不是有一种相似的感觉？没错，万物皆系统！流程也是一种系统，如图 9-1 所示。

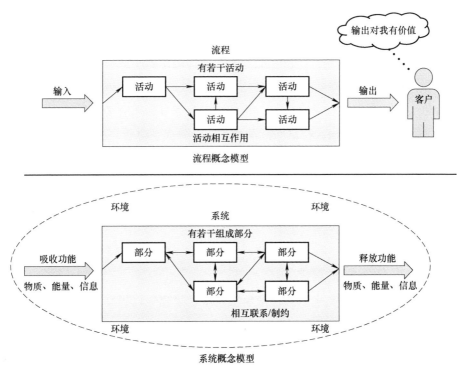

图 9-1 流程概念模型与系统概念模型对比

（1）从流程的六要素看。"有若干活动"和"活动相互作用"对应着系统的结构。流程由若干相互作用的活动组成，系统由若干相互联系/制约的部分组成。"输入"和"输出"对应着系统的功能。流程要有必要的输入和输出；系统要从环境中吸收物质、能量、信息，再将经处理后的物质、能量、信息释放到环境中。"客户"和"价值"对应着系统的环境。流程的输出对象是客户且输出对客户要有价值；系统同样要在环境中具有存在的价值。

（2）从流程的特点看。流程具有"目标性"，即有明确的输出（目标或任务）；系统的功能同样要为环境中的其他系统提供服务。流程具有"整体性"，即至少有两个活动建立其结构或关系；系统结构就是部分的整体集合。流程具有"动态性"，即流程是需要通过自身运行才能实现输出的过程；系统同样需要通过自身运转才能实现其功能。流程具有"层次性"，即若干流程可以组成更大的流程，流程中的活动也可以是一个更具体的流程；系统可以向宏观或微观无限嵌套。流程具有"结构性"，即流程活动间有相互联系；系统的组成部分之间同样是相互联系/制约的。

（3）从企业的业务看。企业是一个系统，是由若干业务子系统构成的整体集合，如研发、生产、营销、人力、财务等。业务子系统又是由一项一项的活动，按照一定的顺序运行的，并且达成业务目的要有必要的输入，并得到满足目的需求的输出。把这些活动画下来，就成了流程。

所以，我们说流程是业务的具象化表现形式。从系统工程的视角看，企业的顶层流程就是企业的商业模式，就是企业系统的功能；企业的各级内部流程，就是企业子系统的功能；作为企业系统组成部分的各个内部子系统之间，通过流程建立彼此的关系。

二、聚焦流程管理体系

关于流程管理的基本概念，简单来说就是"建立以提高业务绩效为目的的端到端流程"。20 世纪 90 年代，迈克尔·哈默和詹姆斯·钱匹出版的《企业再造》一书在全世界企业范围内掀起了企业流程再造和流程优化的浪潮。"用流程复制成功"几乎成为这一波浪潮中的企业"信条"，但时至今日，能说得上成功的企业却仍不超过 50%，大多数企业坦言没有达到预期效果。

究其原因，一方面是流程管理的认知与能力不足；另一方面是为流程而流程，未形成与业务融合的流程管理体系，导致流程变成了形式主义载体。

流程管理体系是一套对企业流程全生命周期进行循环管理的管理机制集合，如图 9-2 所示。流程管理体系通常包括流程体系规划、流程设计、流程执行监督和流程评估优化四个方面。它遵循了管理 PDCA 循环，是确保流程适配企业业务及成长，并落地执行的有效管理举措。

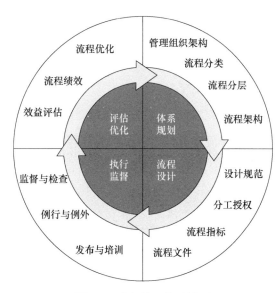

图 9-2　流程管理体系模型

关于企业如何建立流程管理体系，业界已经有大量的书籍、文章做介绍，本书所展示的流程管理体系模型的最外圈就是建立企业流程管理体系的主要步骤，有兴趣的朋友还可以进一步参阅《流程管理》（第 5 版）等书籍。

三、流程体系建设的六个难点

在咨询实践中，几乎所有企业的决策层、管理层都认为流程管理是一项非常重要的事，但往往初期做起来挺容易，到了中后期，要么觉得很难继续深入下去，要么觉得效果始终不如预期，感觉不得要领、不成体系。

流程管理体系建设确实是一项"知易行难"的系统性工作。下面，我们分析一下，在流程管理建设中都有哪些难点在"熬人"。

（一）标准化基础管理薄弱

作业标准化、信息数据标准化是流程管理的基石，如果企业运作和管理的基本功还没有练好，还不能接受基本的标准化约束，想直接过渡到更高阶的流程约束，其中的难度是呈几何倍数增长的。

作业标准化、数据标准化的基本功不仅涉及业务运行规则的重塑，还涉及从上到下所有人员的思想、习惯、技能、舒适区的转变，其间需要相当的魄力，也会面临不少的阻碍和阵痛。所以，一些标准化管理薄弱或存在欠缺的企业，在实施流程管理前，该补的课还是要补。

（二）未转变"职能式"观念

流程管理是一种管理思维和方式，"流程式"管理要以端到端流程打通"部门墙"，而采用的工作流信息技术只能呈现和落实管理模式，并不能直接改变管理模式。很多企业在推行流程管理时，并未改变"职能式"管理的基本观念，导致流程管理"得其形而不得其神"，把流程做成了表面文章。

譬如，我们见的最多的是"各人自扫门前雪"。企业各个部门都把自己一亩三分地的流程梳理得清清楚楚、端端正正，但基本不考虑上下游部门之间的衔接，甚至有"为了自身便利，利用流程梳理的机会把工作往外推"的现象，这样的结果是该堵的继续堵，该卡的继续卡，对业务效率的提升则是水中望月——可望而不可即，最后大家的感受是流程管理好像没什么用。

还有一种典型的做法是直接把线下的审批流程原封不动地照搬到线上，觉得只要流程上线就大功告成了，这当然会有一定效果，毕竟"少跑路"了嘛，但这也只有有限的效果，因为原有"职能式"流程的毛病也一并上线了，甚至某些流程因为照搬得不合理，导致整体效率反而降低。这是典型的本末倒置，就如同数字化转型中只"数字化"不"转型"一样。

（三）没有抓住"增值"流

端到端流程管理的核心是输出客户认可的价值，这个客户"大"是企业的外部用户，"小"是流程的下游工作环节。企业是一个增值系统，从原材料输入到产品输出要产生增值。构成企业运行的各级流程也都应该是增值的过程，企业的每一条流程、流程中的每一个活动都应当对实现这个增值有所贡献，没有贡献的活动都是浪费。

企业在进行流程管理时需要时刻关注流程增值与否，及时止损不增值的流程，不再为其花费管理精力，同时停止流程中不增值的活动。但在实践中，很多企业没有做流程的价值识别，眉毛胡子一把抓，是个流程就梳理，做了不少无用功，也容易挫伤流程管理工作参与者的积极性。

（四）难以平衡效率与风险

流程管理有一个重要的功效就是提高企业的业务处理效率，但效率与风险始终是并存的矛盾体。

譬如，企业的报销业务。最高的效率是报销人提出报销申请并附上报销凭据后财务直接付款，但这样做风险也大。于是，为了确保财务报销的真实性、合规性、可控性，企业不得不增加各种审核环节，而审核环节多的话，风险是降低了，但效率也降低了。在实践中，笔者只见过一家中型企业做到了彻底的"报销不审核"，而大多数企业都设置了各种复杂度的审核环节。

当企业在效率与风险之间平衡不当时，这会对流程管理的效果造成直接影响。对此，本书的建议是从业务视角出发，在重大风险可控的基础上侧重于效率。因为，风控不仅有财务成本，还有机会成本，绝对的风险可控就意味着效率的绝对低下、业务成本的大幅增加。或者换个角度，从风险控制的角度来说，对于在竞争环境中的企业，最大的风险是因为比其他企业跑得慢而死掉。这一点，需要企业进行系统的、深入的思考。

（五）难以克制"急功近利"的蛊惑

受现代企业治理机制——职业经理制、任期制、双权分离等因素的影响，很多企业的决策者和管理者在潜意识中存在急功近利的思想。"只要我能干出成绩，哪管任后洪水滔天"已是现代企业文化中的一种心照不宣的集体潜意识。

一任领导有一任领导的政绩，既然在我的任内做了流程管理，就应该在我的任内就见到成效，有条件要上，没条件就硬上，断断不能"自己栽的树，自己没乘凉"。我也理解领导们的苦衷，毕竟投入了管理资源，没看到当期回报也不太好交代，但树总是要有人栽的，事物的客观发展规律也是需要被尊重的。流程管理是一项久久为功的工作，是一项需要长期修炼的内功，如果过于激进可能会"走火入魔"，如果揠苗助长反而会真的形成浪费。

（六）难以跟随环境变化

进入数字时代，人类社会的整体生活生产节奏变化用"日新月异"都不足以形容，企业也是如此。客户需求、产业环境、行业格局、商业模式、内外部资源、产业技术等都在无时无刻地发生变化，这需要企业的管理与流程跟随环境变化及时更新。

企业在推行流程管理时，常常会有一段时间的"运动式"推进，并且会取得一定的阶段性成果：企业流程基本梳理了一遍，具备信息化条件的都开始了信息系统的实施。但很多企业走到这一步后，就觉得已经大功告成，解散流程工作组，将精力与资源转移到其他领域去了。但是，一旦环境或业务发生大的变化，曾经行之有效的业务流程可能会失效，甚至会因其僵化而变成企业发展的障碍。

其实，在流程管理高峰期过后，企业需要的是"换轨"，把"运动式"流程管理切换到"常态化"流程管理的轨道上，将流程管理职责从专项工作组转到某个部门，设置专职的流程管理岗位，其关键职责之一就是发现流程不适应的地方，并提出流程优化与更新。

四、流程体系建设的八项策略

为帮助企业克服流程管理建设中的难点，使企业更为顺畅地推行流程管理建设，并确保各项建设成果能有效落地实施，本书总结了以下八项流程管理体系建设中的关键策略供企业参考。

（一）开局前的"统一认识"是关键环节

企业能否顺利且成功地建立一套行之有效的流程管理体系，开局前的统一认识决定了一半的成败，特别是决策层和管理层的统一认识尤为重要。企业是系统，是流程的集合，企业的所有商业模式、业务运转、管理体系、管理变革、技术应用等都是以流程为基础的，这自然也包括质量管理体系、风险管理体系、保密管理体系、信息化应用、数字化转型等。

所以，建立流程管理体系不只是分管领导和部门的事，其关系到企业的方方面面，需要各方面的领导与管理干部的广泛支持。企业整体动员得到位，流程体系建设的成功率就高，反之则会极为艰难，一不小心就会随波逐流干成"两张皮"。

（二）"领导主抓，中层推动"是建设原动力

企业搞流程管理的目的就是要规范化、标准化、提高效率，而要达成这

些目的就必然会使执行者在不同程度上离开现有的舒适区，这不可能指望自下而上主动进行，所以必须要以自上而下的方式，领导主抓，中层推动。

有人说"流程管理是一把手工程"，这话没错，特别是在流程管理工作刚开始的时候，往往需要一个"运动式"的"启动期"，此时由一把手主抓是必要的。但一把手毕竟一天也只有 24 个小时，所以也必须配备强有力的、主抓的分管领导和中层干部。当流程管理进入"常态化运行"的"持续优化期"时，分管领导和中层干部的作用将更加重要。

（三）流程梳理不是越细越好

从感觉上说，流程好像是梳理得越细越好，但实际不是这么回事。流程梳理越细，管理当然会变得越精细，但流程运行就会变得越僵化，不利于执行者在工作中发挥自身的主动性和创造性。

另外，流程梳理本身也是一项工作，也是要消耗资源的，按照规范化的方法梳理流程，所需投入的成本并不低。如果企业在非重点领域把流程梳理得过细，在实践中可能得不偿失。我们常举一个极端的例子：五星级酒店把刷马桶流程梳理到操作级，因为那是它们的主业，但一家科研生产单位把这个流程识别出来都算太过细致了。

因此，对流程梳理的细致程度要结合企业实际业务性质和管理需求来灵活确定，不宜搞"横向到边、纵向到底"的一刀切。通常情况下，对暂不需要做管理改善和数字化的流程梳理到3～4级就足够了，待需要时再向下细化。

（四）流程端到端贯通是梳理和设计的主线

我们通常说的研制流程、生产流程、采购流程等，都是企业流程大网中的一段。因为企业流程网太过庞大和复杂，所以要把它按业务领域、按分工等截成一段一段的，以便分工管理。这些流程都是企业的组成部分，而各个部分需要串接在一起共同发挥其作用，这样才能最终实现企业输出被市场消费者或利益相关者认可的价值。

一般来讲，企业中会有几条"端到端"的流程主链条可以作为流程工作的主要脉络展开，这样有利于识别出"增值"点，也有利于从整体上做流程优化、提升业务链的价值。譬如，销售到收款，采购到付款，产品到生命周期终止，等等。

（五）"达成共识"比达成什么共识重要

梳理或设计的流程最终是需要"人"来执行和管控的，而一个好的流程是要取得所有相关人一致认可后，才可能被有效地执行落地。否则就会产生人为断点或堵点，导致流程失效。再反过来看，如果流程不够"先进"和"科学"，但从流程所有者到流程执行者、参与者都认可，反而能执行得很顺畅，以快取胜。

（六）区分流程指标与业务指标

在流程管理体系中，有一部分重要内容是使用流程指标对流程的运行情况进行度量的。许多企业在设计流程指标时与业务指标混淆不清，要么是用业务指标来度量流程运行情况，导致流程指标不能真实反映流程的运行状况和效率，要么是用流程指标来考核业务，导致业务指标过于分散。

简单来说，业务指标通常是高阶流程的结果指标，反映的是一段时期内所有相关流程指标反馈的综合结果，所以可以用于考核，如年度销售额。而流程运行指标反映的是具体流程的运行状态，通常从"多、快、好、省"四个方面考虑。"多"指流程运行总量，如单位时间流程运行次数；"快"指流程运行效率，如流程平均运行周期、流程活动平均时长；"好"指流程运行质量，如单位时间退回次数、违规次数占比；"省"指流程运行消耗，如单位时间有效办结率。企业应根据指标的用途选择合适的类型。

（七）运行验证比完美设计更重要

在流程管理体系建设实践中，我们经常会遇到"完美主义"管理者担心或纠结于一个流程被设计得是否全面、是否科学、是否有利、是否可控、是否能数字化等，结果导致流程长期处于设计阶段而不能落地执行。

针对这种情况，"实践是检验真理的唯一标准"，要知道一个流程到底设计得好不好，是骡子是马拉出去遛遛来得最快。逻辑上设计得再完美的流程，跑起来不一定完美，因为实际工作中总有靠脑子无法完全预见的情况。大部分业务流程只要经过了一定程序的评审和确认，通常主线和大方向就没有大的风险和问题，让它尽快运行起来。在实践中快速迭代完善，这样才能更高效地让流程与企业实际情况相符，发挥它的作用。

（八）配套监督、评价、绩效措施要同步

"监督"是为确保流程被执行；"评价"除了指评价流程被执行的好坏，还指评价流程设计的好坏，解决不适配业务的问题环节；"绩效"是对流程执行效果的肯定与鼓励。

这几个环节是流程管理体系的组成部分。企业在建立流程管理体系时，相关的监督、评价、绩效措施要同步跟上，否则整个体系最后会变成"纸上谈兵"。

五、流程管理数字化与 TOGAF 企业架构

（一）流程数字化与流程管理数字化

我们有必要先分清一组基本概念：流程管理数字化不等于流程数字化。现今，在许多流程管理的书或教材中都会提到"流程建设要与 IT 建设适配""流程验证要利用信息技术""流程要用信息系统固化"等观点。这些观点并没有错，但会让对流程管理和数字化转型概念不熟悉的人不经意中陷入一个误区，认为流程管理就是流程上线，流程上线就是数字化转型。

流程管理数字化，通俗地讲就是"把线下的流程管理体系搬到线上"。需要注意的是，这里有一个小小的嵌套：流程管理要管的流程不仅仅是企业已有的业务流程，还包括用来管理流程的流程。后面这部分企业之前可能没有，而是通过流程管理体系建设而新建的，这部分也是企业在流程管理数字化时容易被忽略的。除了"流程的流程"，流程管理体系中需要被数字化的内容可能还包括流程绩效、流程职责，以及属于业务架构的战略、组织等内容。

从使用管理软件的角度粗略来说，企业的研发业务数字化会用到（但不限于）下一代 PDM，生产业务数字化会用到 MES，销售业务数字化会用到 CRM，业财一体化用会用到 ERP，那么企业的流程管理业务该用什么应用系

统来管呢？在信息化时代通常是 BPM（业务流程管理），但 BPM 由于一部分功能跟 OA 的工作流功能重合，所以常常被混淆。

在数字化时代，流程管理体系的管理软件还没有统一的名称，又常常与企业架构管理组合在一起，目前的软件厂商为之命名，有延续 BPM 的，也有叫 PMS（流程管理系统）、EMS（企业建模系统）、EMAGE（组织建模与治理平台）的。

（二）从流程管理到 SOA

要搞清楚这些概念之间似是而非的概念和区别，我们需要先从"工作流"这一概念开始。

工作流（Workflow）是部分或全面运行业务流程（Business Process）的实现方式，如图 9-3 所示。该概念由弗雷德里克·温斯洛·泰勒和亨利·甘特提出，在 20 世纪 90 年代被 IBM、惠普等 IT 企业应用于信息系统中，利用信息技术实现了工作流的运行自动化和处理标准化。

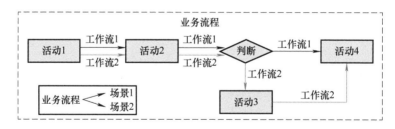

图 9-3 业务流程与工作流的区别

同时，他们还联合学术界、软件工业界成立了工作流管理协会（WFMC）并研究形成了一套业务流程管理和工作流应用的架构理论，如图 9-4 所示。该架构理论是流程管理数字化的基本原理，对 IT 界产生了深远的影响。

从流程管理和工作流应用架构模型中不难发现，企业通常做的流程管理及数字化应用多集中在模型的中下部分。因为这一部分与企业的实际业务最贴近、最相关，也相对容易实现，毕竟上一套好的 MES 就默认自带生产管理的大部分工作流了，其他业务系统也类似。

至于各个业务的信息系统之间，工作流怎么兼容、怎么贯通、怎么统一，主要压力在企业而不在软件供应商，软件只会提供用于集成的"接口"。但是，大部分企业都不是做信息技术的，自身能力都不足以把多个系统之间从流程到数据全部理顺，于是"信息孤岛"和"系统烟囱"就出现了。

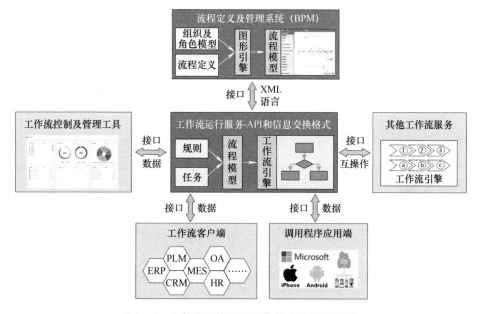

图 9-4　业务流程管理和工作流应用架构模型

按理说，业界的"咨询商"和"集成商"应该具备解决这类问题的能力，IBM 等国际 IT 企业有相当一部分业务就是做这件事的。但在国内，企业在数字化投入方面本来就"重硬轻软"，而集成、咨询属于"服务"，比"软件"还软，金额稍大一些的预算就很难被批准。

话说回来，把各个业务的"系统烟囱"建起来以后，业务流程已经可以算有信息化了，但流程管理实现数字化了么？答案显然是没有。因为，从浅层次来看，流程管理自身作为一项业务，还没有对应的信息系统。

更重要的是，从深层次看，没有系统的流程管理工作，最大的问题并不是梳理流程的效率高低，而是难以形成全企业流程联动的"一张图"，也难以在业务变化时动态发现与之关联的流程变化，而后面这两个作用是治理"信息孤岛"问题的主要抓手之一。

为了解决"信息孤岛"问题，IBM 在业务流程管理和工作流应用架构理论的基础上，于 2005 年提出了"面向服务的架构"（SOA），如图 9-5 所示。基本原理是：各个企业级应用程序（套装软件、自开发系统等）解耦为若干个企业业务组件，再形成原子级（Atomic）的业务服务，以及业务服务的聚合（Composite），这也是至今还被广为流传的业务能力组件理论（CBM）的来源。

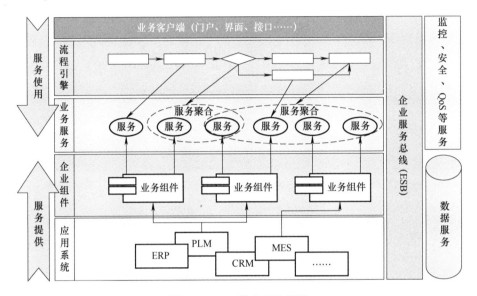

图 9-5　SOA 技术架构模型

业务流程管理和工作流应用架构理论要求从业务流程建模开始，通过标准化的业务流程编程语言来开发可施行的业务流程服务，然后在客户端程序上执行，这是一种从业务到应用系统的解析过程。而作为该架构理论的升级版，SOA 则解决了如何从应用系统出发去满足业务流程的需求的问题，这是一种反向解析过程。

国内普遍把 SOA 当作一种技术架构，但 SOA 其实具有业务与技术的双重结构。SOA 内含"流程服务化"和"组件服务化"的思想，虽然没有特别强调流程建模，但流程引擎中用于服务化的流程，显然是流程建模的结果。所以，SOA 只是默认为流程建模这种"基础工作"已经完成了。

（三）从 SOA 到 TOGAF 企业架构

正因为 SOA 具有业务与技术双重结构，所以在 2007 年 IBM 将 SOA 方法论授权给"企业架构"组织 Open Group 以后，Open Group 在 SOA 方法论的基础上，向上扩展了业务、组织、规划、战略、需求等内容，向下扩展了数据、硬件、治理、实施等内容。最终形成了现今流行的企业架构方法论（TOGAF），并且新一代的 BPM 软件都会多少支持一些企业架构的建模内容。

现如今很多企业搞数字化转型时非常喜欢用 TOGAF 做规划，但有不少企业管理者私下对我说"搞出来的东西好像没啥用"。其实这是因为 TOGAF 里面包括了从最基础的流程管理到 SOA 架构，还包括下面要讲的数据架构等一系列内容，每一部分都可以自成一个体系，而企业只通过一个顶层规划，往往难以吃透这么多内容的精髓。

综上，企业数字化转型的流程底盘需要通过流程管理体系建设来落地，并可以用 BPM 类软件支撑流程管理的数字化。通过流程建模，企业可以形成业务架构的蓝图，并加以全面地、关联地、动态地管理，以之作为企业数字化应用建设的指导。

第二节　数据底盘

"数据是 21 世纪的石油，分析则是内燃机。"很多企业领导一看到这句话就上头，所以数据比流程更容易得到企业的重视。但是大多数企业领导心里想象的数据画面是各种花花绿绿的"驾驶舱"，而没有意识到这些画面背后严格、枯燥、大量的数据工作。

按照 DIKW 模型，企业的原始数据只是"原油"，还需要经过"炼油"的过程才能变成有用的"石油"。企业要想用好数字石油有两个方面：一是要掌握"炼油"方法，用数据治理把原始数据提炼为高价值数据；二是要改造"油田"，用数据标准规范数据产生的源头、提高数据质量，让数据"生下来"就是高质量的石油，"多快细准""不漏不重不乱不混"。为此，企业也需要投入资源、建立机制，形成数字化的数据底盘——数据管理体系。

一、用数据驱动业务和决策

在理解"用数据驱动业务和决策"时，我们可以先类比一下，日常生活中我们是如何决定购买一件商品的？首先是要有需求，然后通过各种方式和渠道收集相关商品的信息，经过比较分析后选择最优的商品，最后才进行购买。

在这个过程中，影响和促进我们锁定并购买商品的关键因素是"商品的信息"。我们获得的商品信息越多越真实，就越能购买到自己心仪的商品，而这些商品信息则是由许多逻辑化后的数据构成的。所以，影响和促进我们锁定并购买商品的本质是商品的相关"数据"。而在企业的业务运转过程中，"用数据驱动业务和决策"也是同样的逻辑关联关系。

我们在企业数字化转型中所说的"数据"通常是指通过企业信息系统产生，或将客观事件/事务按某种结构化方式进行数字化表达后的数据。这些数据经过相关信息系统的存储、处理、加工后，能自动生成企业需要或关心的相关业务信息，进而指导业务的开展，或提供给决策者进行决策后再开展业务，如图9-6所示。

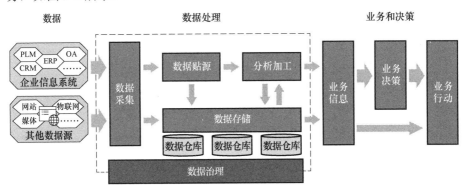

图9-6　数据驱动业务和决策模型

照此"数据"的概念，我国企业从20世纪80年代末开始应用财会电算化时起，到进入21世纪ERP、CRM、MES等应用系统得到广泛应用，都可以归为"用数据驱动业务和决策"。只不过当时企业的关注重点在于系统功能和流程应用，再加之当时的数据驱动业务和决策具有很大的局限性，仅限于应用了信息系统的业务环节，数据的关键性和重要性还不够凸显。只有少数企业有意识、有能力系统使用商业智能（BI）来挖掘数据价值。

到数字时代的今天，特别是大数据技术出现之后，数据在企业整个运转中所扮演的角色、所起到的作用越来越凸显，企业才又意识到"原来一直是数据在驱动我们的行动和决策"。

二、构建数据管理体系的四大模型

随着信息技术在企业中的应用不断深入，企业所使用信息系统的规模、数量和复杂程度不断攀升，应用系统在持续使用中也逐步积累和沉淀了大量的业务数据。在大型应用系统供应商的引导下，企业开始逐步认识到需要对业务数据加以管控，否则可能带来诸多管理问题。譬如，数据分散导致的跨系统、跨部门、跨业务信息沟通和共享困难；数据来源不唯一导致的信息失真和决策困惑；数据不恰当使用导致的企业机密泄露；等等。

于是，大多数企业都有针对性地做了部分数据管理的工作，但基本都属于局部的或有限范围内的，并不成体系，直到当需要进行数字化转型时才发现，由于缺乏系统的数据管理体系，致使企业空守大量数据资产而无法将其有效利用，数据混乱成了数字化转型道路上的"拦路虎"。

数据管理理论是在传统管理理论体系的基础上延伸发展出来的。早期的数据管理主要关注的是数据质量，后来发现只关注数据质量还不够，于是在单一领域数据管理体系的基础上逐步发展成一套涵盖数据全生命周期管理的完整数据管理体系。目前，业界内较为常用的数据管理理论体系有三个，分别是国家标准数据管理能力成熟度评估模型、DAMA 数据管理知识体系和CMMI 数据管理成熟度模型。

（一）数据管理能力成熟度评估模型

数据管理能力成熟度评估模型（Datamanagement Capability Maturity Model，DCMM）是我国在数据管理领域正式发布的国家标准 GB/T 36073—2018，旨在帮助企业利用先进的数据管理理念和方法，建立和评价自身数据管理能力，持续完善数据管理组织、程序和制度，充分发挥数据在促进企业向信息化、数字化、智能化发展方面的价值。

DCMM 是具有中国特色的数据管理体系参考模型，它包括 8 个能力域，28 个能力项，如图 9-7 所示。DCMM 分 5 个成熟度等级，445 项评价指标，从组织、制度、流程和技术四个维度综合评判一个企业的数据管理能力。

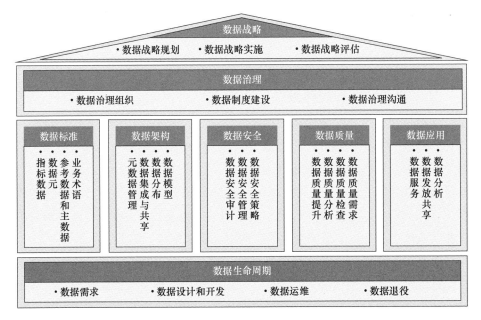

图 9-7　数据管理能力成熟度评估模型（DCMM）

（1）"数据战略"是企业开展数据管理工作的目标指引，定义了企业数据管理工作的方向、愿景和原则。

（2）"数据治理"是企业数据管理框架的核心职能，是对数据资产管理行使权利和控制的活动集合，是在高层次上制定、执行数据管理制度的活动。

（3）"数据架构"是用于定义数据需求、指导对数据资产的整合和控制、使数据投资与业务战略相匹配的一套整体构件规范。

（4）"数据应用"是指通过对企业数据进行统一管理、加工和应用，对内支持业务运营、流程优化、风险管理等活动，对外支持数据开放共享、数据服务等活动，并实现数据价值变现。

（5）"数据安全"是指企业通过计划、制定、执行相关安全策略和规程，使企业的数据资产受到必要的保护，以免遭受破坏、更改、泄露和非法访问。

（6）"数据质量"是指数据对业务和管理的适用性，主要包括准确性、及时性、完整性、唯一性、一致性、有效性六个方面。

（7）"数据标准"是企业数据中的基准数据，是企业各信息系统进行数据规范化、标准化的依据。

（8）"数据生命周期"是指为实现数据资产价值，从数据的采集、存储、处理到应用、运维、退役的全过程管理，使数据能够以最低成本满足数据应用和数据管理的需求。

DCMM将企业的数据管理能力成熟度分为五个等级，分别为：初始级、受管理级、稳健级、量化管理级和优化级，每个等级的描述如图9-8所示。

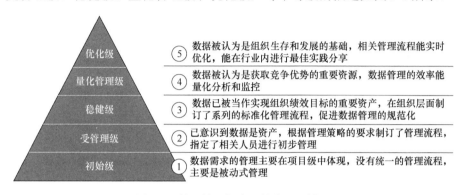

图9-8　数据管理能力成熟度分级模型

（二）数据管理知识体系

数据管理知识体系（Data Management Body of Knowledge，DMBOK）是由国际数据管理协会（DAMA）在总结全球数据管理行业理论、实践、经验和教训的基础上推出的一套数据管理知识体系，该体系在国际上具有较高的认可度。

DMBOK将企业的数据管理体系分为了三大类，11个知识领域，包括数据治理、数据架构、数据质量、数据安全、参考数据和主数据管理、元数据管理、数据仓库和商务智能管理、数据建模和设计、数据存储和操作、数据集成和互操作、文件和内容管理，较为全面地介绍了数据管理的相关内容和知识。此外，企业还应关注数据管理人员的道德要求等方面。

DMBOK所构建的两个数据管理体系车轮模型需要相互结合起来看才能理解其内涵。如图9-9所示，左边车轮定义的是数据管理体系所涉及的知识领域，右边车轮是数据管理体系在企业中应用的具体内容。

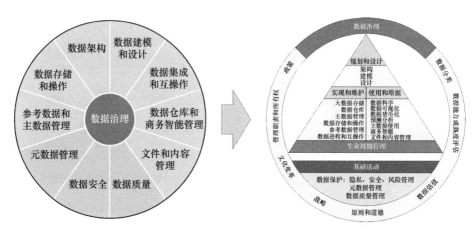

图 9-9 数据管理知识体系模型（DMBOK 2.0）

DMBOK 与我国的 DCMM 相比较，在数据管理体系所涉及的内容方面，两者本质上相差不大，只是两者对涉及内容的归类方式和强调重点有所不同。譬如，DCMM 更强调数据战略和数据标准，因而被单独拎了出来，而 DMBOK 则将其作为数据治理和基础活动中的一个环节。

另外，DCMM 更偏重于对企业数据管理能力的评价；而 DMBOK 更偏重于数据管理知识普及和企业实操应用，能有效指导企业一步一步地构建其自身的数据管理体系。因此，对于即将开展数字化转型的企业来说，它们可以考虑将 DCMM 和 DMBOK 相互结合应用。

关于 DAMA-DMBOK 2.0 的具体内容，有兴趣的朋友可以参阅《DAMA 数据管理知识体系指南》（原书第 2 版）。

（三）CMMI 数据管理成熟度模型

CMMI 数据管理成熟度模型（Data Management Maturity，DMM）是由 CMMI 协会发布的企业数据管理能力成熟度评估模型，如图 9-10 所示。

DMM 发布的最初目的是帮助企业能有效利用其数据资产以提高业务性能，它的整体框架更偏重于企业对数据的运营管理，并强调了流程对数据管理的支撑作用。DMM 把企业的数据管理分成了数据管理战略、数据治理、数据质量、平台与架构、数据运营和支持流程六个方面，共计 25 项内容。同时，它也根据企业对数据管理能力水平的不同给出了五个成熟度等级：L1 执行、

L2 管理、L3 定义、L4 度量、L5 优化。

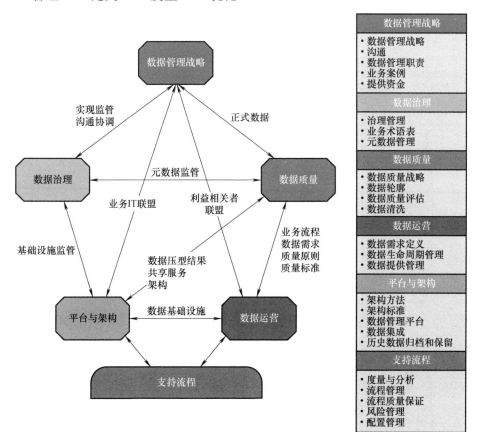

图 9-10　CMMI 数据管理成熟度模型（DMM）

CMMI 宣称 DMM 的框架可以通过裁剪适应任何组织的需求，但这需要在组织已经具备一定数据管理条件或能力的基础之上。所以，DMM 更适合具备一定基础的企业来提升数据运营水平。

（四）数据管理体系建设步骤参考模型

为帮助企业厘清数据管理体系建设工作的逻辑顺序，我们以 DCMM 模型为基础蓝本并结合实践经验，整理出了一个"数据管理体系建设步骤参考模型"（见图 9-11），供企业参考。

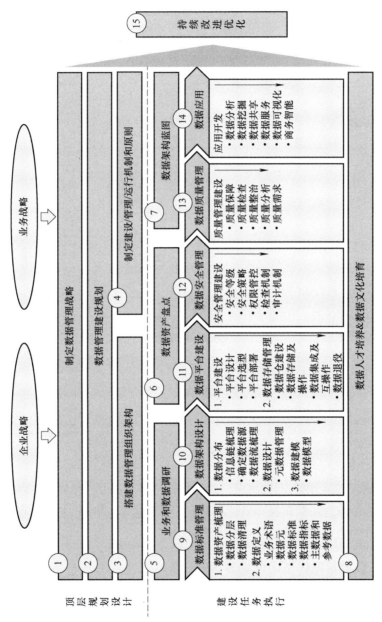

图 9-11 数据管理体系建设步骤参考模型

本参考模型的主要目的是帮助企业厘清数据管理体系建设思路，企业在实际开展数据管理体系建设时，可参照本模型中标注的"数字顺序"和"箭头方向"，根据自身实际情况和数字化转型需求，逐项开展具体的建设工作。

当然，本模型的顺序也不是绝对的，企业可结合自身状况对相关内容进行剪裁，或对顺序进行调整。同时，鉴于模型中的每项建设内容都有专业的书籍、指南或教材供大家学习和参考，本书就不再详细阐述每个步骤了。

三、数据体系建设的七个难点

企业数字化转型的起点是流程，核心是数据。数字化转型的大体目标，就是要把更大范围、更细粒度的数据做更深度的应用，用于驱动业务和决策，所以数字时代又有"数据是石油""数据是资产"的说法。而要想有效地用好数据资产，需要一套高效的数据管理体系，这个过程也有相当的难度。

企业经过多年的信息化建设，所沉淀和积累的业务数据是海量的；加之大部分企业在数据管理工作上长期不重视，这些沉淀和积累的数据就如同一团乱麻，要想快速厘清当然不容易。在实践中，数据管理体系建设工作可能前几年都在水面下，看不见成效很正常，要做好"前人栽树后人乘凉"的心理准备，要有些情怀，要甘当奠基人。

让我们一起来看看，企业在开展数据管理体系建设过程中通常都会遇到哪些难点。

（一）顶层规划设计难

数据管理的顶层规划设计属于企业战略层面的策略，包括企业数据管理的方向、愿景、目标、原则、整体部署等。它需要站在企业战略高度，以全局视角对数据管理所涉及的各方面、各层次、各要素进行统筹考虑，并协调各种资源和关系，是确保企业数据管理工作成功落地的指引。在实践操作中，企业数据管理顶层规划往往面临"对业务价值认识不足""决策层重视度不足""整体框架难规划"等现实困难。

数据管理的业务价值主要体现在"整体性"上，具体可表现为：降低企业整体成本、提升企业整体运营效率、提高企业整体产品质量、控制企业整体运营风险、增强企业整体运营安全、改善整体综合决策质量与效率等。

过去传统的数据管理多以应用信息系统跑起来为目标，注重的是信息系统底层的数据标准和规范操作，对解决业务链中的具体问题、提升业务链整体价值的作用不直接，使企业决策层看不到数据管理的真正价值，最终导致数据管理沦落为 IT 部门的"分内事"，难以上升到企业级层面，也难以获得资源上的倾斜。

等到企业数字化转型时，数据的重要性浮出水面，但原先的各种数据问题也会集中爆发。此时，企业回头再做数据管理顶层规划设计，又会发现原来在数据管理上欠了许多账。企业面对庞大而复杂的数据现状，要搭建什么样的数据管理框架才能既符合企业现状，又适配企业发展的难题？

虽然 DCMM、DMBOK 能在框架结构上给企业提供一定的参考，但肯定是不能完全照搬的，毕竟不同企业的业务性质及状况不同，所面临的数据问题也各不相同。这需要规划设计人员熟悉企业实际业务情况、现有数据状况及问题、现有系统数据结构及关联，以及相关数据管理知识，规划设计难度随着企业所拥有的系统数量、积累的数据数量呈几何级上升。所以，企业的数据管理顶层规划设计"宜早不宜迟"。越到后面，企业面临的系统数量越多，系统数据结构越复杂，沉淀和积累的数据量越庞大，规划设计的难度就越大。

（二）组织权责确立难

众所周知，在企业中开展任何工作都离不开权责明晰的组织，清晰的组织权责是工作有序开展的基础保障。在实践操作中，企业要建立数据管理建设的组织架构，会面临"牵头机构选择难"和"数据责任落实难"两大难题。

"牵头机构选择难"属于企业级组织层面的难题。当企业下定决心要做好数据管理工作后，总是需要有一个牵头机构来主推该项工作，否则数据管理建设工作就会成为一盘散沙，最终变成谁都有责任而又谁都没责任。但该由谁来牵头却是一项需要权衡的选择，通常有三种方式，各有优缺点。

（1）由业务部门牵头，好处是推动力强、熟悉业务状况、制度流程、考核评价等工作，能较为准确地把握数据的需求、处理过程和问题点，但对于应用专业性强的数据管理技术存在较大难度。

（2）由 IT 部门牵头，好处是对企业数据管理的理解和认识明显优于其他部门，在应用数据管理技术时难度小，并且对新技术、新管理方式的接受程度高，但对业务数据的实际内容缺乏理解、对业务数据需求的理解偏弱、对数据如何应用能解决业务痛点缺乏感知；另外，在工作推动执行时容易与业务部门互相掣肘。

（3）成立独立的数据管理机构，好处是可以通过人员配置组合来综合前述两种模式的优点、克服相关缺点，但需要对现有组织架构进行调整，对企业文化意识要求较高，还会增加企业运营成本。

"数据责任落实难"属于部门级执行层面难题。数据管理价值的整体性必然会导致数据的跨业务、跨组织应用，特别是一些通用数据、共享数据，对多个业务部门都会有很强的需求。正因为如此，一旦确定数据的归属及责任方后，该数据源就会受到下游所有使用方的监督甚至挑战。而一旦数据有歧义或有问题就会被追溯到源头，此时的数据责任归属方就可能需要面对数据释义、数据拆分、业务调整、工作量增加等一系列麻烦。

一般情况下，若没有高层领导的介入和决断，几乎很难有部门愿意主动承担起数据的归属及责任。所以，落实数据责任需要牵头机构非常熟悉业务、善用信息技术解决问题、深谙沟通协调的技巧，否则落实数据责任就会成为空谈，导致数据管理工作难以推进。

（三）数据标准统一难

建立统一的数据标准是企业开展数据管理建设工作的基石。数据标准就是指企业对所拥有的全部数据统一制定的一系列规范、准则和规则，是对企业或组织所有数据相关方（包括人和计算机）的行为约束。它包括数据结构标准、数据类型标准、数据元标准、数据值标准、数据命名标准、数据格式标准、数据存储标准以及数据交换标准等。在实践操作中，统一数据标准的难易程度受"数据涉及范围宽窄"和"积累历史数据多少"的双重影响。

对于企业来说，数据产生于业务、应用于业务，并由图文档和信息系统所承载。

（1）业务与人的利益相关，包括企业内部与上下游相关方的利益，所以统一数据标准就要统一业务涉及所有人员的意见，而由于业务背景、需求口径的不同，对数据标准的诉求也必然是"众口难调"，已经形成的习惯不会轻易改变。数据涉及的业务范围越宽，协调起来的难度也就越大。

（2）即便人的意见摆平了，还需要摆平计算机的"意见"。什么是计算机的意见呢？那就是企业正在使用的各种计算机应用系统。按理说，所有企业要继续使用的应用系统，都应统一到一套数据标准上来，这需要一个核查、匹配和修改的过程。然而，修改应用系统的数据标准可不是一件容易的事，有些应用系统的数据标准可以配置，但还有些可能没法通过配置解决，必须通过系统底层的二次开发，这里不仅要面临成本的压力，甚至有些原始开发商已经倒闭了，花钱也改不了。

更何况，应用了新的数据标准，以前的历史数据怎么办？如果全部转换、迁移到新标准，谁来迁移？工作量大小如何？能不能用技术手段辅助迁移？谁来出钱？出多少钱？这不仅涉及成本问题，还涉及责任问题，难免引发些新的矛盾。可如果不迁移，数据应用就无法拉通，这又是一个痛苦。

所以，企业在开展数据标准建设工作时，得做好长期拉扯的思想准备，提前系统策划工作的开展方式和步骤，事前统一思想和原则，事中紧抓重点、求同存异，事后主动沟通、帮扶困难。否则，企业就很难建立起一套行之有效的数据标准，给后续数据管理工作埋下隐患。

（四）历史数据清理难

历史数据是企业经年累积所形成的数据资产，也是企业独有的财富积累。若能将这些数据资产充分利用起来，能给企业带来不菲的价值回报。所以，如何做好这些数据资产的清理工作是企业数据管理工作必须面对的一个难题，它的成败会影响数据管理工作的价值展现。在实践操作中，企业面对积累的不同时间、不同形态、不同结构的庞大数据资产，没有太多捷径可走，唯有下大力气，用蚂蚁搬家的方式一点一点清理。历史数据清理为什么这么难？

（1）数据是原始素材和记录，是对特定时空所发生事实的表述。所以，企业在某个时期的数据都有着当时环境的印记，记录着当时的业务状态、业务需求和管理需求。

（2）在不同环境下，企业所形成的数据状态、数据结构、数据颗粒度等也会不同。譬如，计算机出现以前的数据都是纸质的，而计算机出现以后才开始出现数字化数据。再譬如，企业只有两项业务时，它的总销售额数据就只有这两项业务构成，但当企业拓展出第三项业务时，它的总销售额数据构成就变成了三项业务之和。

（3）即便是在相同环境下，数据应用需求的不同，也会导致数据出现差异性。譬如，企业财务核算某商品的销售数量时是以合同和发票为准的，而销售是以实际交付为准的。

这些环境、业务、需求、管理、应用等因素的变化，导致企业所积累的历史数据存在定义、内涵、口径、颗粒度等差异。企业要想完全正确地厘清这些数据，就必须回到产生数据的当时环境中去对解读和分析这些数据，而企业中又还有多少人能记得当时的状况呢？

所以，企业在对历史数据进行清理时，既要考虑最新的数据标准，又要考虑业务对历史数据的需求和数据的历史情况，不是所有的历史数据都必须被清理，也不一定都需要按最新标准清理，从而避免不必要的工作量。

在清理历史数据时，企业可以充分利用主数据、参考数据、事务数据、指标数据之间的相互验证关系，从而确保清理出的数据逻辑自洽。同时，企业对历史数据要尽可能地溯源到相关文件资料或证明材料，从而确保数据的真实性和准确性；对确实难以溯源的历史数据，首先要评估其清理价值，然后借助推敲、经验、反复验证等方法尽可能地修复数据，但一定要做好标记以避免后期误用数据。

（五）数据质量管控难

质量合格的数据至少应符合业务使用需求，而高质量的数据则能提高业务效率。与之相反，低质量的数据不仅会影响工作质量和效率，增加企业运营成本，甚至会给企业造成损失或带来运营风险。所以，有人说"垃圾数据还不如没数据"。几乎所有的企业都对确保数据质量提出了较高的要求，但管控数据质量也有不少难题，归纳起来主要有两大类。

（1）数据源头质量难以控制。这其中既有数据录入人员工作技能与态度的问题，又有数据标准的制定问题。很多时候，数据录入人员对数据录入的标准和规范要求并不清楚，导致录入的数据不完全符合数据标准和规范。另外，数据标准制定的宽严度也会导致数据质量出现差异。因为搞一刀切很难落地，还会出现用户抵制；而留有区间或过于宽泛又会产生数据质量差异，甚至是口径不一。

所以，企业对于数据录入人员应有严格的岗前培训和业务考核，在数据录入时要有明确的指引和清晰的标准及规范提示，同时数据标准应尽可能简洁，抓住核心数据的质量。

（2）数据的管理和应用导致的数据问题防控难。在现实世界中，大多数人对数据源头的数据质量不是太敏感，反而对经过管理和应用后的数据质量具有较高的敏感度。而数据在管理和应用过程中，可能因为各种各样的原因导致数据质量下降，甚至是数据错误。

譬如，对数据进行复制、修改可能会引入错误；系统架构设计问题可能导致数据引用不完整、引用过期或引用错误；数据处理、传输、存储等设备出现故障或意外停机导致数据错误等。这些原因都具有偶然性和偶发性，要想完全杜绝是不现实的。

所以，对于数据管理和应用中所导致的数据问题，企业只能采取抓关键、抓重点来进行事前防控，采用定期检查、校对等方式进行事后修正，尽可能地保证数据质量处于可控状态。

（六）数据价值评估难

企业在开展数据管理建设时，经常会提出"用数据创造价值"或类似标语作为数据管理工作的愿景。但是，用数据具体如何创造价值？数据创造出的价值到底值多少？这种问题的回答往往是定性的，很难在工作启动之初就做出非常具象化的回答或者进行量化的客观评估，这就容易让企业决策层产生疑虑，影响数据管理工作的持续推进和运行。

"用数据创造价值"的内在逻辑关联类似于"用数据驱动业务和决策"。数据来自业务，也服务业务，价值最终是通过业务来实现的。优质的数据能提高业务运转效率、减少业务决策失误、提升业务质量、降低业务运营成本，企业的"总利润=（市场可接受单位均价+优质溢价）× 总量−成本−损失"，所以优质数据必然会对利润产生贡献。

但麻烦的是，数据对业务总量、溢价、成本、损失等产生的具体影响是间接的，很难独立度量。譬如，你说通过分析产品质量数据，改善了检验规程，提高了产品一次过检合格率，但我也可以说合格率提高是操作工培训的贡献。

所以，在数据管理工作中，企业要正确认识数据价值的间接性和长期性，特别是企业的决策层和管理层对此要有清醒的认识，对于数据管理的整体价值体现不要过于期望能"立竿见影"，要做好长期奋战方见成效的准备。

（七）持之以恒坚守难

企业的数据管理工作是一项长期的、常态化的工作，需要具有持之以恒的坚守精神。这里的"坚守"包含对方法论的坚守和对贯彻执行的坚守两个方面。

（1）数据管理工作本身是一项系统的工程，需要有一套科学有效的方法论作为指引。但有些企业喜欢"频繁换轨道"，每换一届领导就换一种新的方法论，导致好不容易积累的经验和成果又得推倒重来。

其实，就数据管理的各种方法论来说，基本都出自现代数据管理体系理论，没有本质区别，只有应用上的差异。大多数的方法论都从战略规划出发，做顶层规划设计、建组织组团队、定原则定规范定制度，然后盘资产认责任等，到数据管理技术手段应用时才会出现差异。若企业一换领导就推倒重来，只会让企业的数据管理建设工作在前几步往复循环，得不到实质性的推进，浪费成本不说，还会让大家对数据管理工作失去信心。

所以，在企业进行数据管理建设工作时，只要方法论没有原则性的错误，并且能够适应企业当下及未来环境，就应当一以贯之，持续推进。

（2）企业的数据管理工作要常抓不懈，持续贯彻执行，才能最终体现出数据管理的价值和意义。很多企业的数据管理建设项目在短期内能够顺利上线运行，系统和方案都堪称完美，项目成效也基本符合企业预期。

但执行一段时间后，随着外部专家的撤离，领导关注度的降低，关键岗位"功臣"的升迁，工作焦点的转移，相关数据管理人员和执行人员对数据标准规范的执行就开始松懈，导致数据质量逐步走低，甚至是由于业务或环境变化形成的数据问题也不能得到及时有效解决，如此持续一段时间以后，企业的数据资产状况就会"反弹"，甚至"归零"。

所以，企业要保证数据管理建设成果，其配套的管理机制、考核机制、例外处理机制一定要配套跟上，使数据管理像财务管理工作那样"常态化"运行。

四、数据体系建设的九项策略

下面，本书重点列示一些经实践总结的过程关键点与大家分享。

（一）领导重视和支持，必不可少

这件事好像强调太多遍了，只要是企业级的事儿，企业领导理应操心。数据管理体系建设是一项与企业运营息息相关的、系统性的工程，涉及面广、持续时间长，不可能一步到位，需要持续完善和优化。

因此，这是件需要上升到企业级层面的事，从而获得决策者的重视和支持。也只有这样，企业才能确保工作的方向性正确，所需的资源匹配到位，遇到的重大问题或矛盾时才能够得以有效解决。

（二）原则先行，有利于过程中的思想统一和矛盾化解

对于大多数企业来说，在开展数据管理之前就做出一套完美的规划和计划是不太现实的。在开展具体工作的过程中，总会出现这样或那样的考虑不周或意外状况，从而引发建设工作中的各种矛盾，阻碍建设工作的推进。如果在工作启动之初制定一套较为合理的建设原则并达成共识，这相对容易做到。

当分歧与矛盾出现时运用这套曾经达成共识的原则，有利于矛盾各方统一思想，共同探讨和解决出现的问题，从而化解矛盾，推动工作继续开展。在数据管理体系建设中，有一些原则的适用性较为广泛（见表9-1），可供大家参考。

表 9-1　数据管理体系建设原则参考

序号	参 考 原 则	原 则 释 义
1	总体规划、分步实施	数据管理工作是长期的，要立足长远做总体规划，同时要结合现阶段的具体情况分步实施。采取有计划的分段优化和提升，最终达成规划目标
2	目标指引、整体带动	要始终围绕目标开展各项具体的数据管理工作，包括但不限于组织、制度、规范、流程、系统建设、人才培养、文化培育等。工作对象可以是多方面的，但一定是对达成目标有支撑作用
3	需求驱动、价值优先	阶段性工作要以实际需求为出发点，合理安排资源，优先满足最迫切的需求以体现工作的实用价值或解决实际问题，避免片面求大求全或激进
4	借鉴与定制结合	要多方借鉴业界先进经验，采用成熟的方法和工具，但决不能照搬照抄。要与本企业实际需求、实际情况融合，既要具有先进性，又要具备实用性
5	先固化再优化	取得多数人认可的各种工作成果要及时落地固化试行，不要妄图完美，也不要长期停留于纸面，要通过实践运行来积累经验、总结教训，再以关键问题为导向进行优化、固化再优化
6	质量（安全）与效率平衡	数据管理工作是服务于业务的，要尽可能地满足业务需求，提高服务效率，但对于影响数据质量（安全）的关键点，效率应适度让位于质量（安全）。同时，也不能过于扩大化对质量（安全）的管控，给业务造成阻碍

（三）制定数据标准要准确："不漏不重不乱不混"的"三板斧"

数据标准是保障数据的内外部使用和交换的一致性、准确性的规范约束。它的定义能做到全覆盖（不漏）、原生唯一（不重）、有组织（不乱）、无歧义（不混），这将直接影响后续的数据建模、集成、应用、分析、质量、安全等工作的有效性。在实践操作中，有三种办法可以给数据标准的准确性带来帮助，我称之为"三板斧"：元数据规范、科学建模方法、业务人员深度参与。

第一板斧最基础的办法是元数据规范。数据标准通常来源于业务需求，但人类语言的多义性会导致不同业务之间的同名业务术语具有不同的内涵，譬如，销售部与财务部所说的某产品的"销量"通常是不一致的。因此，我们需要将具有多义性的数据进行标识，譬如，合同销量、发票销量、交付销量等，并通过元数据来加以界定。

元数据通常会从业务、技术、管控三个层面来定义和标识数据单元，至于各层面的具体属性内容，企业可根据业务和数据的现状需求及未来发展需求进行自定义，形成自身的元数据规范，如图 9-12 所示。

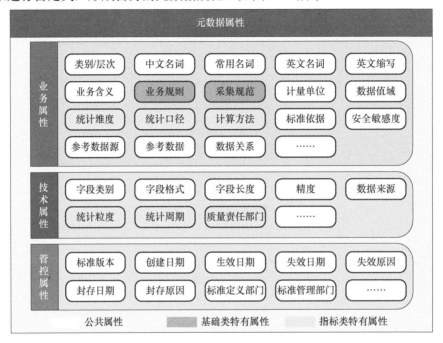

图 9-12　元数据属性参考模型

第二板斧是在业务数据建模（也称"建模概念模型"）时，采用科学的建模方法，参考相关的数据标准。我在复杂系统工程的数据标准建设实践中，采用过两种业务数据建模方法的组合，非常有效。

一种是"xBS"多维分解结构建模方法，按照系统工程自顶向下，确保全要素、全型号、全专业、全链条、全生命周期五个"全覆盖"，实现重要数据内容的"不漏"，并按照系统工程 PBS、GBS、FBS、RBS 等多维分解结构来组织数据，实现数据组织的"不乱"。

另一种建模方法是"系统-实体-事件"（SEE）建模方法，面向系统对象从实体、事件和六种元素开始自下而上，保证数据对象的原生唯一性，并通过属性标准化和对象化保证对象属性的原生唯一性，实现结构化数据对象与属性的"不重"。

在工业领域，国内外可参考的工业数据标准目前已较为丰富，如 IFC、

ISO15926、ISO81346、CFIHOS 等。需要提醒的是，国内外标准仅供参考，各行业、各企业的实际情况千差万别，大家一定要下功夫形成自身的数据标准。

第三板斧是业务人员的深度参与。毕竟，数据最终是为人服务的，只有业务人员充分参与，才能对"同名异义""同义异名"等情形做出准确判断，实现数据内涵的"不混"。

综上，通过元数据规范、科学建模方法、业务人员深度参与这"三板斧"，实现数据标准制定的"不漏不重不乱不混"。

（四）数据资产盘点要结合业务与技术两条线

数据资产盘点的目的在于厘清企业现有数据资产状况，这需要从业务视角和技术视角两个角度出发，并形成数据的对应关系，如图 9-13 所示。

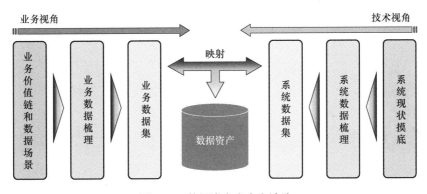

图 9-13　数据资产盘点方法论

业务视角是数据产生的过程，从业务价值链和数据场景到业务数据梳理，再到生成业务数据集；技术视角是数据应用的过程，从系统现状摸底到系统数据梳理，再到形成系统数据集；最后要将业务数据与系统数据形成对应关系，这样的数据才能被称为数据资产，否则就是暗数据或冗余数据。

另外，对于从没做过数据管理的企业来说，不建议一开始就全面盘点数据。通常的做法是先选取一个业务链不怎么复杂、数据相对独立或数据量不大的业务条线进行数据资产盘点，以便企业摸索和积累经验，形成一套可行的方法论，培养一批操作熟练的人员，然后铺开。

（五）对数据质量进行必要的评价

数据质量是影响企业业务运行和决策效率与质量的重要关键因素，确保数据质量符合业务使用需求，为业务运行和决策提供更优质的数据支撑与服务以提升其效率和质量，是数据管理的一项重要职能。那么，什么样的数据才符合业务使用需求？数据的优劣程度又该如何区分？要解决这些问题就需要数据具有可被测量的客观特性，而这些可测量的客观特性就是数据质量评价维度，同时也是数据质量管理的重要抓手。

关于数据质量的评价维度（见图9-14），在国际上有较为成熟的框架可供参考。譬如，DAMA 的 Strong-Wang 框架有 4 类 15 个维度，其英国分会又归纳了 6 个核心维度；Thomas Redman 的"三元组"模型有 20 多个维度。企业在实践操作中，可根据数据使用和管理需求现状，适当前瞻，从这些维度中选择适合企业的加以应用。

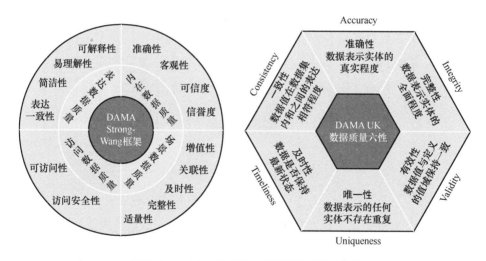

图 9-14 DAMA 数据质量评价维度框架模型

（六）数据管控要尽可能与业务流程融合

数据管控的目的主要是保障数据质量、数据安全和防范数据风险，而数据质量、数据安全、数据风险是与企业业务运转密切关联的。因此，企业在数据管理建设的过程中应尽可能地将数据管控的活动、规范、规则、标准等融合于业务流程中，在业务运转中实现对数据要求的有效控制。特别是一些过程中的控制活动，尽量不要成为一条独立的流程或流程支线，这样做的后果会让数据管控工作成为业务运转效率的阻碍。

数据管控都要与业务流程尽可能融合，那数据的产生就更不用说了，要尽量避免脱离业务流程的"额外录入"数据工作，因为这样不仅会造成额外的工作量与抵触情绪，还会带来数据源头不唯一的风险。

（七）"骨干+专家+优质实施商"组合让建设工作事半功倍

现代企业管理讲求"专业化分工""专业的事交给专业的人去做"，数据管理体系建设也是如此。数据管理是一项系统性工程，涉及很多专业领域。从大的层面看，数据管理可分为"企业业务""数据管理专业知识""数字化实现"三大部分。

（1）"企业业务"的代表是业务"骨干"，他们熟悉企业各领域业务的运作、规则、数据需求，懂业务但不懂数据技术。

（2）"数字化实现"是"实施商"的专业，他们能给企业提供完整的数字化建设参考方案，能运用各项先进的信息技术快速实现企业所需的各种明确的数据管理功能。不过他们对业务需求的洞察不足，甚至有时出于对商业利润的考量，有意回避企业业务需求中的疏漏，懂技术但不熟业务。

（3）"数据管理专业知识"的应用方法和技巧是"专家"的主场，他们也了解业务的普适性运作、规则、问题易发点，还了解数字化实现的逻辑、技术、步骤，什么都懂但不会"动手"。

因此，以专家为纽带的"骨干+专家+优质实施商"组合，能在数据管理体系建设中形成"取长补短"的团队格局，能让整体建设工作高效推进、事半功倍。

（八）能让机器做的事尽量不要让人做

人是感性动物，有着七情六欲，各种内外部因素都会对人的行为产生影响。因此，人需要休息，人会不时犯错。对于机器来说，只要状态正常、能源充足，它就能不知疲倦地按既定规则运转且不会出错，即便是出错也是规则问题。企业开展数据管理的核心目的是什么呢？那就是要确保数据在其全生命周期内得以优质、安全、高效使用。

要达成这样的目的，机器的优势明显高于人。所以，企业在数据管理体系建设中要尽可能利用机器设备来替代部分人工行为。譬如，利用传感器采集数据、利用二维码传递数据、利用计算机运算数据，从而保障数据质量，提高数据使用效率，降低数据出错概率。

（九）人才培养与文化建设要贯穿始终

企业做数据管理不是"一锤子买卖"，也不会"一劳永逸"。在数字时代，数据管理会作为企业的一项业务，伴随着企业的运转与发展持续存在。同时，数据管理的特性决定着它与企业其他业务是紧密融合在一起的，离开业务谈数据是没有意义的，离开数据支撑谈业务也是谈不清楚的。所以，企业要想建好并持续运转数据管理体系，持续提升数据管理能力和水平，就离不开一支专业的人才队伍和企业文化的支撑。

为此，企业在建设之初就应当开始着手人才队伍的建设与培养、数据文化的导入与培育，可以通过外部引进、内部培训、跟师学习等方式建设和培养数据管理人才梯队。企业还可以采用宣贯、培训、考核、表彰等措施在全企业范围内引导和培育数据文化，为企业数据管理建设和持续优化运转提供必备的人才保障和文化保障。

在分享了流程底盘和数据底盘的关键点后，我还要提示企业注意：流程管理体系、数据管理体系的建设方法有很多，企业需要活学活用。不同企业的情况各不相同，不存在一套绝对正确、普适的样板能让企业照搬照抄。企业可以通过消化、吸收等方式，在方法论的指引下，结合自身实际环境和需求，以解决问题为导向，通过实践不断地总结经验，这样才能形成最适合自己的流程与数据两个底盘，让数字化应用更好地发力。

第十章

在转型中变革组织文化

企业数字化转型需要文化保障与人才保障，同时也会形成新的文化、培养新的人才。与其被动等待，不如主动出击。

"文以化之，行以成之"。8 种典型的数字化文化特性，通过 3 个步骤和"知-信-行"三部曲来建设。

"人，是一切的根源"。5 类数字化人才，按照"懂业务、懂管理、懂信息技术"的综合方向培养，让企业数字化转型走上"启动-转动-自动"的快车道。

对于企业中的大多数人来说，组织文化似乎是一种既包罗万象又不得要领的"虚幻"概念。企业中的任何现象和行为似乎都可以归入组织文化，区别仅仅在于是倡导、默认还是反对。那么，组织文化到底是什么呢？

组织文化的定义有广义和狭义之分。广义的组织文化是指组织在建设和发展中形成的物质文明和精神文明之和，包括外显文化和内隐文化两个部分。狭义的组织文化是指组织在长期生存和发展中形成的，被全体成员共同认可并遵循的价值标准、基本信念和行为规范的总和，包括价值观念、行为准则、团队意识、思维方式、工作作风、心理预期和归属感等群体意识。

在企业中，组织文化等同于企业文化，亦可称之为企业的组织文化。企业的组织文化由内到外可分为精神层、制度层、行为层和物质层，如图 10-1 所示。

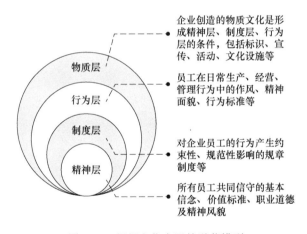

图 10-1　组织文化内涵的洋葱模型

（1）精神层，即组织的精神文化，它是全体组织成员认可、追求的价值观和道德观的综合体现及高度概括。

（2）制度层，即组织的制度文化，它是规范、约束组织和组织成员行为的总和。

（3）行为层，即组织的行为文化，它是组织成员在组织中的日常生产、经营、管理、学习、娱乐等过程中的思维方式、行为偏好、行为方式、行为习惯的总和。

（4）物质层，即组织的物质文化，它是组织创造的，被组织成员所认同的，以实物形态展现组织文化内涵的各种实物和环境的总和。

第一节　数字时代组织文化的八大特性

企业数字化转型不仅仅是技术上、业务上和管理上的转型，还需要组织文化的转型做支撑，否则原有的组织文化惯性会阻碍企业数字化进程，导致数字化转型失败。既然组织文化已成为影响数字化转型成败的关键因素，那么数字时代的组织文化应该具有什么样的特性呢？

通过研究和实践，我发现数字化转型能够取得成果的企业，其组织文化存在共通之处，可以归纳为"适配战略、数据思维、开放包容、创新容错、价值共创、协同共赢、持续学习、敏捷迭代"这八大特性。我们把具有这些特性的组织文化称为"数字化文化"。

一、适配战略：适配企业战略

企业战略是企业运营和发展的统领大纲，原则上企业中所有的工作都应当对达成企业战略有效益、有帮助或有支撑，这就是我们通常所说的战略适配。企业组织文化变革同样如此。

一方面，企业数字化转型的战略布局会对其现有的精神文化、制度文化、行为文化和物质文化产生极其深远的影响，这是企业战略影响组织文化。

另一方面，组织文化变革又能对企业战略和数字化转型起到推动和促进作用。它能引导员工的思维方式和行为方式发生转变，完善企业人才梯队建设与培养；能强化员工的凝聚力和向心力，减少企业内耗，促使各项运营工作有效执行与落实；能增强员工的积极性和主动性，促进企业产品与服务品质提升，加快对客户的响应速度；能激发员工的潜力和创造力，加速企业的创新与发展。它从人才、执行、效率、品质、创新等多方面促进企业数字化转型与企业战略达成。

所以，企业在数字化转型时，不能只单纯等待组织文化的自适应变化，而是要去主动引导和推动组织文化进行变革。在变革组织文化时，企业要培养数据思维，倡导数字化价值观，引导数字化行为方式，强化数字化素养，在企业内部培育形成特有的数字化文化，并充分利用数字化文化对数字化转型的推动作用，保障数字化转型工作顺利、有效地展开与落实，进而促进企业战略的最终达成。

二、数据思维：培养数据思维能力

数字时代有一个显著的特征就是"数据连接一切、数据驱动一切、数据重塑一切"。数据是企业数字化转型的关键核心要素，而数据思维则是企业培育数字化文化的关键核心，是企业数字化转型不可或缺的一项组织文化内涵。

那么，什么才是数据思维？数据思维是用数据来探索和思考事物的一种思维模式，即用数据发现问题、洞察规律和探索真理。而企业数字化转型所需要的数据思维就是用数据思考、用数据说话、用数据管理和用数据决策。简单来说，就是当我们面对业务事项时，我们能不能阅读和理解业务数据，发现数据背后所隐藏的问题，进而通过对数据的分析，锁定问题的关键因素或环节，并给出解决问题的建议。

其中涉及两个核心能力，一是数据敏感度，二是数据分析能力。数据敏感度是指能否通过数据看懂业务和产生业务疑问，并将业务疑问转化为数据问题。数据分析能力是指利用数据建模、数据分析等方法锁定问题关键因素或环节，并解决问题的能力。

企业要培育基于数据思维来驱动业务、解决业务问题的数字化文化氛围，可以采用领导带头、制度约束、工具赋能和能力培训等多种方式来实现。领导者的身体力行，把数据表述、数据分析、数据决策作为一种基本的工作方式，能在员工中起到很好的"领头羊"作用。

制度约束和工具赋能既能迫使员工主动应用数据去表达业务、分析业务和解决业务问题，又能让员工切身感受到由此带来的便捷，促使其形成数据思维的能力和习惯；能力培训能提高员工的数据敏感度，使他们掌握更多的数据分析方法和技巧，在业务中运用数据思维更加得心应手。而以上这些，不正是企业数字化转型需要实现的"用数据驱动业务和决策"么？

三、开放包容：开放包容多元文化

数字时代的多元化带来了文化的多元化，而这些多元化的文化也会不断地冲击和影响企业原有的组织文化。企业要适应这种变化，就需要组织文化具有更为开放包容的特性。

组织文化产生形成的根源就在于构成企业组织的人。在数字时代，由于大量的信息资源得以开发和自由流动，以前难以被人们所知晓的各种知识、思想、价值观、工具等被共享在每一个人的眼前，不断地冲刷和影响着人们原有的观念，个性化、多元化已逐渐成为数字时代社会文化的主要特征。

同时，信息技术应用导致的互联互通使企业组织之间的边界变得越来越模糊，企业从有界发展转向跨界发展，再到无界发展，甚至出现了去边界化的趋势，这又会给企业带来新的文化影响和冲击。

正是由于企业组织中的每个人都具有其个性化的思想、价值观、行为偏好与习惯，再加之人员结构又时常发生改变，企业要想将不同的人凝聚在一起，为企业的生存和发展贡献力量，这就需要组织文化具有开放包容的特性，尊重每一个人的个性和差异，让每个人都能在企业组织中找到自己的归属感，如此才能凝聚人心、汇聚力量。

企业数字化转型在一定层面上看，就是在主动改变企业的内外部环境，在此过程中应对各种挑战和变化。而开放包容的组织文化可以鼓励员工积极发表意见，让员工自由表达自己的想法和创意。这样可以让员工更好地参与到数字化转型的过程中来，为企业的数字化转型提供更好的思路和方法。同时，这也可以提高员工的参与度和归属感，增强企业的凝聚力和向心力，使企业数字化转型中的各项举措能更顺利、更高效地得到落实与执行，最终提升企业数字化转型的推进效率和转型成功率。

四、创新容错：鼓励创新，包容试错

在科技发达的今天，创新不再是天才的灵光一现，而是依靠各种不同背景的人共同努力实现的。企业数字化转型本就是一种变革创新，一方面需要鼓励，另一方面也需要包容试错的过程。

（1）数字化转型是企业的个性化变革创新，要求企业从模式、业务、管

理、技术等多方面进行变革，这显然不是一两个人可以完成的事。

（2）并不存在一套统一的、共性的模板来让所有企业的数字化转型"抄作业"，每个企业都必须自主探索适配自身的数字化转型路径。

（3）高层次的数字化转型不仅仅是现有业务上线，更重要的是要突破现有边界，带来全新的价值增长点。

那么，如何让企业中的大多数人敢于创新、勇于突破呢？这就需要企业的组织文化氛围能崇尚创新、支持冒险和鼓励颠覆性思维，再辅以必要的物质奖励或精神嘉奖。如此，企业才能真正为员工注入创新的活力和动力。

与此同时，企业也必须清醒地认识到，创新与风险是一个硬币的两面，鼓励创新必然意味着容忍试错和失败。但大多数企业在组织文化上又是厌恶风险、害怕失败的。

在数字化转型道路上，大多数人都是"小白"，即便是从外部挖来的数字化转型人才，也不过是相对强些而已。因为，转型路径是不能简单复制的，也没有谁真正干到过数字化转型的终点，数字化转型人才培养也需要摸索前行。所以，对于数字化转型过程中发生的试错和失败，企业要具有一定程度的容忍之心。这里借用 IT 行业对失败容忍的名言来共勉："相信才能看见。"

五、价值共创：与客户共创价值

客户对企业的重要性不言而喻，满足客户需求、以客户为中心、具备客户思维、客户至上等理念也是现代企业共有的文化理念之一。在数字时代，"以客户为中心"不再只是简单地满足客户需求，还需要对客户需求进行管理。企业与客户的关系是相互平等、相互依存的，企业要深层次地挖掘客户的个性化需求，引导客户参与企业的产品与服务创新、业务流程优化、客户体验提升等，使企业与客户共同成长、共同创造价值。

数字化转型的目的是利用信息技术改变企业为客户创造价值的方式。其中，最低层次的转型就是现有业务上线，这也算是利用信息技术改变了企业为客户创造价值的方式，毕竟是由"人工"变成了"人工+信息技术"。

而对于高层次的转型——创新商业模式，企业需要利用各种信息技术和业务方式将客户引入到企业价值链的某个环节中来实现价值共创。譬如，听取客户意见或建议，进行产品改善或研发；让客户参与某些业务工作的优化；应用数字技术与客户互动以增强客户体验和客户黏性等。

价值共创一方面是利用了客户的创造力，为企业创新注入了新的思路和能量；另一方面也增加了客户的参与感、体验感，巩固了客户对企业的认同，强化了企业的市场竞争力。所以，企业的组织文化也要倡导价值共创理念以促进数字化转型的创新能力和适应能力提升。

六、协同共赢：与利益相关者协同共赢

虽然与利益相关者协同共赢的概念早就被提出，但在过去真正做到、做好的企业并不多见。这其中既有利益驱使的原因，又有本位思想在作怪。在研究企业数字化转型案例时，我发现了两个不太有趣的现象：一是"部门"墙越厚的企业，数字化转型越容易失败；二是越封闭的企业，数字化转型所能达到的效果越弱。

数字化转型是企业的一项系统性工程，要求企业内部形成跨业务、跨部门、跨专业、跨职能的协同意识和集体合力，以及对知识、信息、数据的共享。而"部门墙"则是斩断这些协同性和共享性的一把屠刀。譬如，以数据责任、安全、保密等为理由，拒绝流程标准化或信息共享；以部门职责、职能为依据，抵制或拒绝业务流程、要求的变革等。

数字化转型会带来业务模式变化，需要企业与产业链、业务链上的外部相关方进行广泛的合作，从而降低企业运营成本，提升企业综合竞争力。企业采用合作的方式才能吸引专业厂商协同联动、优势互补，并建立完整的数字化生态。而与外部相关方合作的基础是"共赢"，这样的合作关系才能牢固而持久，否则数字化转型的新业务模式将无法长期维持。

破冰的关键是先在企业内部营造出协同共赢的文化氛围。企业可以通过自上而下的结构调整，破除信息流动的法理障碍和人为障碍；通过识别和创造一些利益共同点，增加员工的合作和共享意识；通过组织一些跨部门、跨组织的协同活动，培养员工的协同意愿和效率；通过组织一些外部参观、交流、学习活动，开拓相关人员的眼界和共赢思维。如此，企业可从组织、利益、行为和知识等多维度营造出协同共赢的文化氛围，降低企业数字化转型的阻碍，提升预期转型成效。

七、持续学习：打造持续学习型文化

学习型组织最早由美国麻省理工学院斯隆管理学院彼得·圣吉教授在《第五项修炼》中提出，曾先在人力资源界风靡一时，后来逐步扩大影响，使不少企业意识到学习的重要性，开始向学习型组织转变，在企业内部打造学习型文化。

数字化转型是企业在数字时代下的新课题，是对数字化知识、数字化技术的深度应用。这对企业中的绝大多数成员来说，就是一门新学问、新知识和新技术，需要成员通过学习数字化知识、培养数字化技能，才能适应数字化转型带来的变革。

而企业在数字化转型过程中的数字化战略、数字化创新、数字化应用、数字化转型举措落实，也需要具备相应数字化知识和技能的人才来规划、设计、计划、执行及处理。而这一切都不会凭空产生和形成！这既需要企业成员的自主能动性，又需要企业营造一个恰当的学习氛围以促使企业成员不断学习。

为此，企业可通过搭建数字化转型学习平台、提供数字化转型学习工具、组织数字化转型知识和技能培训等方式，提升全员的数字化转型知识储备和技能水平。同时，企业也要让全员意识到学习不是负担，而是自我成长、适应变革的需要。只有通过学习改变认知，付诸实践后再学习、再践行的螺旋式上升，企业才能培养出在数字时代不可缺少的人才。

而对于企业来说，数字化的人才越多，越容易突破转型障碍、实现转型创新，成功实现数字化转型。所以，企业组织文化中包含有持续学习的因子，这既对企业数字化转型至关重要，又对企业的可持续发展也至关重要。

八、敏捷迭代：倡导敏捷迭代文化

全球公认的数字化转型专家、宝洁公司 IT 和全球商业服务（GBS）前副总裁托尼·萨尔德哈在其出版的《数字化转型路线图：智能商业实操手册》中明确提出，"创立一种支持持续变革的敏捷型企业文化有助于推动数字化转型"。

敏捷型文化来源于产品研发中的敏捷开发模式，而敏捷开发过程与企业数字化转型的过程非常相似。在数字化转型初期，企业对到底要将数字化转型做成什么样，基本都不会有清晰的概念和准确详尽的诉求。所以，企业在

数字化转型初期多数是依据企业现状及亟待解决的业务问题，有针对性地利用信息技术进行数字化转型尝试。

而伴随着数字化转型初期的各项举措逐步落实和执行，会逐渐暴露出企业诸多隐藏在表象背后的深层次业务问题、管理问题、执行问题等，于是企业就会产生和形成更为具体的数字化转型诉求，进而推动数字化转型的深入拓展和建设。

当然，在此期间也会出现变故和反复。直到企业通过不断探索和总结，摸索出一条适配企业自身情况的数字化转型路径后，企业的数字化转型才会变得明朗。而此时的数字化转型多已进入转型后期。如此看来，企业数字化转型的过程不正适合敏捷文化的应用么？

在数字化转型过程中，敏捷文化还能体现为员工不再墨守成规，乐于拥抱变化，能灵活适应转型带来的变革；企业能快速决策、执行和迭代，更加适应市场和客户需求的不断变化，并取得商业上的成功。所以，企业更应当在内部主动倡导敏捷型文化以促进数字化转型的快速变革，及时执行和迭代，支撑企业取得数字化转型的成果。

第二节　数字化转型中的组织文化变革

我们都知道，企业组织文化的形成不是一朝一夕之事，要想改变也不是一蹴而就的。那么，对于在数字时代下数字化转型的企业，其组织文化会发生怎样的变革呢？

一、数字技术应用在改变组织文化

对于数字时代的企业来说，数字技术应用已具备和企业深度绑定的条件。从数字技术在企业中应用的覆盖广度看，数字技术已涵盖从研发、生产、营销到运营、行政、人力、财务等全业务领域；从覆盖深度看，也已达到从数据采集、处理、分析、共享到任务处理、应用挖掘、辅助决策的全层次。

而现实是，在企业运营中应用数字技术已成为一种普遍现象。由于企业在不同程度上应用了这些数字技术，企业的运营模式、组织架构、决策管理机制、工作思维方式、工作环境等也在发生着不同程度的变化，正是这些变化在潜移默化中改变着企业的组织文化，如物质文化、行为文化、制度文化等。

虽然这些变化每次都是局部的、微小的，甚至是自然而然的，但聚沙成塔的道理大家都懂。当构成企业组织文化的子文化都发生了改变时，企业的组织文化难道还能不发生变化么？而企业的数字化转型更是要主动去拥抱和应用数字技术，所产生的组织文化变化将更为全面和剧烈。因此，企业更需要主动推动自身组织文化变革以适应数字化转型带来的各种变化，切实保障数字化转型的平稳落地运行。

二、信息成本下降在诱变组织文化

信息成本是人们为获取信息而愿意付出的代价，通常包括信息的获取成本、传递成本、证伪成本、时间成本和机会成本等。信息对企业运转的重要性是毋庸置疑的，信息成本是决定企业组织架构和决策管理机制的重要因素，而企业的组织架构和决策管理机制对组织文化中的制度文化和行为文化更是起着直接的决定作用。

在组织理论中，企业获取的底层信息价值越低，则越倾向于采用集权决策管理，其组织结构也就越呈多层级的金字塔型职能化；企业获取的底层信息价值越高，则越倾向于采用分权决策管理，其组织结构也就越扁平化。

进入数字时代以后，企业获得高价值、低成本的底层信息变得越来越容易。这些以数字形态存在的信息能在企业内部各层面都得到有效的开发、分析和共享，并能通过算法不断地实现互动迭代，形成支持企业决策管理的高价值信息。此时企业的决策管理机制已经不能简单地用集权和分权来划分了。

在面对市场、客户的前端，由于所获取的底层信息价值提升、信息成本下降，企业会充分授予前端一定程度的决策权，从而满足快速响应客户的需求。在企业内部，由于信息的传递、证伪、处理、共享等信息成本下降，企业不再需要复杂的管理结构来协调业务部门的运作，从而使企业内部的组织层级和结构具有压减的可能。

所以，数字时代的企业会在信息成本下降的驱动下主动调整决策管理机制，同时所对应的组织架构也会发生相应调整，进而影响组织文化随之改变。而对于数字化转型的企业来说，这更是在主动创造信息成本下降的条件，主动变革组织架构和决策管理机制，因此更无法回避与之相伴的组织文化改变。

三、客户需求变化在扩充组织文化

随着时代进步和社会生产力释放，客户的需求已逐步离开了缺乏性层次，转而步入成长性层次。进入数字时代后，客户需求不仅仅呈现出多样化、个性化，甚至出现了参与企业价值共创以满足实现自我的需求。同时，由于数字经济下的市场竞争加剧，企业对客户需求的响应效率也占据越来越大的竞争权重，为此企业不得不与产业链上下游和利益相关方建立牢固的合作共赢关系，形成以企业为中心的良性生态圈。

在这种现实环境的冲击下，企业的组织文化会不自觉地更加包容客户、更加拥抱产业链上下游、与利益相关方更加和谐相处，并通过文化共融来提升客户需求的满足度。

四、劳动者偏好转变在促变组织文化

进入数字时代，劳动者偏好转变，促使企业为迎合劳动者而不得不转变自身的组织文化。国际知名人力资源机构万宝盛华集团曾做过一项调研，发现"过去10～15年，大部分就业岗位增长都发生在非传统的替代性工作上。劳动者期望的是变化，包括更多学习，以及在工作与家庭之间更好地平衡。"

对于数字时代的劳动者来说，一方面由于生活水平的提高，以及在成长过程中养成的互联网生存习惯，希望有更多的自主性、流动性和灵活性；另一方面由于专业化分工高度细化，工作内容变得更为单调，使得劳动者感觉工作限制了他们寻求目标与意义的能力，更渴望工作能够提供有目标的参与感。这在年轻一代的劳动者身上体现得尤为明显。

在过去传统企业中，劳动者必须按照企业战略的需要发展，在一定程度上限制了劳动者的自我能动性发挥。而在数字时代的劳动者则更具有自主性和开放性，更希望在工作中实现自我价值。这种劳动者偏好转变，意味着企业与劳动者的关系在发生着深层次的转变。企业与劳动者的关系不能再以过

去的雇佣关系来简而视之，现在是一种平等、合作、赋能与使能的共赢关系。

这种关系的变化在不断促使着企业的组织文化随之改变，否则劳动者就会采取"用脚投票"的方式让企业感受到文化差异的困局。譬如，企业招不到人、留不住人，以及收到各种"奇葩"的离职理由。

第三节 组织文化变革实施与人才培养

一、组织文化变革的方法

企业数字化转型不仅需要技术、业务、管理的变革，还需要组织文化的变革来支撑由数字化转型所带来的观念意识变革、行为方式变革、制度约束变革等。但组织文化具有很强的惯性，在变革过程中会因为现存的经营理念、价值观念、行为模式、管理作风等因素影响，遇到许多的阻力和障碍。

组织文化变革从本质上看，是对人的观念和行为的改变。一方面由于变革带来的不确定性会让人本能地产生恐惧和抗拒心理，造成文化惯性阻力；另一方面由于既得利益者为维护自身利益，也会反对和抵制变革。所以，组织文化变革不可避免地会遇到来自各个层面、各个方向上的阻碍。既然阻碍始终会有，但变革又不能不做，那么如何最大化地减小阻碍就是我们应该思考的问题。下面，我介绍一套组织文化变革的方法（见图10-2），供大家参考借鉴。

图 10-2　组织文化变革的方法

二、现状诊断

现状诊断的目的是摸清企业组织文化现状，识别对组织文化变革产生重大影响的关键因素，分析、发现可能对组织文化变革造成阻碍的突出问题，为后期制定变革规划提供基础素材和依据，包括前期调研、内外部影响分析、变革问题分析等内容。

（1）前期调研。现状诊断的前提是获取较为全面、客观的第一手资料。通常采用的方法有实地观察法、访谈调查法、问卷调查法、专家调查法、文献调查法和会议调查法。企业通过灵活运用这六种方法，可摸清企业组织文化现状及存在的主要问题现象。

（2）内外部影响分析。能对企业组织文化产生重大影响的因素，通常来自历史传承、地域文化、行业文化、领导风格、战略规划和组织结构这六个方面。企业可在对标数字化转型需要的组织文化特性基础上，从这六个方面着手展开具体分析。

（3）变革问题分析。对于在组织文化现状摸底中发现的、可能阻碍组织文化变革的现象，企业先要分析评估其可能的影响程度，对影响面广、转变困难、起主导作用或决定作用的阻碍要予以高度重视，对其提前做好解决预案以降低后期实施组织文化变革时的阻力。

三、变革规划

企业组织文化变革是一项涉及企业内绝大多数成员切身利益的工作，因此企业需要在执行变革之前做好规划，统筹做好相关工作的部署和安排，从而确保组织文化变革方向的正确性和执行的有序性。变革规划包括拟定变革原则、凝练新文化理念、调整约束机制和配套保障机制等内容。

（1）拟定变革原则。企业应拟定开展组织文化变革工作的基本原则，用作后期工作部署、安排和问题处置的方向指引和判决基准。不同企业的组织文化变革情况各有不同，企业可根据自身情况和变革诉求拟定个性化的变革原则，但"以人为本、表里一致、战略导向、继承传统"这四项共性原则不可忽视。

（2）凝练新文化理念。企业数字化转型需要的组织文化理念，是具备数字化文化特性的经营理念、价值观和道德行为准则的综合。它需要围绕企业数字化文化定位，将数字化文化的目标、核心价值观、行为作风和准则等，用简明扼要的词组或语句进行高度概括和总结。

同时，它还需要兼具历史延展性、系统结构性、分析严谨性、艺术创造性。在实践操作中，企业可以采用"要素提炼→要素主辅分类→理念要素归类→初凝新理念→新理念意见征询→定稿及持续完善"这六个步骤，完成新文化理念的凝练。

（3）调整约束机制。在企业组织文化中，最具有约束力的莫过于制度文化。它是企业组织文化理念的集中体现，是企业在组织文化中提倡什么、反对什么、赞赏什么、批判什么的明确标准。

由于制度文化具有强制约束性，所以在组织文化变革时，一方面，企业务必要梳理清楚，拟变革的新文化理念与旧有制度文化是否存在冲突，以免后期在推行新文化理念时造成员工的无所适从，形成组织文化变革的人为障碍；另一方面，企业要将拟变革的新文化理念中能充分体现新文化理念、最具有关键性意义、最需要支持的或最需要反对的行为文化，尽可能地补充进制度文化中，这样更有利于新文化理念的贯彻与培育。

（4）配套保障机制。企业组织文化变革需要有一套较为完备的保障机制来支持变革的规划与设计、推广与执行、协同与调解，从而减少变革过程中的阻力，推动变革的实施和新文化的培育。这些保障机制通常包含组织管理机制、检查评价机制、协调协同机制和人才保障机制等。

四、实施变革及持续优化

通过前期摸底与规划，企业已基本具备实施组织文化变革的条件。在做好变革前的准备工作后就可以开始着手实施。

（一）变革前的准备：统一认知

企业在重大行动前统一认知的重要性，在本书中已多次提及。在行动开始前，企业要让行动参与者对行动的难度和要点形成基本一致的认知，做好思想准备，为行动的开展和执行打下基础。企业组织文化变革是要主动改变全体组织成员的精神文化和行为文化，其艰难程度可想而知。所以，企业在组织文化变革开始前的认知统一非常重要，特别是对以下四项。

（1）组织成员接受新文化需要漫长的心理过程。组织成员对新文化从疑虑到认同，通常会经历"疑虑→假设→直观可见→半信半疑→尝试验证→将信将疑→持续验证→基本认同→高度认同"这九个心理阶段，而每次心理阶段的进阶都需要大量的时间和事件来感受、佐证和巩固。所以，企业一定要有耐心，并注重正向引导、预防逆向事件。

（2）在组织中培育新文化是一项长期工作。企业组织文化变革不是一场"运动"就能实现的。它需要将企业的文化变革诉求、组织成员的认知、组织及组织成员的实际表现实现"三合为一"。一方面，企业数字化转型所需的文化变革诉求会伴随着数字化转型的深入而发生转变；另一方面，组织成员对新文化的认知需要长期坚持不懈的教育和养成，而这也直接影响着组织成员的实际表现。

（3）不同层面的文化变革要采取不同的实施策略，如图 10-3 所示。企业数字化转型对企业组织文化造成的影响是全方位的，包括精神层、制度层、行为层和物质层，而文化变革也会涉及这四个层面。这四个层面的变革难度，以及对数字化转型和企业长远业绩的影响作用各不相同。因此，企业在实施文化变革时不能一刀切，要采取不同的实施策略以减少变革阻力，促进变革效率和变革作用的发挥。

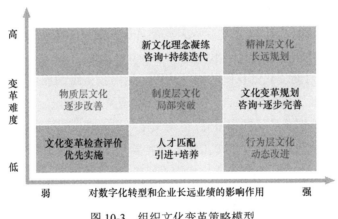

图 10-3　组织文化变革策略模型

（4）文化变革需要全员参与和配合，并且与数字化转型合并推进。企业数字化转型本身，和由此引发的组织文化变革，都需要全员的参与和配合。所以，数字化转型工作和组织文化变革工作可以合并同步进行，只要适当增加工作内容与范围，并配备人力资源保障即可。譬如，在做数字化转型规划时，企业可一并考虑文化变革规划；在实施业务数字化转型时，对应业务的制度文化可一并调整。

（二）组织文化变革实施三步走

在组织行为学中，"知、信、行"原理是被广泛接受的概念。该原理认为人的行为是由其信念和态度决定的，而信念和态度又来自人对某个主题或事件的认知。而组织文化变革的过程同样是从知道到相信，再到行动的过程。所以，企业实施组织文化变革也可按"知、信、行"三个步骤来实现。

（1）知：对新文化的认知阶段。这一步是企业让组织成员开始知悉和理解新文化理念与内涵的阶段。在此阶段，组织成员随着企业的推行而逐步认识到新文化的重要性，但还不容易做到。所以，企业在此阶段的工作主要集中在宣传、学习和培训上，通过各种正式、非正式和物化的渠道向组织成员传递新文化的理念和内涵。务求让管理层精通新文化理念与内涵，让员工熟知新文化，让客户知晓新文化。

（2）信：对新文化的信任阶段。这一步是企业用行动和事实来证明、展现新文化的理念与内涵、作用与利益的阶段。组织成员知道并不等于相信，更不意味着发自内心的认同。所以，企业在此阶段需要采取多种手段和措施，"千金市骨""城门立木"，让组织成员逐渐认识到倡导的新文化理念是值得相信的，并逐步开始按新文化要求行动。

（3）行：对新文化的认同与践行阶段。这一步是组织成员开始认同新文化，自觉遵循新文化理念，在内心深处形成心理契约的阶段。在此阶段，新文化已被广大组织成员所认同和接受，但新文化对组织成员的行为影响仍不稳固。所以，企业在此阶段的文化变革工作要持续强化新文化理念的宣传，突出标杆和榜样的示范与荣誉，细化新文化的物质展现与行为规范，促使组织成员将新文化理念作为日常行为的价值导向。与此同时，企业也要根据实际情况，对新文化理念及其内涵进行优化和完善，从而增强新文化与企业的适配度。

（三）新文化的持续优化

组织文化的培育本就需要长期的持续优化和改善，经过变革后形成的新文化更需要如此。虽然经过一系列的组织文化变革工作后，新文化在企业中已初步形成并生根，但这并不意味着变革工作的结束。

因为，新文化还需要和企业实际运作持续进行磨合，在磨合过程中可能还会暴露出新的问题，企业需要对新文化进行优化和完善。所以，企业需要参照PDCA循环模式保持对新文化的敏感性和洞察力，及时发现和解决新文化方面的问题，推动新文化的持续优化和升级，这样才能培育出适配数字化转型需求，并具有凝聚力和生命力的数字化文化，实现企业由内到外的全面转型升级。

五、组织文化变革实施要点

虽然企业在组织文化变革的过程中不可避免地会遇到阻碍，但只要抓住了变革实施要点，就能大幅降低遇到阻碍的概率。下面是我在实践中总结的一些实施要点，供大家参考。

（1）高层推动，全员参与。

（2）各部门协同与配合。

（3）领导带头，正人先正己。

（4）言而有信，奖惩兑现。

（5）制度和宣传是推行变革的两大利器。

（6）不换思想就换人。

（7）提供便捷的沟通平台。

推进组织文化变革的具体操作方法多种多样，需要我们熟练掌握并灵活应用，而不能一种方法包打天下。譬如，舆论导向法、形象重塑法、利用事件法、行为激励法、造就楷模法、领导垂范法、活动感染法、创造氛围法等。

六、数字化转型所需的五种人才

管理的本质简单说是"因人成事"，人工智能目前还只能完成单一工作，复杂的事情是要靠人来完成的。对于企业来说，数字化转型是一项系统性的变革工程，需要五种人才的通力协作，包括领导者、策划者、建设者、应用者和咨询者，如图 10-4 所示。

（1）领导者是数字化转型的规划人和推动人。领导者包括企业的一把手、业务副总、数字化副总、首席信息官（CIO）。他们需要从企业整体的长远发展上规划数字化转型，筹集、调配转型所需的各种资源，并持之以恒地推动数字化转型的深入展开。同时，他们还需要对企业的数字化商业模式进行设计和迭代，以促成企业的新增长点有效成型。

（2）策划者是数字化转型的设计人和践行人。策划者包括企业的业务规划人、业务部门负责人、IT 部门负责人等。他们需要按照数字化转型规划要求，将企业的各项业务进行数字化改造，对业务策略、业务规则和业务流程进行优化设计以适配数字化应用，并组织推动相关业务数字化项目落地，评估业务数字化效果，构思及落实优化方案。

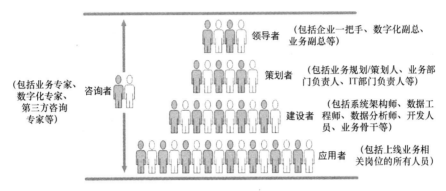

图 10-4　数字化转型所需的五种人才

（3）建设者是数字化转型的实现人。建设者包括系统架构师、数据工程师、数据分析师、开发人员、业务骨干等。他们需要在深度理解企业业务的基础上，选择和引进适合的数字化技术和工具，组织完成相关业务数字化项目的开发、建设、培训和实施，并持续维护数字化业务的正常运行，提供必要的数字化技术支撑和服务。

（4）应用者是数字化转型成果的运用人和检验人。应用者包括上线业务相关岗位的所有人员。他们需要执行数字化场景下的各项具体业务工作，总结执行工作中的经验和不足，及时反馈问题和缺陷。

（5）咨询者是数字化转型的支撑人和协作人。咨询者包括业务专家、数字化专家、第三方咨询专家等。他们需要具备丰富的专业知识和实践经验，为企业数字化转型提供变革策略和建议，指导或引导企业各级人员正确开展相关数字化转型工作，促进策划者与建设者之间的相互理解，协助数字化转型项目问题的分析、判断、沟通和优化，为企业和个体充分赋能，以驱动数字化转型的持续推进。

七、如何培养数字化转型人才

企业要想获得数字化转型的成功，需要大量的数字化转型人才，这些人才不是一夜之间冒出来的，也不可能全部靠招聘。因此，企业在制定数字化转型战略时就应一并考虑对数字化转型人才的培养，这样才能确保数字化工作有匹配的人才保障。

（一）领导人才的培养

领导人才的培养主要靠自学、靠领导力。企业数字化转型的第一领导者往往是企业的一把手、董事长、总裁、总经理等。企业想要进行数字化转型，首先得是企业的第一领导者自己先理解数字化，对数字化场景下企业的核心竞争力如何打造、商业模式如何变化做到心里有数。

如果企业第一领导者都不理解何为数字化转型，不能坚定数字化转型的决心，那么企业数字化转型就只是一句口号。数字化转型在执行过程中，随时可能因为第一领导者的动摇而偃旗息鼓，或走上滥竽充数、掩耳盗铃的道路。

企业的第一领导者首先要有学习的愿望，企业借此营造学习数字化的组织文化氛围，从而促使更多的企业高层加入到学习行列中。至于学习培养的具体方法可以多种多样。譬如，通过网络收集整理相关学习资料；购买、分发数字化转型书籍；推送优质行业数字化转型公众号；组织参加培训班；组织学习心得分享；推荐专业人士咨询；组织参观行业先进企业；等等。

当企业第一领导者和大多数企业高层对数字化转型具有一定程度的认知后，企业才需要考虑是否要引进诸如 CIO 或首席数据官（CDO）这样的高端人才来做数字化转型的规划与组织，否则他们来了也没用。优秀的 IT 部门负责人往往熟悉信息技术，并具备管理能力，通过对业务的深入学习，有培养成长为 CIO 的可能。

切忌将此事简单地丢给 IT 部门，因为企业 IT 部门的权力和影响力有限，一般在职能部门中排序靠后，对业务数字化转型的规划和推动往往有心无力，做个方案可以，推是推不动的。也有另一种方式，那就是由企业第一领导者亲自"挂帅"，并聘请第三方咨询团队辅助，这样也能有效地启动企业的数字化转型。

（二）策划人才的培养

策划人才通常都是企业各业务条线的中层干部，在高技术国企或科研院所中也可能来自总师队伍。企业的数字化转型不可能离开业务独立存在，数字化转型规划最终要靠他们去组织和实现。因此，他们是数字化转型人才培养的重点对象，也是大多数企业数字化人才工作开展的最大难点。

策划人才需要"三懂"，懂业务、懂管理、懂信息技术，缺一不可。所以他们是跨学科、综合性人才，这样的人才在现有教育体制下是教不出来的，也不可能事先储备，只能在实践中成长起来。

数字化转型是数字技术和企业业务的深度融合，这就意味着数字化转型将会改变现有业务的运作模式或运作方法。而作为企业各业务条线的负责人，在没有对数字化转型形成正确认知，没有想明白数字化转型的意义和好处前，出于谨慎或自我防御心理，会不自觉地对数字化转型抱有一定程度的抵触。他们的心理历程可以归结为："质疑→彷徨→恐惧→拒绝→被迫接受→期待→主动"。

质疑：你们想干什么？懂业务吗？这样能实现吗？别添乱！

彷徨：数字化之后我干什么？现有的业务技能还有用吗？业务岗位还需要吗？

恐惧：数字化会淘汰人吗？业务要求变了，现在的人怎么办？还有人可用吗？

拒绝：业务的灵活性没了，许多事都不好办，这事干不得！

被迫接受：上级领导要求的，先应付着走吧……

期待：这事有好处！继续干下去还能有什么好处？

主动：开始主动思考与构思工作，以期取得更好的成效或业绩。

在了解了策划者的心理变迁历程后，企业就可以有针对性地制订一系列的培养方案，包括但不限于：宣传、宣讲、集中培训、先进同行参观交流、试点效果分享、创新激励，甚至是绩效考核等。

宣传与宣讲是企业数字化转型前"破冰"的首选方案。宣讲应分多次、多层、多范围反复进行，并要有企业的高层领导参与宣讲，甚至主持宣讲，这样的效果更好。

集中培训可以快速加深策划者对数字化转型的认知与理解。企业可以邀请外部数字化转型专家、行业先进企业等，组织数字化思维与概念、数字化技巧与应用等培训学习；组织各业务条线负责人去参加各类行业数字化主题分享会；组织内部经验、心得交流会等以开拓大家的眼界，看清行业数字化趋势，理解数字化转型的意义和好处。

先进同行参观交流能更直观地降低策划者对数字化转型的疑虑、彷徨和恐惧，刺激策划者对数字化转型后的期待，建立对未来业务蓝图或场景的信心。

试点效果分享是企业要选取典型业务痛点进行数字化应用场景建设，将试点后取得的成效、价值、总结等组织进行分享，让大家更直观地看到、感受到数字化转型所带来的好处。企业初期选择的典型业务痛点不一定要多大，但最好是影响面较广、数字化转型成功把握较大的痛点，这样有利于策划者树立信心。

创新激励是鼓励大家积极参与数字化转型的正向引导方案。企业可以采用通报表彰、政策倾斜、荣耀标识、物质奖励等多种形式鼓励大家积极主动地参与数字化转型工作，并做出贡献和成绩。在激励策划者时，企业可重点倾向于奖励部门；在激励普通员工时，企业可更倾向于奖励个人。

绩效考核是见效最快、最直接的方案。需要企业注意的是，绩效考核是一把"双刃剑"，使用前要精心设计。一旦开始这种方案，就必须持之以恒、一以贯之，否则容易出现应付和反弹，导致数字化动作变形，或者搞成"两张皮"。

企业就像一台巨大的机器，系统性的工作需要按照"领导→干部→员工"的顺序逐级启动，当企业各业务条线负责人的数字化转型的意识与方法论都达到了一定高度，企业数字化转型的机器才能真正转动起来。

（三）建设人才和咨询人才的培养

建设人才和咨询人才的培养，对于企业来说相对容易一些。虽然建设人才和咨询人才所需具备的专业知识和经验要求很高，但企业从外部人才市场获取的概率也比较高，可以通过招聘、外购等方式获得。所以，企业可以采用"内培"与"外引"相结合的方式培养这类人才队伍。

"内培"人才的路径与策划者相近，也是非常关键的。而对于"外引"人才，培养的重点在于对业务的理解和对企业环境的理解。对于"外引"建设人才和咨询人才的培养方法主要是"四多"，即多看、多听、多沟通、多实践。

企业可以将他们放在业务部门进行随岗学习，甚至是试岗锻炼；也可以组织他们与业务部门进行各种专题研讨；还可以组织他们与业务部门共同完成某些业务工作或解决某些专项问题。这样，一方面能增加业务部门对数字化的理解，拓宽对业务未来的思考思路；另一方面也能加强建设人才和咨询人才对企业业务和环境的理解，有利于他们在数字化建设中更准确地把握企业的变革需要，提出更加符合企业发展和利益的建议，从而更深化数字技术与业务的融合程度，更出色地实现数字化转型的目标和诉求。

（四）应用人才的培养

应用人才是企业数字化建设成果的运用人和检验人，是上线业务相关岗位中的骨干。企业数字化转型的成效好不好，最终取决于应用人才是否能把数字化建设成果用起来。这是企业数字化涉及面最广、人数最多的群体，这个群体动起来了，企业数字化转型就从高层的启动、中层的转动到了基层的自动，从而进入了"快车道"。

企业对应用人才的培养不仅要注重数字化知识和应用技能，还要关注数字化文化。

在数字化知识和应用技能的培养上，企业可以大量采用培训、训练和研讨的方式。企业可通过培训增加员工的数字化知识，提高员工的数字化技能；通过训练强化员工对数字化工具、平台和技术的熟练度；通过研讨培养员工的数字化思维，提高员工对数字业务运作的理解，总结和发现数字场景下的业务经验和不足，进一步促进数字技术与业务的深度融合，巩固并优化企业的数字化转型效果。

在数字化文化的培养上，企业可通过制定激励机制、提供发展空间、创造数字化学习氛围、提供数字化学习平台等方式来引导、激励、推动员工在业务数字化中发挥自身的专业技能和创新能力，不断创造出更多的价值，进而激发员工的积极性和主观能动性，形成企业自身特有的数字化价值观，形成企业数字化转型后的核心竞争力。

综上，企业要想获得适配的数字化转型人才，形成数字化转型人才梯队，就必须注重数字化人才的培养，构建健全的数字化人才发展体系，为潜在数字化人才提供必要的支持和发展机会；通过数字化转型这面旗帜，不断提升团队的数字化水平、创新能力，建立数字化思维与数字价值观。这样，企业才能提高数字化转型的成功率，提升转型后的数字化竞争实力，推动企业的持续增长和业务创新。

第十一章

工业企业数字化转型的未来

万物皆系统，系统皆模型。模型是一种知识，驱动所有系统的分析与构建，是谓"模型驱动"。

信息时代的建模重点是"流程"，数字时代的建模重点是"数据"，在面向未来的智能时代，建模重点可能是"知识"，是谓"知识驱动"。

企业的业务模式与经营管理需要创新，企业的数字化转型也需要创新，如何应用数字化建模、多学科仿真、人工智能、MBSE 等技术，支持企业创新体系从"试错"方式向"系统"方式演进，是未来的重点方向之一。

到此，我们运用系统工程思想和方法开展的工业企业数字化转型之旅即将结束。时至今日，企业界大力推行数字化转型已过去了 10 年有余。企业的数字化转型也从曾经的业务上线、互联互通，发展到了深度应用大数据、云计算、人工智能等信息技术驱动业务创新，曾经被作为概念的"智慧××"也在逐渐变为现实。那么未来又会怎样？企业数字化转型的远方又在哪里？

在企业数字化转型发展历程中一直隐藏着两条主线：一条是知识，另一条是创新。企业的数字化转型始终围绕着这两条主线在不断迭代演进。所以，未来的工业企业数字化转型也会沿着这两个方向继续突破和演化。

第一节 从"数据驱动"向"知识驱动"演进

在谈第一个演进方向前，我们不妨先回忆一下 DIKW 框架，将"信息"揉碎拆细后就得到了"数据"，将"信息"组织化、结构化后就能形成"知识"，而在"知识"之上是"智慧"。

一、流程驱动：信息化建设的策略

在信息化时代，企业管理转型的典型路径是"管理信息化"，关键词是"流程驱动"。由于计算机和通信的信息技术能力限制，能够处理的信息量还比较少，所以"管理信息化"是从纷繁复杂的业务中提炼出最需要被管住的"牛鼻子"信息，然后主要用计算机和网络来提高管理效率。

在所有管理信息中，最通用的内容是"流程"，其他的管理要点常常从各种纸质管理表格中提取出来，称为"表单"。表单是分领域的，而流程可以是端到端的，企业通过把端到端的流程放到计算机和网络中处理，能够大大提升跨部门、跨区域的管理与协同效率。因此，在信息化时代，流程是信息化的核心要素，实现"流程驱动"，是企业信息化建设的通用策略。

二、数据驱动：数字化转型的关键

在数字化时代，企业业务转型的典型路径是"业务数字化"，关键词是"数据驱动"。我在第三章中介绍的各种新兴信息技术已纷纷出现，在摩尔定律的加持下，能够处理的信息量正成百上千倍增加，所以企业可以把更大范围、更细颗粒度的业务信息都放到计算机世界里去管理，让跨学科、跨组织、多源异构的海量数据产生"化学反应"，进而促使从产品到工作的业务形态发生一些根本性的变化，以至于业务模式的"转型"。在数字化的过程中，数据是核心要素，所以"数据驱动"是企业数字化转型的主旋律。

三、知识驱动：未来再次转型的路径

面向未来，主流观点认为企业再次转型的典型路径是"智能化革命"，关键应该是"智能驱动"。然而根据我对人工智能技术的观察，无论是自动驾驶还是生成式预训练（GPT）、Sora，也仍然处于人工智能的初级阶段，距离"通用人工智能"的终极阶段，以及"自主意识"的高级阶段，还有很长的路要走。就如钱学森提出的，在相当长一段时期内，信息技术革命的主要方式是"人机结合，以人为主"。就如于景元老师所说，人类的创造性是当前架构的计算机还无法替代的。结合 DIKW 框架，企业下一步转型的可行路径之一是"知识驱动"。

在工业领域的知识驱动，意味着知识管理进阶落地到知识工程，在知识工程中充分使用数字化、智能化技术，将知识组件以更新的形态和更高的效率嵌入到人机结合的工作链中。

知识管理本身也不是一个新事物，在 20 世纪几乎与信息技术管理同时兴起，到目前也历经了四个时期，有多个流派，并与信息技术手段的应用紧密联系。在知识管理领域的经典原理性模型是 SECI 模型，如图 11-1 所示。本书不是知识管理的专著，对 SECI 模型只做展示，不展开说明。有兴趣的读者可以参阅《创造知识的螺旋：知识管理理论与案例研究》一书。

作为知识管理的进阶版——知识工程，从其发展历程来看，远没有信息技术那么顺利和耀眼。对其研究和实践的企业很多，但取得的成果较为有限。为什么知识工程不容易出成果呢？原因有二。

一是没有理解到位。很多企业搞知识工程的指导思想是片面的还原论或整体论，而非系统论，表现为"为知识而知识"，容易导致"有知识货架没知识货物"或者"知识不好用"的情况。甚至有部分企业连知识是什么都没有理解到位，认为知识就只是档案和文件，就更谈不上知识的应用了。

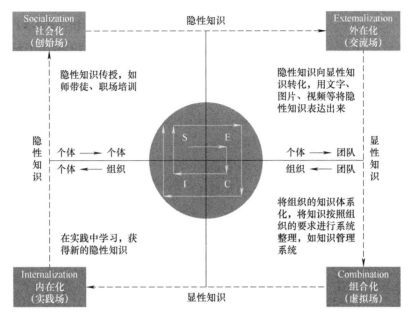

图 11-1　知识管理领域的 SECI 模型

二是没有持之以恒。因为知识在不同专业领域的形态存在较大差异，所以很难建立通用的、可简单快速复制的知识图谱。因为知识管理对企业整体管理水平的要求较高，所以知识的产生相对较慢（与信息化、数字化相比），应用见效也相对慢。很多企业尝试了一两年没见到显性的成效，容易改弦更张，这也可以理解。

知识工程是知识管理的进阶与工程落地，需要在数据和信息的基础上找联系、找规律、找答案。同时，应用知识工程技术的目的应是推理出更多的知识和规则，虽然其服务对象既可以是人又可以是机器，但其核心诉求是帮助人们更直接地认识、理解、发现和使用知识，而不仅仅是知识的转化与应用。

在"生成知识"和"应用知识"方面，**人工智能大模型技术有大展拳脚的空间**。

（1）**高效生成知识**。通过经训练的领域人工智能大模型，工业企业可以批量生成结构化知识，将过去大量的、非结构化的图文档，快速整理为可参考的知识组件，或者纳入可参考的知识图谱，经专家审定后使用。

（2）**便利应用知识**。经由生成式人工智能，知识组件能够以文字、图像、音视频等更加丰富的形态展现，再与 AR/VR/物联网技术结合，可以更加灵活地嵌入到各类工作场景中，为人机互动提供极大的便利。

（3）**知识自动化**。随着人工智能技术的进一步发展，在人类专家的参与下，工业领域的"知识自动化""设计自动化"也有实现的可能。

此外，需要强调的是，工业企业通过当前的数字化转型，将积累海量的工业数据，这是未来训练领域大模型的"语料"。这些"语料"的数量与质量，特别是质量，将对领域大模型的水平有至关重要的影响。所以，**数字化转型的成果质量影响人工智能与知识工程的水平**。

最后，知识工程应纳入到企业知识管理体系的整体框架之中，就像流程、数据也有对应的管理体系一样。而企业知识管理体系的框架，可以在系统论的指导下，从数字时代的企业系统模型（见第四章）中抽取、衍生而成，如图 11-2 所示。工业企业可以利用数字化转型的契机，补全、完善、理顺企业知识管理的方法和工具，为下一步实施知识工程做好铺垫、打牢基础。

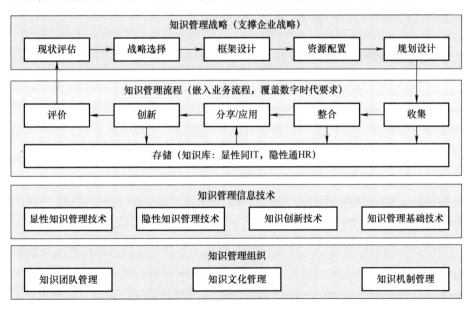

图 11-2　企业知识管理体系框架

第二节 从"意外创新"向"系统创新"演进

一、创新的来源

创新对于人类社会发展的重要性不言而喻，而在这一领域，一直是信息技术的短板。目前的信息技术都是人创新发明的，不是计算机创新的。与计算机相比，创造性是人类的独特优势，至少目前 GPT 与 Sora 的工作模式，也还是由人来提出问题或创意，由人工智能来写作和创作，人工智能做的仍然是基于算法、数据、模型的工程实现，而非原创。

不过，也因为信息技术对创新的作用有限，人类的创新模式长期没有被突破，几千年来都止步于"灵光一现"，即使在信息技术革命后，得到的好处也相对有限。大数据存储、大算力统计分析乃至遗传算法生成等方式，对人类的科研工作还是大有好处，但主要作用也还是提高效率，并非创新。总体来说，创新来自 "意外"和"试错"。

二、系统创新的路径

随着人类科技的进步和知识体系的完善，来自意外的创新越来越少、越来越难。一方面是因为要发现可以创新的点或方向变得越来越难；另一方面是因为可以创新的点或方向变得越来越庞大复杂，大幅增加了创新难度。到现今为止，虽然创新变得越来越难，但人类并不会也不能就此停止前进的步伐。苏联科学家根里奇·阿奇舒勒提出了 TRIZ 发明理论，该理论如果能持续发展并与新兴信息技术结合，形成"系统创新"，是一种可能的路径。

TRIZ 理论的俄文直译又叫发明问题解决理论，是一种系统性、流程化的问题解决和创新思考方法，可以帮助人们解决多种复杂的问题和挑战。TRIZ 理论认为，所有发明和创新都是问题的解决，而这些问题都可以通过一系列通用的问题来解决。因此，TRIZ 理论强调在创新和解决问题时，要打破思维惯性、挑战传统方法、消除惯性思维、避免冲突和解决根本问题等。TRIZ 理论的模型如图 11-3 所示。

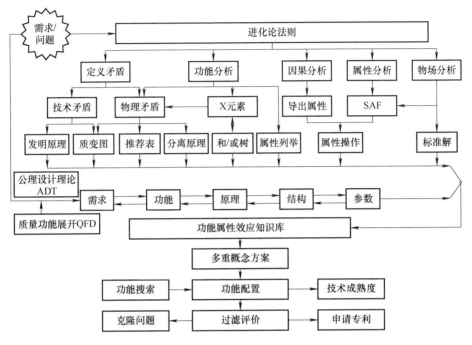

图 11-3　TRIZ 解决发明问题流程

目前的 TRIZ 理论还属于一种创新思维方法论，在工程设计、科学研究、项目管理等领域已经有较为广泛的应用实例，但 TRIZ 理论对信息技术的使用还停留在信息化时代，尚未与新兴的数字信息技术深度结合，这就为创新领域的数字化转型留下了研究空间。企业有可能将 TRIZ 理论模型与数字化建模、多学科仿真、人工智能等技术深度结合，与基于模型的系统工程（MBSE）结合，从而提供创新性的解决方案，加速企业的产品创新、工艺创新、业务创新等，这是企业系统工程及数字化未来发展的重要方向之一。

后　记

在职业生涯中，一直在寻找一个体系、一套理论，能用来统摄、整合我所有的管理实践与咨询经验，直到找到"系统工程"这个法宝，内心无限欢喜。整合以后的理论体系叫作"企业系统工程"。

企业系统工程最早由钱学森提出，是系统工程与运筹学、经济学、管理学结合并发展起来的一个分支，用来管理企业这个系统。近年来，关于企业管理的系统工程研究被大量冠以"管理系统工程"而不是"企业系统工程"的称谓，内容也多与企业决策模型有关，研究成果是大量的企业数学建模与应用，而把企业回归到一个系统来做整体研究的反而不多，或许已经"过时"了。

幸而我们进入了数字时代，在新的环境下，又有了把企业整体纳入新环境研究的需求，所以这本书也就不只是个人与团队经验的理论总结，而能融合时代的需要，老树再发新枝。

我写这本书用了六年时间，数易其稿，有三次方向性的调整，从只写经典的企业系统工程，到只写数字化，再到现在二者的融合。写到现在，我仍不够满意，但时间终究不能再等，因为如果再等下去，时代又要更替。

前段时间，一位朋友看了本书的内容，问我："你把做数字化转型咨询的方法和经验都写出来了，不怕砸自己的饭碗么？"说实话，我一点都不怕，因为咨询的饭碗不是方法论本身。

用数字化理论来说，咨询的核心价值是提供服务，而不只是用方法论的信息。在数字时代，获取信息的成本只会越来越低，文档的价值相应也会变得越来越低。所以，咨询要提供的是不会被信息普及所替代的服务价值。我在书中介绍的方法和模型，有些是通用的，有些是专门设计的，但都只能作为借鉴和参考，要实操应用还需要和企业具体情况相结合。

从理论上说，有方法、有模型就可以开干，如果企业自身能力很强，可以自己将方法、模型与自身情况相结合，自己做数字化转型，这也达到了本书的目的之一——"让企业自己学会掌握工具、自己干"。

然而，为什么有了游泳教材，运动员还需要教练呢？用知识管理的术语来说，数字化转型和游泳类似，一半是能用语言表述的显性知识，可以写在书本上；另一半是无法用语言表述的隐性知识，只能靠实践因地制宜。我们大部分人都不是天才，如果只靠自学武功秘籍，而没有教练结合个体差异做指导，搞不好会走火入魔，即使不走火入魔也很难发挥全部效力。

咨询的定位是教练，而不是书本，作用是"四子"："镜子、脑子、锤子、旗子"。当企业自己看不清楚的时候，帮助其看清方向，照清楚优缺点，我扮演镜子；当企业自己想不清楚的时候，帮助其分析和思考，提出供参考的解决思路和方案，我扮演脑子；当企业决策者已经想清楚、想明白，但受制于组织僵化，需要外部力量冲击以促成企业观念和行为改变时，我扮演锤子；当企业管理层知道该怎么干，但受制于动能不足，需要由顺势到造势，从外部提供转型的势能时，我扮演旗子。

这"四子"不是书本知识能够替代的。所以，聪明的企业选用咨询，用的是"借眼、借脑、借力、借势"。那么，这本书的作用是什么？总体来说，其作用是帮助企业用企业系统工程体系化地推进数字化转型，提高管理与数字化转型的成功率。具体来说有以下四点。

第一，帮助企业家在企业管理和数字化转型的过程中，用企业系统工程的依据和方法，做出更恰当的决策：既有先进性，又切合实际。

第二，帮助企业管理层用企业系统工程的语言建立统一的沟通平台，更高效地组织企业内部的人才、流程、数据和 IT 资源，更有效地利用企业外部的咨询与 IT 供应商资源，培养队伍、打造文化，做好数字化转型的落地实施。

第三，帮助企业的业务人员学习企业系统工程和数字化转型的知识，用系统的方法和先进的技术提高业务运行的效率。

第四，帮助企业的 IT 人员提高自己与领导、用户、供应商的沟通效率，提高自己将 IT 与业务结合的能力，达到数字化工作有效果、自己工作有绩效的目的。

最后，系统工程是钱学森先生留给我们的法宝，在多个领域都曾经也正在发挥其价值。企业系统工程作为系统工程的一个分支，在数字时代也应当有新的发展，发挥其巨大的潜力。希望通过本书，能让这个法宝更好地被传承下去。